# 誰よりも、うまく書く

## 心をつかむプロの文章術

ウィリアム・ジンサー　　染田屋茂 訳

慶應義塾大学出版会

誰よりも、うまく書く　目次

## 第II部　手法　55

## 第Ⅲ部　表現形式　109

## 第IV部　心構え　263

## 凡　例

1. 本書は William Zinsser, ON WRITING WELL: The Classic Guide to Writing Nonfiction, Harper Perennial, 2006 の全訳である。
2. 原則として引用はすべて訳出した。既存の翻訳から引用した場合は、出典を引用末尾に記載した。

*



Published by arrangement with Harper Perennial,
an imprint of HarperCollins Publishers,
through Japan UNI Agency, Inc., Tokyo

# 序

マンハッタンのミッドタウンにある私のオフィスには、E・B・ホワイトの写真が一枚飾ってある。写真家であり作家であるジル・クレメンツが当時七十七歳のこの作家を、メイン州ノース・ブルックリンの自宅に訪れて撮影したものだ。小ぶりのボート小屋のなかで、白髪の男が三枚の平板に四本の脚を打ちつけた机の前の飾り気のない椅子に座っている。川の風景が見えるように、窓は開け放してある。ホワイトは手動式のタイプライターを打っている最中で、ほかには灰皿と釘樽が置いてあるだけだ。釘樽をゴミ箱代わりに使っているのは、教えられなくてもわかる。

これまでの人生のさまざまな場面で私を訪ねてきた数多くの人々――作家や作家志望者、学生、卒業生がこの写真を目にしている。創作の悩みを打ち明けたり、近況を知らせに来たりする人々だ。もっとも、おおかたの人はタイプライターに向かう老作家の姿に何分か目を注ぐだけで終わる。彼らの関心を引いたのは、執筆活動の単純さだ。ホワイトは必要なものをすべて持っている。書く道具、紙、それに望みどおりの文章が出てこなかったときにそれを放りこむ入れ物。

その後、執筆が電子化された。コンピューターがタイプライターに取って代わり、デリート・キーがゴミ箱になり、その他各種のキーが文章のかたまりを挿入したり移動させたり整理したりするようになった。だが、書き手の代わりになるものはまだ現れない。作家はいまも、人々が読みたがっているものを生み出す昔ながらの仕事にかじりついている。それがホワイトの写真が訴えている要点であり、三十年後のいま、本書の要点にもなっている。

私は本書の初版を、ホワイトのボート小屋と同じくらい小さくてぞんざいな造りのコネチカット州の離れ家で書き上げた。使った道具は天井から下がる電灯にアンダーウッド社製の標準的なタイプライター、黄色い原稿用紙五百枚と針金細工のゴミ箱だった。当時の私は五年間、イェール大学でノンフィクションの創作講座を受け持っており、夏休みを利用して講座の内容を本にするつもりだった。

たまたまE・B・ホワイトのことが心に強く残っていた。私はずっと前から、彼こそ作家の理想であると考えていた。その苦労の跡の見えない文体（むろん、大変な苦労をして創り上げたものだろうが）を範としたかった。何か新しい企画を始めるときは、必ずホワイトの文章を読み上げて、そのリズムを耳に残しておいた。もっともいまは、教育学的な関心も抱いている。ホワイトは、私が足を踏み入れようとしている領域でも当時の絶対的王者と言える存在だった。彼は自分が一番影響を受けた、コーネル大学での英語学の師ウィリアム・ストランク・ジュニアの一九一九年の著作『英語文章ルールブック』を改訂したことで、作家向けハウツー本の世界の最高峰に躍り出た。手ごわい競争相手だ。

そこで、ストランクとホワイトの本と競うのではなく、それを補足することにした。『英語文章ルールブック』は指針と忠告の書だ。これをしろ、これはするなと指示してくれる。ただし、そこにある原則をノンフィクションの創作やジャーナリズムの幅広いジャンルにどうあてはめるかまでは教えてくれない。それが私の講座のテーマだったから、本書でもそれを教えたいと思った。人物、場所、科学と技術、歴史と医療、ビジネスと教育、スポーツとアート、その他この世にあって、書かれるのをいまかいまかと待っているありとあらゆるものをどう書けばいいのか？

本書はそういう経緯で一九七六年に誕生して、いまでは三世代目の読者を持ち、百万部を超す売れ行きを示している。近頃は、自分を雇った編集長からこの本を贈られたという若い新聞記者に会うことがある。その編集長もまた、自分を雇った編集長からこの本を贈られていた。それとは別に、大学でこの本を教材に指定され、思っていたような苦い薬ではないのがわかってほっとしたという白髪の老婦人たちにも出会った。なかにはサインが欲しいと言って本書の旧版を持ってくる人もいて、その本を見ると、あちこちに黄色いマーカーで印がされていた。本人は本を汚したのを謝っていたが、私はそういう汚れが大好きだ。

アメリカ合衆国はこの三十年で着実に変化しており、本もそのペースに合わせた。これまで都合六回の改訂を行い、社会の新しいトレンド（回想録、ビジネス、科学、スポーツへの関心の増大）や、新しい文学のトレンド（ノンフィクションを書く女性の増加）、人口動態上の新しい傾向（別の文化的伝統から生まれた作家の増加）、新技術（コンピューター）、さらには新語や新しい語法に遅れをとらないようにした。同時に、それまで試みたことのなかった野球や音楽、米国史といったテーマの本に取り組んで身につけた技巧も加えた。その目的は、私自身、そして私の経験を大いに利用してもらうことだ。読者が私の本に共感してくれるのは、英語学の教授の講義を聴いているのではないのがわかるからだ。聴いているのは、プロの作家の講義なのだ。

私の教師としての関心も変化している。良い作品を生み出す無形のもの――自信や喜び、心構え、誠実さなどにさらに関心を深め、その大切さについての章を新たに追加した。私は一九九〇年代からニュースクール大学で、回想録と家族史の社会人講座を受け持ってきた。受講生は自分が何者であるのかを、どんな遺産を受け継いで生まれてきたのかを、書くことで知ろうとしている男女だった。年を経るごとに、彼らの人生に深く引きずりこまれ、自分のやったこと、考えたこと、感じたことを記録に残したいという彼らの欲求をさらに深く理解できるようになった。米国民の半分が回想録を書いているのではないかと思うことさえある。

残念なのは、そういう人々の大半がいざ書き始めようとしてすくんでしまうことだ。うろ覚えの人物、出来事、感情がばらばらに点在する過去に、どうすれば首尾一貫した形を与えられるだろう？　多くがそこで絶望的な気持ちになる。いくらかでも助力と励ましになるように、私は二〇〇四年に『自分の人生について書く』という本を出版した。それは自分の人生で起きたさまざまな出来事を書いたものだが、同時に手引き書でもある。そのなかで、執筆の際に私が行った決断を解説した。それは自分の過去を探索するあらゆる書き手の前に立ちふさがるもの——つまり、何を選択し、どれを削り、どう構成し、どこを強調するかという決断である。いま本書の第七版を出すにあたり、自分が学んだことをもとに、「家族史と回想録を書く」という新しい章を付け加えることにした。

本書を最初に書いたとき、対象にした読者はごく限られた人々だった。学生、作家、編集者、教師、創作技法を学ぼうとしている人々である。まもなく書くという行為に革命を起こす電子の驚異のことはまったく頭になかった。一九八〇年代に最初に登場したのがワードプロセッサーで、それがコンピューターを作家になろうとは思いもしなかった人々の日常の道具にした。次にインターネットとメールが一九九〇年代に出現し、革命を推し進めた。いまではあらゆる人が、どんな国境も、どんな時差も越えてあらゆる人と即時につながり合っている。ブロガーが世界を夢中にさせている。

ある面では、この急激な変化は歓迎すべきものである。書くことの不安を減らしてくれる発明としてはエアコンや電灯に匹敵する。だが例によって、ここにも落とし穴がある。創作の本質は手直し《リライト》にあることを、新しく生まれたコンピューター作家たちに誰も教えてあげなかった。すらすらと書けるのが良い創作であるとは限らないことを。

ワープロの登場で、そうした事情が初めて明らかにされた。二つの正反対のことが起きた。良い作家はますます良くなり、へたな作家はますますへたになった。良い作家は、延々と文章をこねくりまわせる贈り物を歓迎し、タイプをし直す単調な作業をせずに心ゆくまで削ったり、修正したり、作り直したりした。へたな作家がさらに冗漫になったのは、書くことが突然楽になり、画面上の自分の文章がとても美しく見えるようになったからだ。こんなに美しい文章のどこに手を入れる必要がある？

メールは当座しのぎのメディアであって、ペースダウンしたり振り返って考えたりするのを助けてはくれない。日常生活を際限なく維持していくためにはうってつけの道具であり、書き方が粗雑でも、特に害はない。もっとも、メールはいまや世界のビジネスの大半で活用されている。毎日、何百万ものメールが飛び交って、仕事に必要な情報を知らせてくれるので、劣悪なメールの文章が損害を与える可能性は大いにある。劣悪な文章のウェブサイトもしかり。電子のハイテク機器が幅を利かせる現代でも、文章を基本とすることに変わりはない。

本書は技巧の本であり、その原則は三十年前と変わっていない。この先三十年で、何か驚くべきものが現れて、書くことをいまの倍、楽にしてくれるかもしれないが、創作をいまの倍、良くしてくれるものが出てくるとは思えない。書くことには、E・B・ホワイトがボート小屋でやっていたような、昔と変わらぬ単純で困難な思考と、昔と変わらぬ単純な言葉という道具が必要なのだから。

ウィリアム・ジンサー

二〇〇六年四月

# 第Ⅰ部　原則

# 1　交流

コネチカット州のある学校では、かつて「芸術に捧げる日」が設けられていて、私はその日に職業としての創作をテーマに話をしてほしいと頼まれたことがある。行ってみると、もうひとり話し手が招待されていた。その人物は外科医で（ここではブロック医師と呼ぶことにしよう）、最近創作を始めて、何本か雑誌に売ったことがあるという。彼は趣味としての創作について語ることになっていた。ふたりで壇上に上がり、私たちの華やかな仕事の秘密を聞きたくてうずうずしている生徒や教師、親たちの前に並んで座った。

真っ赤なジャケットを羽織り、いかにも作家然としたボヘミアン風のいでたちのブロック医師に最初の質問が投げられた。作家であるって、どんな気分です？

実に楽しいものだね、と彼は答えた。病院の骨の折れる仕事から帰ってくると、すぐに黄色い原稿用紙に向かい、書くことで緊張を解きほぐす。言葉は流れるように湧き出てくる。楽勝だ。そこで私は、創作は楽しくないし楽でもない、難儀で孤独な仕事だ、言葉が湧き出てくることなどめったにない、と口をはさんだ。

次にブロックは、推敲の重要性を問われた。まったく必要ない、と彼は答えた。どんな形の文章であろうと、それが作家の一番自然な姿を表しているのだから、「全部そのままにしておこう」と言った。そこで私は、手直しが創作の肝であると言った。プロの作家は何度も繰り返し文章に手を入れ、直したものをまた直すものだと指摘した。

「筆が進まない日はどうするのです？」と問われたブロック医師は、書くのをやめて脇へ置いておけば、そのうちうまく進むようになると答えた。そこで私は、プロの作家はスケジュールを決めて、それに沿って仕事をしなければならないと言った。創作は芸術ではなく技能なのだから、インスピレーションが湧かないからといって技能から逃げ出すのは自分を欺くことになる。そればかりか、自滅への道でもある、と。

「気分が落ちこんだり、不愉快だったりしたら、書くものに影響が出るのでしょうか？」と、生徒のひとりが質問した。

おそらく出るだろうね、とブロック医師は答えた。釣りに行くか、散歩でもすればいい。たぶん影響はない、と私は応じた。どんな職業も同じだ、毎日書くのが仕事なら、どうすればいいのかそのうち学習する。

ひとりの生徒が、文学界の人々と付き合うのは効果があるだろうかと尋ねた。ブロック医師は、文学者としての新しい生活を大いに堪能していると言って、作家や編集者が集まるマンハッタンのレストランで、出版人やエージェントと昼食をともにしたときのエピソードをいくつか披露した。私は、プロの作家というものは毎日決まりきった仕事を孤独にこなす人間だから、ほかの作家に会うことなど滅多にない、と言った。

「あなたは象徴主義を自作に採りいれていますか？」と、生徒のひとりが私に質問した。

「まさか」と、私は答えた。私は、物語や演劇、映画に隠された意味を見落とすことでは、不滅の記録の持ち主である。ことダンスやパントマイムにいたっては、どんな意味を伝えようとしているのか理解できたためしがない。

「象徴は大好きだ！」と、ブロック医師が口をはさみ、それを自作のなかに織りこんでいく楽しさを喜色満面に語った。

そうして朝は過ぎていった。それは私たち全員にとって、新発見の朝になった。最後にブロック医師が私に言った。あなたの回答はとても興味深いものだった、創作がそんなに難しいものだとは思ってもいませんでしたよ、と。私も、あなたの答えは興味深いものだった、創作がそんなに楽なものとは思っていなかったと返した。私も外科手術を内職にすべきかもしれない。

生徒は大いに戸惑って私たちを見送ったにちがいない。だが、もしふたりのどちらかひとりが講演していたら、創作のプロセスをこれほど明白に垣間見せることはできなかっただろう。こうした個人的な仕事には「正しい」やり方は存在しないのだから。あらゆる種類の創作法、あらゆる種類の手順があり、どんな手順であれ、自分が言いたいことを言うのを助けてくれる手順が正しい。昼間に書く人もいれば、夜に書く人もいる。静かでなければだめな人もいれば、ラジオを点けっぱなしにしている人もいる。手書きの人もいれば、コンピューターで書く人もおり、テープレコーダーを使って口述筆記する人もいる。最初の草稿を一気に書き上げてから手直しをする人もいれば、ひとつ目の段落を際限なくいじくりまわしてからでなくては次の段落に進めない人もいる。

それでもみな、一様に傷つきやすく、例外なく神経を張り詰めている。自分の一部を紙のうえに表現したいという衝動に突き動かされていても、ただ自然に湧いてくるものを書いているわけではない。みな、腰を据えて文学的営為にいそしんでいるのであり、紙のうえに立ち現れた自分は座って書いている自分よりはるかに硬直している。問題は、張り詰めた神経の裏側にある本物の人間を見つけることなのだ。

つまるところ、作家が売らなければならない作品は書かれたテーマではなく、書いた人間が誰であるかにかかっている。私はよく、いままで考えもしなかったテーマに知らず知らず興味を引かれている自分に気づくことがある。科学の探求ものなどにそれが多い。私の心を捉えるのは、自分の分野に対して抱く作家の情熱である。この作家はどうしてこのテーマに引き寄せられたのか？　心にどんな重荷を背負っているのだろう？　このテーマが彼の人生をどう変えたのだろうか？　ヘンリー・ソローを真似て一年間ウォールデン湖のほとりでひとり過ごさなくても、ソローに夢中になることはできる。

これこそが、優れたノンフィクション創作の核心にある個人と個人の交流なのだ。そこを起点に、本書ではふたつの重要な特質を探求していきたい。人間性と熱意である。良い創作には読者を段落から段落へと読み進ませる活力がある。これは作者を「個人として際立たせる」ギミックの問題ではない。最大限の明晰さと力強さを得られる方法で言葉を使えるかどうかの問題である。

果たして、そんな原則を人に教えられるだろうか？　たぶん無理だろう。だが、その大半は学びとれるものだと思う。

# 2　簡潔さ

不要物が米国の創作の病気である。私たちの社会は、不必要な言葉、持ってまわった構文、仰々しい装飾、無意味な専門用語で窒息しかかっている。

日常的に米国の商取引で使われている凝り固まった表現を理解できる人が、果たしているのだろうか。覚え書、会社レポート、ビジネス文書、最新の「わかりやすい」収支計算書を説明する銀行の通知書。保険の業界人や医療保険制度の関係者でも、おそらく費用と便益を解説するパンフレットの中身を理解できないだろう。箱に書かれた説明だけでおもちゃを組み立てられる親がどれぐらいいるだろう？　国全体がこぞって誇張傾向にあり、そうすることが重みを増すと考えられている。旅客機のパイロットは、現在予想される経験上相当と考えられる降雨量などと言って、「雨が降りそうだ」とは決して言わない。文章が単純すぎると、どこか間違っていると思われるらしい。

だが、優れた創作の秘訣は、すべての文章を最も簡潔な構成要素までそぎ落とすことにある。機能しない言葉、短い単語に換えられる長い単語、動詞にすでに意味が含まれている形容詞、読者がいったいこれは誰の言葉だろうとまごついてしまう受動態の構文など、たくさんの不要物が文章の力を弱めている。しかもそれが、教育水準や階級が上がれば上がるほど数が増えていく。

一九六〇年代のことだが、私の勤務していた大学の学長がキャンパスに不穏な出来事が相次ぐのを見て、卒業生をなだめるために手紙を書いた。「おそらくお気づきであろうが」と、学長は書き出した。

「われわれは、部分的にしか関係のない問題について、きわめて多数の険悪になる可能性の高い不満の表出を体験している」。学長が言いたいのは、学生がさまざまなことで自分たちを悩ませているということだ。私は、きわめて多数の険悪になる可能性の高い不満の表出より、学長の英語のほうにうろたえてしまった。同じプレジデントでも、私はフランクリン・D・ルーズベルトがとったアプローチのほうを好む。一九四二年に灯火管制に関する大統領令を発したときのように、ルーズベルトは政府内の回状をきちんとした英語にしようとした。

こうした準備は、どんな時刻の空襲であれ、そのあいだは連邦政府の占有するすべての連邦ビルおよび非連邦ビルが、建物内外の照明のせいで見えてしまうのを防ぐためのものである。

これをルーズベルトは、「ビルのなかで仕事をするときは、何かで窓を覆っておくんだぞ」と言い換えた。

簡潔に、簡潔に。そう言ったのはソローだが、その言葉がいつも頭によみがえってくる。これほど徹底して自分の教えを実践した米国作家はほかにいない。『ウォールデン』のどのページを開いても、平明で整然とした文章で心の内が語られている。

私が森へ入ったのは落ち着いて暮らしたかったからであり、人生の基本的事実とだけ向き合って、学ぶべきものを学び損ねていないことを確かめ、死を迎えるときに自分が生きていなかったことに気づくことがないようにするためである。

どうすれば、われわれ凡人はこんなねたましいほどの不要物からの自由を得られるのだろう？　その答えは、自分の頭のなかから不要物を一掃することだ。明晰な思考が明晰な文章になる。どちらが欠けても、もうひとつは存在しない。曖昧な思考しかできない者に、良い文章を書けるはずがないではないか。段落ひとつかふたつで化けの皮が剝がれ、読者を失うことになる。読者はそう簡単に戻ってきてくれないから、これは重い罪になる。

このとらえどころのない生き物、読者とはいったい何者だろう？　読者とは、注意を引こうと競い合うたくさんの勢力に取り囲まれ、集中力が三十秒ほどしか続かない人々のことである。以前はそうした勢力もさほど多くはなく、新聞、雑誌、ラジオ、配偶者、子供、ペットぐらいだった。ところがいまは、娯楽や情報を受け取るための電子機器の星雲がそこに加わった。テレビ、ＤＶＤ、ＣＤ、ビデオゲーム、インターネット、メール、携帯電話、ブラックベリー、ｉＰｏｄ……そのうえにフィットネス、プール、芝生、それに最も手ごわい競争相手の「眠気」。雑誌か本を手に椅子でうたたねしているのは、不必要なトラブルを作家からいやというほど送りつけられた人である。

読者は思考の脈絡についていけないほど愚かだとか、怠け者だとか言っているわけではない。読者が消えてしまうのは、たいていは作家の不用意が原因である。不用意にはたくさんの形がある。もしかしたら文章に不要物があり過ぎて、読者は冗長な文体を切り開いて進むうちに、何を言いたいのかさっぱりわからなくなるだけなのかもしれない。もしかしたらあまりに組み立てが粗雑なので、いくとおりにも解釈できてしまうのかもしれない。もしかしたら作家が文の途中で代名詞を変えたり、時制を変えたりして、いったい誰がこう言ったのか、いつこんなことをやったのか脈絡を追えなくなるのかもしれない。もしかしたらセンテンスＢがセンテンスＡと論理的につながっていないのかもしれない。つながりを頭できちんと理解していれば、わざわざミッシングリンクを提供したりはしないものだ。もしかしたら作家が調べる手間を省いたために、誤った言葉を使っているのかもしれない。

そういった障害に出会っても、読者も最初は粘り強い。まずは自分の責任だと考える。何か見落としているのだろうと思い、不可解な文、あるいは段落を読み直し、古代ルーン文字のようにそれをつなぎ合わせ、あたりをつけて先へ進んでいく。だが、それも長くは続かない。作者に大変な骨折りを強いられた読者は、もっと技量の高い作者を探し始める。

だから、作家は常にこう問い続けなければならない。自分は何を言おうとしているのか、と。びっくりするほど、作家がそれを知らない場合が多い。そのあと、自分の書いたものを読んでこう問うべきだ。自分はそれを言えているだろうか？　この話題に初めて出会った人に理解できるだろうか？　もし理解できないのなら、機械に綿ぼこりがはさまったようなものである。明晰な作家とは、はさまったもの、すなわち綿ぼこりが何であるかがわかる明晰な頭脳を持っている人間のことだ。

とはいっても、一部の人は明晰に生まれついて天性の作家になり、それ以外の人はもともと頭のめぐりが悪いので、良い文章は書けないなどと言っているわけではない。明晰な思考は、作家が常にみずからに課さなければならない意識的な行為である。買い物リストを作ったり、数学の問題を解いたりといった論理的思考が必要な行為と何ら変わりはない。優れた創作は、多くの人が思っているのとは違い、自然に湧いて出てくるものではない。プロの作家は常に、保険業とか不動産業といった厳しい実質的な仕事を引退したら、「ときどきちょっとしたものを書いてみたい」という人々の挑戦を受けている。あるいは、こうのたまう人もいる。「これについてなら、本が書けそうだ」。私は眉に唾をつける。

創作は大変な仕事だ。明晰な文章はたまたま生まれるものではない。最初から適切な文章が頭に浮かぶことはまれだし、三度目の推敲で生まれることも少ない。行き詰まったときには、そのことを思い出してほしい。もしあなたが創作は大変だと気づいたら、それが本当に大変なことだからなのだ。

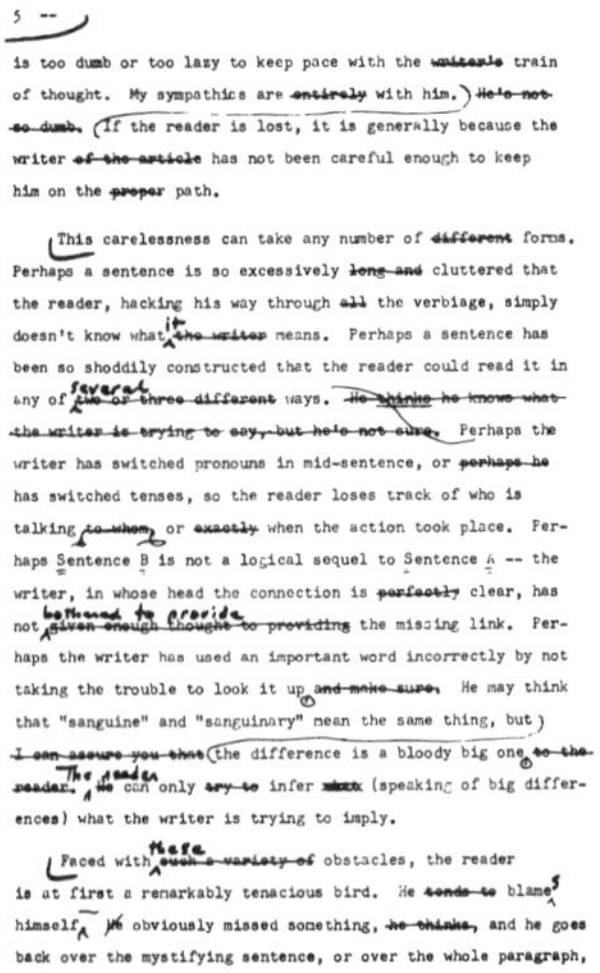

5 --

is too dumb or too lazy to keep pace with the ~~writer's~~ train of thought. My sympathies are ~~entirely~~ with him. ~~He's not so dumb.~~ If the reader is lost, it is generally because the writer ~~of the article~~ has not been careful enough to keep him on the ~~proper~~ path.

This carelessness can take any number of ~~different~~ forms. Perhaps a sentence is so excessively ~~long and~~ cluttered that the reader, hacking his way through ~~all~~ the verbiage, simply doesn't know what it ~~the writer~~ means. Perhaps a sentence has been so shoddily constructed that the reader could read it in any of several ~~two or three different~~ ways. ~~He thinks he knows what the writer is trying to say, but he's not sure.~~ Perhaps the writer has switched pronouns in mid-sentence, or ~~perhaps he~~ has switched tenses, so the reader loses track of who is talking ~~to whom~~ or ~~exactly~~ when the action took place. Perhaps Sentence B is not a logical sequel to Sentence A -- the writer, in whose head the connection is ~~perfectly~~ clear, has not bothered to provide ~~given enough thought to providing~~ the missing link. Perhaps the writer has used an important word incorrectly by not taking the trouble to look it up ~~and make sure.~~ He may think that "sanguine" and "sanguinary" mean the same thing, but ~~I can assure you that~~ the difference is a bloody big one ~~to the reader.~~ The reader ~~he~~ can only ~~try to~~ infer ~~what~~ (speaking of big differences) what the writer is trying to imply.

Faced with these ~~such a variety of~~ obstacles, the reader is at first a remarkably tenacious bird. He ~~tends to~~ blames himself ~~he~~ obviously missed something, ~~he thinks,~~ and he goes back over the mystifying sentence, or over the whole paragraph,

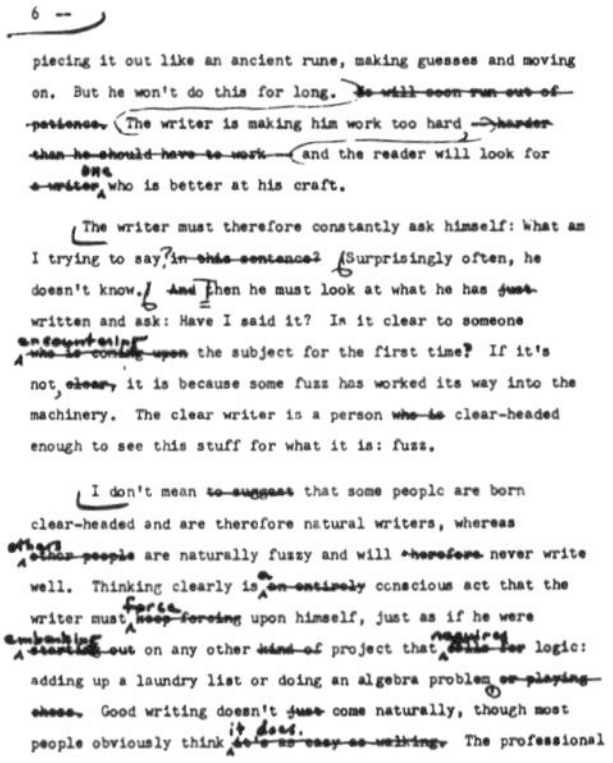

6 --

piecing it out like an ancient rune, making guesses and moving on. But he won't do this for long. ~~He will soon run out of patience.~~ The writer is making him work too hard ~~-- harder than he should have to work --~~ and the reader will look for one ~~a writer~~ who is better at his craft.

The writer must therefore constantly ask himself: What am I trying to say? ~~in this sentence?~~ Surprisingly often, he doesn't know. ~~And~~ Then he must look at what he has ~~just~~ written and ask: Have I said it? Is it clear to someone encountering ~~who is coming upon~~ the subject for the first time? If it's not, ~~clear,~~ it is because some fuzz has worked its way into the machinery. The clear writer is a person ~~who is~~ clear-headed enough to see this stuff for what it is: fuzz.

I don't mean ~~to suggest~~ that some people are born clear-headed and are therefore natural writers, whereas others ~~other people~~ are naturally fuzzy and will ~~therefore~~ never write well. Thinking clearly is a ~~an entirely~~ conscious act that the writer must force ~~keep forcing~~ upon himself, just as if he were embarking ~~starting out~~ on any other ~~kind of~~ project that requires ~~calls for~~ logic: adding up a laundry list or doing an algebra problem ~~or playing chess.~~ Good writing doesn't ~~just~~ come naturally, though most people obviously think it does. ~~it's as easy as walking.~~ The professional

本書のこの章の最終稿から抜き出した２ページ。一見、第一稿のように見えるが、ほかのページと同じく、４回か５回手直しをしてタイプし直したものである。手を入れるたびに、私は有効な働きをしていない要素を削りながら、文章をさらに簡潔に、さらに力強く、さらに正確にしていく。そのあともう一度、今度は声に出して読んでいくが、そのたびにまだ削るべき不要物が残っていることに気づいて驚かされる（最近の版では、「読者」や「作家」を意味する男女差別的代名詞「he」を削った）。

# 3　不要物

不要物と戦うのは、雑草と戦うようなものである。作家はいつも少し遅れをとる。前の晩に顔を出した新芽は、翌日の昼には米国語の一部になっている。リチャード・ニクソン大統領の法律顧問だったジョン・ディーンがウォーターゲート事件の公聴会で、わずか一日で成し遂げたことを考えてみればいい。翌日には、米国の全国民が「いま（now）」の代わりに、「現在のところ（at this point in time）」と言うようになった。

助けの必要がない動詞にくっついている前置詞を考えてみよう。私たちはもはや委員会を率いて（head committees）はいない。統率して（head them up）いるのだ。問題に立ち向かって（face problems）もいない。何分か自由な時間がとれれば（free up a few minutes）、問題に立ち向かう（face up to them）。些細なことだと言う人もいるだろう。そんなことに頭を悩ます価値はない、と。だが、頭を悩ます価値はあるのだ。そこにあるべきではないものを取り除いた数に比例して、文章は改善される。「free up」の「up」はあるべきでないもののひとつだ。自分が書いたすべての言葉を点検してみよう。何の役にも立っていないものが驚くほどあるのに気づくはずだ。

「個人的な（personal）」という形容詞はどうだろう。「私の個人的な友だち」とか、「彼の個人的な感情」「彼女の個人的な医者」というふうに使われる。これこそ削除可能な数多の言葉の典型と言える。「個人的な友だち」は「仕事上の友だち」と区別するために生まれた言葉だが、そのために言語と友情の両方の価値を低下させることになった。誰かの感情はその人の個人的感情にほかならず、「彼の」によってその意味が示されている。「個人的な医者」というのは、劇場お仕着せの何者ともわからぬ医者に診察してもらわずにすむように、病気になった女優の楽屋に呼ばれる人物のことである。私もそのうち、「彼女の医者」とやらにお目にかかりたいと思っている。医者は医者であり、友だちは友だちである。それ以外は不要物でしかない。

不要物は同じ意味を持つ短い言葉を排除してしまう厄介な言いまわしだ。ジョン・ディーンが出現する前から、人はビジネスなどで「いま（now）」を使わなくなっていた。「ただいま（currently）」とか（「ただいまわが社の交換手は全員、お客様のお相手をしております」）、「いまのところ（at the present time）」もあるし、「ほどなく（presently）」（「まもなく」の意味）が使われている。それでも、「いまこの瞬間」であれば「now」と（「いまなら彼に会える」）、歴史上の現在は「現在（today）」（「現在、物価が上がっている」）と表現できるし、単に「be動詞」を使ってもいい（「雨が降っている（It is raining）」。なにも「現時点で、私たちは降水に直面しております（At the present time we are experiencing precipitation）」などと言う必要はない。

「experiencing」は不要物のなかでも最たるもののひとつだ。かかりつけの歯医者でさえ、「あなたは痛みを感じておられますか（if you are experiencing any pain）」と尋ねるかもしれない。もし前の椅子に座っているのが自分の息子であれば、歯医者は「痛むかい？（Does it hurt?）」と訊くにちがいない。要するに、それがありのままの歯医者の姿なのだ。プロとしての立場にふさわしいとされるもってまわったしゃべり方は、言葉に重みを持たせるためだけではなく、痛みを伴う真実の鋭さを弱める目的もある。飛行機の機内に空気が足りなくなると下りてくる酸素マスクの説明をするフライトアテンダントの言葉も同じだ。「きわめて低い可能性ではありますが、もし機内がそのような不測の事態に陥りましたら……」と切り出す。まさに、乗客にあらゆる災厄を覚悟するようにと訴える、それ自体で酸素を奪ってしまうような言い方ではないか。

冗長な婉曲語法こそ不要物である。スラム街が「不況下の社会経済的地域」に、ゴミ収集作業員が「廃棄物処理担当職員」に、ゴミ捨て場が「容量縮小設備」に変わってしまう。貨車に乗ったふたりの渡り労働者《ホーボー》を描いたビル・モールディンの漫画が思い浮かぶ。ホーボーのひとりがこう言っている。「俺も最初はただの放浪者だったんだが、いまじゃ慢性的失業者なんだぜ」。いまや猛威をふるう政治的《ポリティカル・》正しさ《コレクトネス》も不要物になる。少年向けキャンプの広告にこんな文言を見たことがある。このキャンプは「最小限に例外的な人にも個別に対応できるように意図されている」。

また、企業が失敗を隠蔽するときに用いる世間向けの言葉も不要物である。かつてディジタル・イクイップメント・コーポレーションが三千人の人員整理を行ったとき、声明文には「レイオフ」という言葉は一度も出てこなかった。レイオフは「不本意な手順」に代えられていた。空軍のミサイルが墜落したときは、「時期尚早の地上への衝突」と表現された。ゼネラルモーターズが工場を閉鎖したのは、「数量に関連する生産スケジュールの調整」のためだった。倒産した企業はどれも、「負のキャッシュフロー状態」にあった。

侵攻を「強化された防衛的反応の攻撃」と呼んだり、「反撃能力による戦争抑止」の必要性から莫大な予算を正当化したりするときのペンタゴン言語も不要物である。ジョージ・オーウェルが一九四六年に書いたエッセイ「政治と英語」のなかの次の言葉は、その後カンボジアやベトナム、イラクでの戦争の最中にさかんに引用された。「政治的な演説や著作はおおむね守りようのないものの防衛である……こうした政治言語はだいたいが婉曲語法と循環論法とまったく根拠のない曖昧さで構成されている」。不要物はただ迷惑であるというだけでなく、命取りになりかねない道具だというオーウェルの警告は、ここ数十年の米国の軍事的冒険主義のなかで見事に的中した。ジョージ・W・ブッシュ大統領の時代に、

「民間人の犠牲者」は「巻き添え被害」と言い換えられるようになった。

アレクサンダー・ヘイグ大将がレーガン政権の国務長官を務めた時代に、言葉によるカムフラージュは新たな高みに達した。ヘイグ以前には、「いま」を「成熟過程のこの時点に」と表現することなど、誰ひとり思いつかなかった。ヘイグは米国民に向かって、テロリズムとは「意義ある処罰的威力」をもって戦えると訴え、中距離核ミサイルは「危機的状態の渦中に」にあると語った。国民が抱いている懸念については、「アル（自分）にまかせておけ」と言いたかったのだろうが、実際にはこう言っている。「これを国民の強迫観念の低デシベルまで押し下げなければならない。この内容の領域では、学習曲線の多くを達成できるとは思えない」

このように、さまざまな分野の事例を引き出していくことはいくらでもできる。どんな職種も、大衆の目をあざむくために少しずつふくれ上がる専門用語の兵器庫を持っているからだ。だが、そのリストは退屈なものになるだろう。いまそれをあえて持ち出すのは、不要物が敵であることを正式に通告するためである。心してほしいのは、長い単語が短い単語に勝ることはない点だ。「assistance（助力）」（help）、「numerous（多数）」（many）、「facilitate（楽にする）」（ease）、「individual（個人）」（man あるいは woman）、「remainder（残り）」（rest）、「initial（最初の）」（first）、「implement（果たす）」（do）、「sufficient（十分な）」（enough）、「attempt（試みる）」（try）、「referred to as（と呼ばれる）」（called）など、並べたらきりがない。paradigm（パラダイム）、parameter（パラメーター）、prioritize（優先順位をつける）、potentialize（可能性をもたせる）といった、意味の曖昧な流行語にも注意が必要だ。こうした言葉はどれも雑草で、あなたが書いたものを覆い尽くしてしまう。話せる（talk）相手と対話して（dialogue）はいけない。誰とも話が通じて（interface with）はいけない。

同じく油断ならないのが、自分がこれから何を言おうとしているかを予告する単語の集団である。

「さらに言えば（I might add）」「と指摘しておきたい（It should be pointed out）」「面白いことに（It is interesting to note）」といった言いまわしだ。何か付け加えたいなら、さっさと付け加えればいい。指摘したいことがあれば、指摘すればいい。面白いことがあるなら、面白くすればいい。みんながみんな、相手に「そんなことが面白いの？」と問い返されてどぎまぎするわけではない。ふくらます必要のないものをふくらましてはいけない。「with the possible exception of（これは例外かもしれないが）」（except）とか、「due to the fact that（〜のために）」（because）とか、「he totally lacked the ability to（〜する能力にまったく欠けていたので）」（he couldn't）とか、「until such time as（〜するそのときまで）」（until）とか、「for the purpose of（〜の目的で）」（for）などがその例である。

ひと目で不要物と見抜くうまい手段はあるだろうか？　ひとつ、イェール大学の学生が便利に使ったものを紹介しておこう。私は、役に立っていない文章の構成要素を全部、括弧でくくってみせた。くくるのがひとつの単語だけの場合もあり、動詞にくっつく不要な前置詞「order up（注文する）」、動詞と同じ意味を持つ副詞「smile happily（楽しそうに微笑む）」、わかりきっている事実を伝える形容詞「tall scraper（高い摩天楼）」などがその例だ。また、入れると文章の力を弱めてしまう短い修飾語（「a bit（少しの）」「sort of（〜みたいな）」）や、無意味なフレーズ「in a sense（ある意味で）」などをくくることもある。ときには、一文全体をくくるときもあった。前の文で言っていることの繰り返しだったり、読者には知る必要のないことが書かれていたり、それだけでは意味不明だったりする場合だ。推敲前の第一稿は、だいたいの場合、半分に削っても情報や著者の声が失われることはない。

学生の書いた余分な言葉に打ち消し線を引かずに括弧でくくるのは、彼らの聖なる散文を冒瀆するのを避けるためである。彼らが自分で分析できるように文をそのまま残したかった。学生にはよくこう言った。「もしかしたら私が間違っているかもしれないが、これは削除できるし、なくても意味が変わることはない。ただ、決めるのはきみだ。括弧でくくった言葉を削ってから文を読み直し、ちゃんと通じるかどうか確認したまえ」。学期の最初の数週間は、括弧だらけの作文が学生の手に戻ってくる。段落全体が括弧でくくられていることさえある。だが学生はすぐに、頭のなかで自分の不要物を括弧でくくることを覚え、学期の終わりにはほとんど手の入っていない作文が戻ってくるようになる。いまではプロの作家になった学生も少なからずいて、私によくこう言ってくる。「いまでも、あなたの括弧が目に浮かぶんです。死ぬまでつきまとわれそうですよ」

あなたにも同じ鑑識眼を育てることはできる。自分の書いたもののなかにある不要物を見つけて、容赦なく排除しよう。それを全部捨てられることを感謝しよう。紙に書いた文章を全部チェックし直そう。すべての言葉がそれぞれ新鮮な働きをしているだろうか？　もっと無駄なく考えを表現することはできないか？　大げさだったり、仰々しかったり、流行を追ったりしているものはないか？　それが美しく思えるというだけで、役に立たないものに固執していないだろうか？

簡潔に、簡潔に。

簡潔な文章を書こうとしている作家を待ち伏せる肥大した怪物についての警告はこれぐらいにしておこう。

「でも」と、あなたは言うかもしれない。「もしあなたが不要物だと言うものを全部排除して、文章が骨格だけになってしまったら、私のものは何が残るんです?」もっともな疑問だ。簡潔さを極限まで推し進めれば、文体はせいぜい「ディックはジェーンが好きだ」とか「ポチが走るのを見ろ」に毛の生えた程度になると思うかもしれない。

私はその疑問に、まずは大工仕事の比喩で答えよう。そのあと、作家とは何者か、どうすれば自分のアイデンティティーを保てるのかという観点に視野を広げたい。

自分の文章が良くないことに気づく人はほとんどいない。過剰さや曖昧さがどれだけ自分の文体に忍び込み、どれだけ自分の伝えたいことを邪魔しているかを誰も教えてくれないからだ。もし八ページの原稿を提出して、それを四ページに縮めろと言われたら、そんなことはできないとわめき出すだろう。だが、家に帰って言われたとおりやってみると、はるかに良くなっているはずだ。そのあとに正念場が来る。今度はそれを三ページに縮めるのだ。

大事なのは、文章を組み立て直す前に徹底的に削ぎ落とすことだ。そのために必要な道具が何なのかを、それがどんな作業を目的に作られたのかを知らなければならない。大工仕事の比喩を広げて使えば、まず必要なのは材木にきちんと鉋をかけ、釘を打つことだ。それがすめば、好みに合わせて縁を斜めにカットしたり、優美な先端装飾を付けたりできる。だが、そうしたことがいくつかの原理に支えられた技能であるのを忘れてはならない。もし釘がもろければ、家は崩れる。使う動詞に力強さが欠け、構文が脆弱であれば、文章は破綻してしまうだろう。

確かに、トム・ウルフやノーマン・メイラーといったノンフィクション作家が大変見事な家を建てたことは認めよう。だが、そういった作家は長年かけて技能を身につけたのであり、最後に奇想を凝らした小塔や空中庭園のような想像を絶する華麗な装飾を生み出して私たちを驚かせたときは、自分が何をしているのかをちゃんと心得ていたのだ。誰も一夜でトム・ウルフになることはできない。たとえ、トム・ウルフ本人でも。

だからまず、釘の打ち方から学ぶべきだ。堅固で長持ちするものを建てられたら、その素朴な力強さに満足すればいい。

それでもいずれ、「文体」が欲しくてたまらなくなるだろう。簡潔な言葉に装飾を加えれば、読者が特別な人間として認めてくれるからだ。そこでつい、どぎつい直喩や派手な形容詞に手を伸ばしてしまう。まるで「文体」は文体ストアで購入でき、自分の言葉を鮮やかな新奇な色調《デコレーター・カラー》で覆ってくれるかのように（デコレーター・カラーは、室内装飾家《デコレーター》が押しつけてくる色のことだ）。文体ストアなどというものは存在しない。文体は文章を書く人間に固有のもので、いうなれば髪のようなもの、もし髪がなければその欠如のようなものなのだ。文体を付け足そうとするのは、かつらをかぶるのと同じだ。ちょっと見には、もともと禿げ頭の人も若く見えるし、ハンサムにさえ見えるかもしれない。だがもう一度見直すと（かつらをかぶっているといつも二度見されるものだ）どこかおかしい。きちんと手入れされていないように見えるのが問題なのではない。手入れはされているし、少なくともかつらメーカーの技能には感心せざるをえない。問題は、その人が本人に見えないことである。

それが、念入りに文章を装飾しようと努める作家に付き物の問題である。何にせよ、当人を唯一無二の存在にしているものを失うことになるからだ。気どりは読者に見抜かれる。読者が望んでいるのは、作家が本人の声で語ってくれることだ。だから基本ルールの第一は、自分自身であれ、ということになる。

もっとも、ルールを守るのは容易ではない。作家に必要なのは、自然な代謝作用ではできないふたつのことである。作家はリラックスしなければならない、そして自信を持たなければならない。

作家にリラックスしろと言うのは、ヘルニアの検査を受けている人にリラックスしろと言うようなものだし、自信のほうは、腰を据えて言葉が湧いてくるのを待ちながら画面をにらみつけているときの身体のこわばりを見れば、およその察しはつく。作家たちがどれだけ頻繁に立ち上がって、食べ物や飲み物を探しに行くか、実際に見てほしいものだ。作家は執筆という行為から逃げられるなら何でもやる。新聞社にいた頃には、同僚たちが仕事中に身体の欲求よりはるかに多い回数、ウォータークーラーへの行き来を繰り返すのを目にしてきた。

作家が、そういうみじめな状態から抜け出すにはどうしたらいいのだろう？　あいにく治療薬はまだ見つかっていない。私に提案できるのは、それは自分だけではないという気休め的な考え方だけだ。いつの日か、ほかの人よりは良い状態になるだろう、と。なかにはますますみじめになるばかりで、二度と書きたくなくなる人もいるかもしれない。私たちはみな、これまでそうした日々を過ごしてきて、今後もさらに続いていくのである。

それでも、その不快な日々を最小限にとどめられれば悪くない。そこで、もう一度リラックスできるかどうかの問題に立ち帰ろう。

自分を、腰を据えて原稿を書いている作家であると仮定してみよう。あなたは、ある程度の長さのある原稿にしなければ、軽く見られると思う。印刷物になったら、さぞや堂々としたものになるだろうと想像する。これを読むかもしれない人全員を思い浮かべる。堅固で重みのある作品にしなければならない、人を感嘆させる文体でなければならないと考える。これではガチガチに緊張するのも無理はない。まだ書き始めてもいないのに、完成品に対する責任で頭を悩ませているのだから。それでもあなたは、この仕事をするに値する人間になると誓い、よほど頭を絞らなければ浮かんでこない感動的な言いまわしを探すことに没頭する。

第一段落は悲惨そのもの。手垢にまみれた文章が並び、まるで機械から吐き出されたもののようだ。人間が書いたとはとても思えない。第二段落もさして良くなったとは言えない。だが、第三段落になるといくらか人間的要素が加わり、第四段落ではあなたの声が聞こえ始める。編集者が記事冒頭の段落を三つか四つ削除してしまうことは驚くほど頻繁にある。場合によっては数ページ削ることも。そして、作者の声が聞こえ始めた段落を冒頭に置く。最初に書いた段落は人間味がなく、見栄え優先というだけでなく、何も語っていない。人目を引くプロローグから始めたいという自意識過剰の企てでしかない。私が編集者なら、常に探し求めているのはこう語りかける文章だ。「あの日のことが忘れられない。ぼくが……」。それを見て、私は思う。「いいぞ！　人間だ！」

当然のことながら、作家は一人称で書くときが一番自然になれる。創作はふたりの人間が紙のうえで行う親密な心の交流であり、人間性を保持しているかぎり、ある程度まではうまくいく。だから私は一人称で書けと教えている。「Ｉ」を、「ｍｅ」を、「Ｗｅ」を、「ｕｓ」を使って。それに反論してくる人もいる。

「私はこう思うなんて、私にはとても言えませんよ」と、彼らは問う。「私はこう感じるなんて」

「自分が思うことを言わないい人間がどこにいる？」と、私は諭す。「きみしかいないんだよ。まったく同じように思ったり感じたりする人間はほかにいないのだから」

「でも、誰もぼくの考えていることに関心を持ちませんよ」と、彼らは言う。「なんだか自己顕示みたいな気がする」

「きみが面白いことを言えば、人は関心を持つはずだ」と、私は言う。「それも、自然に湧いてくる言葉で伝えれば」

そうは言っても、作家が「私」を使うのは容易でない場合が多い。作家は、その資格がなければ自分の感情や考えを明らかにすべきではないし、独り善がりになると考えがちだ。威厳に欠けると思う者もいる。それが学者の世界を悩ませる不安の原因にもなっている。そこでプロたちは「ｏｎｅ」を使ったり（「One finds oneself not wholly in accord with Dr. Maltby's view of the human condition」〔自分が人間の条件に関するモルトビー博士の見解に全面的に同意しているわけではないことに気づく〕）、非個性的な「it is」を用いたりする（「It is to be hoped that Professor Felt's monograph will find the wider audience it most assuredly deserves」〔フェルト教授の研究論文は、間違いなくそれにふさわしいもっと広範な読者を得ると期待される〕）。私は「ｏｎｅ」とは出会いたくない。そいつは退屈な人物だからだ。会いたいのは、なぜそのテーマに引かれたかを情熱的に語ってくれる教授のほうだ。

私も、「私（I）」を使うことを許されない広大な創作の領域が存在するのは知っている。新聞は報道記事に「私」を使いたがらないし、多くの雑誌も記事には入れたがらない。企業や公共団体が米国の家庭にふんだんに送りつけるレポートで使われることはまずないし、大学も学期末レポートや博士論文で「私」を使うのを嫌がり、英語の教師も文学的な「われわれ」以外は一人称を使わないように勧める（「We see in Melville's symbolic use of the white whale……」〔われわれはメルヴィルの白い鯨の象徴的使い方に……を見る〕）。

確かに、こうした禁止規則には正当な根拠がある。新聞記事は客観的に報じられるニュースで構成される。生徒が安易に個人的意見に逃げ込むのを防ぎたいという教師の気持ちも理解できる（「僕はハムレットが馬鹿だと思います」）。見解を述べるのは、作品をその真価に基づき、また外部情報源に基づいて評価する訓練を積み重ねて初めてできる。「私」は独善的にも、責任逃れにもなる可能性があるのだ。

私たちは、自分をさらけ出すことを恐れる社会を作ってきた。公共団体は支援を求めてパンフレットを送ってくるが、病院も、学校も、図書館も、動物園も、それぞれ違う夢やヴィジョンを持つ人々によって維持されているはずなのに、パンフレットの内容は驚くほど似通っている。いったい、そういう人々はどこにいるのだ？　非個性的で当たりさわりのない表現――「さまざまな取り組みが行われた」とか「優先事項が特定された」――のどこを見渡しても、書いた人の姿が見えてこない。

たとえ「私」の使用が許されなくても、私らしさを伝えるのは可能だ。政治コラムニストのジェームズ・レストンはコラムに「私」を使わなかった。それでも私には彼がどんな人物なのかよくわかったし、ほかの多くのエッセイストや報道記者についても同じことが言える。優れた作家の顔はその言葉の裏側から見えてくるものだ。たとえ「私」を使うことを許されなくても、書いているときには「私」が考えているのであり、第一稿はとにかく一人称で書き上げ、そのあと「私」を削除してもいい。あなたの非個性的な文体に温かみを与えてくれるはずだ。

文体は精神と結びついており、創作は心理に深く根づいている。私たちがなぜ自己表現をするのか、あるいは「行き詰まって《ライターズ・ブロック》」表現できなくなるのか、その理由の一部は潜在意識に埋めこまれている。さまざまな作家がいるようにライターズ・ブロックにも数多くの種類があり、いまここでその問題を解きほぐすつもりはない。これは短い本だし、私はジグムント・フロイトではないからだ。

もっとも私は、これまでとは別の「私」を避ける理由が生まれているのにも気づいている。一世代前のリーダーは、自分がよって立つ立場と信念をおおっぴらに明かしてくれた。ところがいまのリーダーは、そうしなくてもいいように言葉の曲芸に大変な力を注いでいる。テレビのインタビューで、言質をとられぬために質問を巧みにはぐらかしている姿を見たことがあるはずだ。ジェラルド・フォード大統領が訪ねてきたビジネスマンのグループに、財政政策はうまく機能していると請け合った場面が思い出される。大統領はこう言った。「毎月、どんどん明るくなる雲しか見えないね」。私はそれを聞いて、雲はまだかなり黒いのだと判断した。フォードの言葉は曖昧で、何も言っていないに等しく、有権者に飲ませる鎮静剤のようなものだった。

その後の政権も不安を軽減してくれなかった。一九八四年のポーランド経済危機の際に、キャスパー・ワインバーガー国防長官はこう述べた。「深刻に懸念すべき継続的根拠が存在し、状況はいまだに深刻だ。深刻であり続ければ、それだけ深刻な懸念の根拠が増していく」。ジョージ・H・W・ブッシュ大統領はアサルトライフルについての見解を求められて、こう答えた。「ある種の銃器を禁止できると考えるさまざまなグループが存在する。私はその気分ではない。いまは深く憂慮する気分だ」

だが歴代最高のチャンピオンは、一九七〇年代に四つの主要閣僚のポストを手に入れたエリオット・リチャードソンだろう。彼の曖昧模糊とした陳述のコレクションのどこから手をつければいいのか迷うのだが、とにかくひとつ紹介しよう。「だがしかし、結局のところ、差別撤廃措置は、思うに、いちおう成功したと言えるだろう」。十二語のセンテンスのなかに、五つの緩衝語が入っている。この発言にはぜひ現代の公開談話における最高どっちつかず賞を差し上げたいが、そのライバルとなるのは同じリチャードソンが組み立てライン労働者の倦怠感をどうすれば和らげられるかを分析した次の言葉だ。「そうして、ついに、私は最初に申し上げた強い確信に達したのです。このテーマは最終的判断を下すにはまだ新しすぎるという確信を」

それが強い確信だって？　老いたボクサーのように、たえずちょこまか動いているリーダーは信頼を得られない。その資格もない。作家についても同じことが言える。自分を売りこみなさい。あなたのテーマはおのずと人の心に訴えるはずだ。自分のアイデンティティーを、自分の考えを信じなさい。創作はつまるところエゴのなせる業で、あなたもそれを認めたほうがいい。自分を前に進ませ続けることにエネルギーを使うべきだ。

# 5 読者

自分のアイデンティティーの保持という問題に向き合えば、すぐにもうひとつ別の疑問が頭に浮かぶはずだ。「私は誰のために書いているのだろう？」

これは基本的な疑問であり、基本的な答えがある。あなたは、あなたのために書いているのだ。読者の大きなかたまりを頭に思い描いてはならない。そんな読者は存在しない。ひとりひとりが全部違うのだから。編集者が出版を望んでいるものとか、国全体が読む気分になっていると思われるものなどを推量してもいけない。編集者も読者もいざ読むまでは、自分が何を読みたがっているのかを知らずにいる。おまけに、彼らはとにかく新しい何かを探し求めている。

もしユーモアを交ぜたいという突然の衝動に駆られても、読者がそれを「理解する」かどうかを気に病む必要はない。そう書くことであなたが楽しめるなら、書いてもかまわない（いつでも削ることはできるし、それを書けるのはあなただけなのだ）。何より自分を喜ばせるために書くべきであって、あなたが楽しんでそれに取り組めば、読ませるに値する読者ならきっと楽しんでくれるはずだ。もし、ついてこれない愚鈍な読者を失ったとしても、もともとそんなものは求めていない。

これは一見、矛盾した話に思えるかもしれない。私は前に、読者とは注意をそらすものや居眠りまであと一歩の細い止まり木に留まっている辛抱の足りない人《バード》だと警告した。ところが今度は、自分のために書け、読者がついてくるかどうかを心配して頭を悩ませるなと説いている。

私はふたつの別々の論点を語っているのだ。ひとつは技巧に関するもので、もうひとつは心構えに関するものだ。ひとつ目は正確な技術の習得の問題で、ふたつ目はその技術を使って自分の個性をどう表現するかの問題になる。

まずは道具を使いこなせるようになるために大いに努力すべきだ。簡潔にし、切り詰め、秩序を求めて奮闘する。この作業を機械的な行為と考えれば、すぐに文章は前よりすっきりしたものになる。むろんこの行為が髭剃りとかシャンプーといったものほど機械的になることはあり得ない。常に道具を活用できるように、さまざまなやり方を検討し続けなければならない。だが少なくとも、文は堅固な原則に基づいたものになり、読者を失う可能性も低くなるだろう。

その一方で、創造的な行為の側面を考えてみよう。あなたが誰であるかを表現する行為だ。肩の力を抜き、言いたいことを言ってみればいい。それに、文体はあなた自身であり、自分に正直でさえあれば、積み重なったガラクタや残骸の下から次第に姿を現してきて、日々個性的になっていくはずだ。たぶん、あなたの声であり、あなたのスタイルである文体は何年も固まったままではいないだろう。自分がどんな人間かを見つけるのに時間がかかるのと同様、自分がどんな文章家かを見つけるのにも時間がかかる。たとえ見つけたとしても、成長するにつれて文体は変化していく。

とはいっても、あなたが何歳であれ、書くときは常に自分自身でいなくてはならない。老いてから、二十代や三十代の頃と変わらぬ熱意で書き続ける人もいる。おそらく考え方も若々しいのだろう。その一方で、とりとめもなくくどくどと自分のことを書き続ける人もいる。彼らの文体を見れば、冗長で退屈な文章の書き方をこっそり学ぶことができる。大学生のなかには、卒業して三十年もたったような乾ききった文章を書く者もいる。どうか、会話でも気楽に使えないような言葉を文章に使わないでほしい。ふだんから「indeed（本当に）」とか「moreover（そのうえ）」を用いたり、人を「individual（人物）」と呼んだりしている人は別だが、そうでない人はそんな言葉を使ってはいけない。

このあたりで、読者が共感しようがしまいが気にせず、情熱と奇想を紙に書き記した数少ない作家の作品を覗き見る楽しさを味わってみよう。最初は、E・B・ホワイトが第二次世界大戦真っ最中の一九四四年に発表した「雌鶏（賞賛の表明）」の抜粋である。

卵が評価をどんどん高めたのに対して、ニワトリそのものは都会育ちの人々のあいだで常に名誉ある立場を享受していたとは言い難い。ところがいまや雌鶏の人気が高まっている。戦争のおかげで神格化され（deified）、銃後の人気者となり、会議の席で敬意を表され、どこの客車の喫煙室でも賞賛される。その無邪気なしぐさや興味深い習慣が、昨日までニワトリなど魅力（allure）も敬意も感じない無縁の存在と見なしていた酪農家たちが熱っぽく語り合う話題になっている。

私が雌鶏に愛着を持ったのは一九〇七年のことで、以来良き時代も悪しき時代も彼女たちに忠実に接してきた。たがいの関係を維持するのは必ずしも楽ではなかった。当初、念入りに区画分けされた郊外住宅地で育った私は、近隣の人々や警官に対処する必要があった。ニワトリたちをアングラ新聞のようにしっかり守ってやらなければならなかった。のちに田舎に住むようになると、街にいたときの古い友人たちに対処しなければならなくなった。彼らはニワトリを、ボードヴィルショーの小道具ぐらいにしか思っていなかった。私の雌鶏への傾倒ぶりを見ても、彼らの嘲笑は高まるばかりだった。それでも私は、人々の嘲りを浴びる一族の出の花嫁に対するように、雌鶏たちに忠誠を尽くした。それがいま、にやりと笑うのは私の番だ。興奮してしゃべりまくる都会人の会話が聞こえてくる。彼らは突然、雌鶏を社会的存在として認め、新たに見いだした感動や知識の披露、ニューハンプシャー種とワイアンドット種の魅力くらべでかまびすしく（cackling）なった。その驚嘆と絶賛の高声を聞いていると、雌鶏ははるか遠方のインドのジャングルではなく、つい先頃ニューヨーク郊外で作り出されたばかりのようだ。

雌鶏を飼う者には、家禽に関する知識はどれも刺激的で、尽きせぬ魅力を持っている。春が来るたびに、私は農場日誌を手に腰を下ろし、いつも変わらぬぼんやりとした顔つきで、昔から伝わる鶏小屋の作り方を読む……

ここにいるのは、これまでまったく関心のなかったテーマについて書いている人物だ。それでも、私はこの作品を心から楽しめた。文体の持つ簡潔な美が気に入った。リズムがいいし、意外ではあるがすがすがしい言葉（「神格化され」や「魅力」「おしゃべりする」）、ワインドット種や鶏小屋に関する蘊蓄も悪くない。もっとも一番気に入ったのは、この作者が一九〇七年に戻って、恥じ入ることなく家禽との恋愛関係を語っている点だ。人間性と温もりが感じられる文章で、三つほど段落を読めば、この雌鶏好きの男の人となりがはっきりとわかる。

もうひとり、文体の面ではホワイトと真逆で、華麗さを追求して華麗な言葉を使うのを好み、簡潔な文章をありがたがらない作家を見てみよう。と言っても、このふたりは確固とした見解を持ち、自分の考えを表現している点では同類である。次に紹介するのはその作家H・L・メンケンが、一九二五年の夏に行われた悪名高き「モンキー裁判」――テネシー州の学校で進化論を教えて告発された若い教師ジョン・スコープスの裁判をリポートしたものである。

テネシー州デイトンで不信心者スコープスが裁かれた日はひどく暑かったが、私はそれこそ喜々としてその地へ向かった。ますます事業拡大を続ける福音主義キリスト教の何たるかをその一端でも知りたくてたまらなかったからだ。共和制国家の大都市では、聖職者たちの絶え間ない努力にもかかわらず、その教えは消耗性疾患によって病の床に伏せっている。日曜学校の校長さえ、こっそり隠したラジオからジャズを流し、耐火靴を履いた足を揺らしている。思春期に差しかかった教え子たちは、もはやアフリカでの布教活動に参加してホルモン分泌を促進することもなく、リゾート地でネッキングにふけっている。デイトンでさえ、私の見るところ、群衆がスコープスを血祭りに上げようと励む一方で、律法不要論者の臭いがむっと立ち込めている。地域にある九つの教会は半分空っぽで、庭は雑草で覆われている。ほんの二、三人の常駐牧師は自分たちの霊的科学にしがみついているが、残りの者は通信販売でパンタロンを注文したり、教会に隣接する畑でイチゴ摘みに勤しんだりしている。なんと、床屋を兼業する者もいるそうだ……町に着いてきっかり十二分後に、私は信者のひとりに案内されて、カンバーランド山脈周辺の住民ご愛用のコーン・ウイスキーとコカ・コーラ半々の強烈な酒を飲まされていた。どうにもいただけない代物だったが、デイトンの啓示を得たと自称する人々《イルミナティ》は、突き出た腹をさすり、目を白黒させながら、さもうまそうに飲んでいた。創世記については熱っぽく語る彼らも、みな絶対禁酒主義者になるには頬が赤らみすぎており、器量のいい娘がメインストリートを通りかかると、映画スターのようなあだっぽいしぐさで、本来ネクタイがあるべき場所に手を伸ばす……

（The Hills of Zion）

この波のように高まる勢いと不遜な言葉こそ、メンケンの真骨頂だ。彼の本を開けば、どのページにも同国人のうわべだけの信仰心を踏みにじるのは間違いないことが書かれている。米国人がそのヒーローたちに、教会に、徳性を養う戒律（特に禁酒法）に惜しみなく与えた神聖さは、メンケンに言わせれば、枯渇することのない偽善でしかない。彼のもっとも破壊力のある砲弾の一部は政治家と大統領たちに向かって放たれる（彼の書いた〝大天使ウッドロー（・ウィルソン大統領）〟の人物像はいまだにページを焼きつくさんばかりだ）。それに、メンケンがキリスト教信者と聖職者を取り上げれば、彼らはたちまちいかさま師とまとんまに変じてしまう。

ヒーロー崇拝が米国の宗教で、バイブル・ベルトの独善的神罰が全土にじわじわと浸透していた一九二〇年代に、メンケンがそうした異端の主張で罰せられなかったのは奇跡とも思える。罰せられなかったばかりか、彼はその世代で最も畏敬され、影響力を持ったジャーナリストだった。あとに続くノンフィクション作家に与えた影響は計り知れないものがあり、現在でも彼の時事的な記事は昨日書かれたかのように新鮮に見える。

その人気の秘密は、米国語を才気縦横に使いこなしただけでなく、彼があくまで自分のために書き、読者がどう思おうがいっさい顧慮しなかった点にある。自由奔放に表現される彼の敵対意識は、それに賛同できない読者も十分に楽しめる。メンケンは一度も弱気になったり、言い逃れしたりしたことはない。読者にへつらわず、機嫌もとらない。こうした姿勢を貫くのは勇気がいるが、その勇気こそ、尊敬され影響力のあるジャーナリストを育む土壌となる。

時間を現在に近づけて、ジェームズ・ハーンドンがカリフォルニア州の中学校の教師をしていたときの体験を書いた本、『母国で生き延びるための手引き』から抜粋してみよう。私見ではあるが、米国で数多く出版された教育関連書のなかで、ハーンドンの本が一番教室内の現実を正しく捉えているように思える。その文体はほかの誰とも違うものだが、発する声は真実である。本はこんなふうに始まっている。

まずはピストンから始めるのがよかろう。ピストンをその容貌から描写すれば、赤髪で、並の背丈の小太りの八年生というところか。ところが性格のほうはひと言ですむ。頑固なのだ。こまごま説明するまでもなく、ピストンはやりたくないことはやらない、やりたいことをやる、と言えばわかってもらえるだろう。

さほど大きな問題ではない。ピストンは絵が好きで、怪物を描き、謄写版の余白に図案を書き込み、印刷をする。ときおりホラーストーリーを書くので、同級生から「悪鬼《グール》」と呼ばれることがある。そういったことをやりたくないときは、廊下を歩きまわり、(聞くところによれば)たまに女子トイレの探索を行うこともある。

私とは、ときにささいな衝突が起きる。あるとき私が、全員に着席して話を聞くように言った。確か、廊下での振る舞い方について話しておくべきだと思ったのだ。私は生徒に、自由に出入りしていいし、何をしてもかまわないが、あとでほかの先生から文句が出るような騒ぎは起こすなと言うつもりだった。まず着席させることが係争点になる。私はまず生徒を座らせてから話すことに決めていた。ピストンは立ったままだった。私はもう一度座るように命じた。ピストンはどこ吹く風だ。きみに言ってるんだぞ、と私は戒めた。ピストンはしぐさで、言うことを聞く気はないと示した。そこで私は、なぜ座らないんだと問いただした。座りたくないからだ、と彼は言った。私は、きみに座ってほしいんだと言い返した。おれには関係ない、と彼は言った。とにかく座れ、と私は言った。なんで？　と彼は言った。私がそう言っているからだ、と私は言った。座るつもりはない、と彼は言った。いいか、私はきみに座って、これから話すことを聞いてほしいんだ、と私は言った。ちゃんと聞いてるよ、と彼は言った。聞くけど、座るのはいやだ、と。

まあ、学校ではときおりこんなふうになる。教師は係争点にこだわるが、だいたいの場合、こちらは結局、前例のない自由を与えてしまう被害者側で、相手のほうが有利な立場にある。教員室でコーヒーを飲んでいるときに、きみの教室から生徒が許可証も持たずに廊下へ出てきて、ぼくのエジプトについての授業の一番肝心な部分で、おかしな顔をしたり、ぼくのクラスの生徒を指さしたりして……うんぬんの御託を並べられるのは愉快じゃない（ain't）。多少偏向した（tendentious）指示だって許されるはずで、ほとんどの者がそれを受け入れて着席する。ところがときおり拒否する者が現れ、その指示が不必要なものであることを思い知らされる……誰がこんなことにこだわらなければならないのだ？　そう自問すべきだ。

隣り合った文章に「ain't」と「tendentious」を同居させたり、引用符抜きで引用したりする作家はそれをわかってやっている。この一見、無技巧に見える技巧に満ちた文章こそ、ハーンドンが理想としているところだ。この文体は、価値ある仕事をしている人々の文章さえ堕落させる大仰さを免れることができるし、ユーモアと常識の豊かな鉱脈を提供する。ハーンドンは優れた教師であり、付き合っても楽しい人物なのだろう。とはいえ、つまるところ彼は自分自身のために書いているのだ。読者のひとりである自分のために。

「私は誰のために書いているのだろう？（Who am I writing for?）」。本章の冒頭に置いたこの疑問文に腹を立てた読者もいるにちがいない。彼らならこう書くだろう。「Whom am I writing for?」と。だが、私はそういうふうには書きたくない。それは私ではないからという理由だけで。

# 6 言葉

世に新聞語法と呼ばれるものがあるが、それは誰の文体においても新鮮さの死を意味する。低俗な言葉や造語、常套句を混ぜ合わせたもので、『ピープル』のような雑誌や新聞でさかんに使われ、作家が使わずにはいられないほど強い浸透力を持っている。こうした文章と戦わないと、たちまち三文文士になり下がってしまう。言葉への敬意と、意味の微妙なニュアンスへの好奇心を強迫観念とさえ言えるほど高めないかぎり、作家としての足跡を残すことはできない。英語には力強い言葉、柔軟な言葉が豊富にある。たっぷり時間をかけて探しまわり、望みの言葉を見つけなければならない。

「新聞語法」とは何か？　それは、話し言葉から抜き出した手軽な単語をつなぎ合わせたパッチワークのようなものである。形容詞を名詞のように使うもの（「greats（偉人たち）」や「notables（有名人たち）」）。名詞を動詞として使うもの（「to host（接待する）」）や、名詞を短縮して動詞にしたもの（「enthuse（熱中する）」や「emote（感情をあらわにする）」）、水増しして動詞を作るもの（「beef up（増強する）」や「put teeth into（効力を強める）」）などだ。この世界では、傑出した人は「著名な（famed）」人物であり、未来は常に「やがて来る（upcoming）」ものであり、人は常に手紙を「送る（fire off）」ものなのだ。近頃は、米国人の誰ひとり、手紙やメモや電報を「送った（has sent）」りしていない。著名な（famed）外交官コンドリーサ・ライスは、国務省職員の士気を高める（beef up）するために海外の著名人（notables）を接待し（host）、腰を据えてたくさんの手紙を送り出す（fires off）。送られた（fired off）手紙はいつも敵を痛めつけるために放たれ（fired in anger)、座ったまま（a sitting position）攻撃できる。そんな武器があるとは、いままで知らなかった。次に紹介するのは、著名な雑誌に載った記事で、読む労力に見合うとはとても思えない代物だ。

この二月、私服警官フランク・セルピコは、ブルックリンでヘロイン密売容疑者の家のドアをノックした。ドアがわずかに開いたとたん、セルピコが体当たりしてなかへ入ろうとすると、待ちかまえていたのは二二口径の銃弾で、それが彼の顔に突き刺さった。セルピコは何とか生き延びたが、まだ頭のなかにはぶんぶんと唸る破片が残り、それが原因でめまいが生じ、左の耳には一生治らない聴覚障害が生じた。傷の痛みもさることながら、彼を苦しめたのはこれが同僚の警官の仕組んだ銃撃だったのではないかという疑念だった。三十五歳のセルピコはこの四年間、ニューヨーク市警にはびこっていると本人らが主張する、常態化した警察固有の腐敗と孤独な戦いを続けてきた。彼の頑張りが送り出した衝撃波がニューヨークの最上流の人々へと……市警本部長が近く発表する報告書の影響はいまだ計り知れないとはいえ、セルピコはほとんど希望を持っておらず……

近く発表される報告書（the upcoming report）がいまだ計り知れないのは、それがまだ「近づきつつある（upcoming）」からで、「一生治らない聴覚障害」はまだそう言い切るには早すぎる。それに、何がぶんぶんと唸る破片をぶんぶんと唸らせているのだろう？　いまごろは、セルピコの頭そのものがぶんぶん唸っているにちがいない。とはいえ、こうした論理のずさんさだけでなく、記事がこれほど退屈なのは、一番手近にある常套句しか使わない書き手の怠慢のせいである。「体当たりして」「待ち構えていたのは」「顔に突き刺さる」「はびこる腐敗」「衝撃波を送り出す」「ニューヨークの最上流」……といったお粗末な言いまわしで構成される文章が、陳腐きわまりないものになるのはいたしかたない。次に何が出てくるか、容易に先が読める。妙な言葉やあやふやな表現で作られたものに意外性はない。読者は三文文士の手のなかで踊らされているわけだが、そのことにはすぐに気づく。そこで読むのをやめる。

そんなはめに陥ってはならない。そうならないためには、言葉を十分に吟味する必要がある。もしこのところ病気がちの（enjoyed a spell of illness）人や不振続きの（enjoying a slump）ビジネスのことを書こうと思ったら、彼らがどの程度「エンジョイ」しているかを自分に問うてみることだ。ほかの作家が言葉を選択するときに行った決断に目を配り、膨大な在庫のなかから何を選ぶかに細心の注意を払う必要がある。創作のレースは速さではなく、独創性で勝負するのだから。

同時代に書かれた文章もさることながら、過去の達人が書いた文章を読む習慣を身につけよう。文章は模倣から学ぶものだ。もし、どうやって書くことを学んだのかと訊かれたら、私なら自分が書きたいことを書いている人々の文章を読み、彼らがどんなふうに書いているかを分析することから学んだと答えるだろう。もっとも、お手本は最良のものを蓄えておく必要がある。新聞や雑誌に載った記事だから良いものとは限らない。おもに時間がないという理由で、編集が手抜きされることはめずらしくないからだ。それに、作家たちがあまりにも頻繁に常套句を使うので、原稿を受け取った編集者はおびただしい常套句のなかからどれがそうなのか、もはや判別できなくなっている。

同時に、辞書を使う習慣も身につける必要がある。手軽に使えるもので私のお気に入りは『ウェブスター新大学辞典・第二大学版』であるが、言葉マニアの例に漏れず、特殊な調べ物をするときに役立つもっと大きな辞書も持っている。単語の意味に疑問を持ったら開いてみるといい。語源を見て、もともとの言葉からどんな奇妙な枝分かれをしてきたかを学ぶとよい。もしその単語に知らない意味があったら覚えておこう。類義語と思われる語との微妙な違いをしっかり頭に入れよう。「cajole（言いくるめる）」「wheedle（口車に乗せる）」「blandish（まるめこむ）」「coax（なだめすかす）」にはどんな違いがあるだろう？

類語辞典も手元に置いておこう。

それに、ごたまぜの単語で大部にふくれ上がった『ロジェ・シソーラス類語辞典』も馬鹿にしてはならない。ちょっと見れば、愉快な本であるのがわかる。たとえば「villain（悪党）」の項を見れば、辞書編纂者にしか何世紀も昔から呼び出せない「悪党たち」の海に溺れそうになる。iniquity, obliquity, depravity, knavery, profligacy, frailty, flagrancy, infamy, immorality, corruption, wickedness, wrongdoing, backsliding, sin。それに、ruffians と riffraff, miscreants と malefactors, reprobates と rapscallions, hooligans と hoodlums, scamps と scapegraces, scoundrels と scalawags, jezebels と jades などにもお目にかかれる。そんな連中全員にふさわしい形容詞（「foul（憎むべき）」と「fendish（極悪非道の）」、「devilish（邪悪な）」と「diabolical（悪魔のような）」）も見つかるし、悪党ども（wrongdoers）がどんな悪事（wrong）をしたかを描写する副詞や動詞にも事欠かない。相互参照すれば金儲けと悪徳の深い繁みのなかに連れて行ってくれる。それでも、記憶をそっと刺激してくれるという点で、『ロジェ類語辞典』に勝る友は手近にいない。気に入る気に入らないは別にして、口まで出かかった言葉を見つけるのに、脳（過負荷の溝のネットワーク）をかきまわす時間を節約できる。作家にとって、ソングライターの押韻辞典にあたるのが類語辞典だ。あらゆる選択に助言を与えてくれる。大いに感謝して利用すべきだ。「scalawag（無頼漢）」と「scapegrace（やくざ者）」という単語を見つけて、どんな違いがあるのか知りたかったら、英語辞書を引けばいい。

もうひとつ心に留めてほしいのは、単語を選んでそれをつなげるときに、どんな響きになるかという点だ。馬鹿馬鹿しいと思うかもしれない。読者は目で読むのだから。だが読者は、あなたが思う以上に文章を耳で聞いている。あらゆる文章にリズムや頭韻が欠かせないのはそのためだ。最良とは言い難いが、一番手近にある典型例として、前の段落を見直してほしい。私は楽しみながら、「ruffian」と「riffraff」、「hooligan」と「hoodlum」など、一定の順序に配列しており、おそらく読者もただのリストを見せられるよりははるかに楽しんでくれたことだろう。単に配列そのものだけでなく、読者を楽しませようとする努力を喜んでくれたはずだ。とはいえ、読者はこれを目で楽しんだのではない。内なる耳で聞いたのである。

E・B・ホワイトも『英語文章ルールブック』(作家なら年に一度は読むべき本だ)のなかで、一世紀も二世紀も生き残ってきた文章の単語を並べ替えることで、このことを的確に論証している。たとえば独立戦争当時の政治哲学者トマス・ペインが『米国の危機』のなかで使った「These are the times that try men's souls（いまは人間の魂が試されるときだ）」という文章を並べ替えて、次の四例を作っている。

Times like these try men's souls.
How trying it is to live in these times!
These are trying times for men's souls.
Soulwise, these are trying times.

ペインの文は詩的だが、ほかの四つはまるでオートミールだ。これが創造のプロセスの聖なる謎である。優れた散文作家は詩人的側面を持っており、常に自分の書いたものに耳を傾ける。E・B・ホワイトの文体が好きなのは、私自身、言語のリズムと響きを大切にする者でありたいと思っているからだ。ホワイトの文章に収まっていくときの言葉のパターンを（耳で）楽しむ。文章の手直しをするときに、ホワイトが瞬間的に頭に浮かぶフレーズをどう処理して再配列を完成させるのかを、あるいは特定の情緒に比重を置いて、どんなふうにひとつの言葉を優先して選んでいるのかを推し量ろうとする。たとえば、同じ「穏やかな」という形容詞でも「serene《スリーン》」と「tranquil《トランキル》」には違いがある。例外的な「n」と

「q」のせいで、前者は柔らかだが、後者は妙に心をかき乱す感じがある。

　何を書くにせよ、響きとリズムを考慮しなければならない。文章がどれも重い感じで、書いた当人さえ退屈であるのがわかるが、どうやって治療すればいいのかわからないときは、声に出して読んでみるといい（私は作品を世に出す前に、必ず耳に頼って文章を書き、声に出して読み上げている）。そうしているうちに、どこが問題なのか聞き取れるようになる。文の順番を逆にしたり、新鮮な言葉、少し変わった言葉と替えたり、どれも同じ機械から出てきたみたいには響かないように、文の長さを変えたりして変化をつけられないかどうか試してみるのもいい。ときおり短い一文を入れれば、迫力が出ることもある。そうすれば、読者の耳に残るはずだ。

　忘れてならないのは、言葉はあなたの手に入るただひとつの道具であることだ。独創性と注意深さをもって、それを使うことを学ばなければならない。それにもうひとつ、それを待ちかまえている人々は耳で聞こうとしていることも忘れないでほしい。

# 7 語法

　こうして良い言葉と悪い言葉の話をしているうちに、漠然とはしているが重要な「語法」という領域にたどり着いた。良い語法とは何なのか？　良い英語とは何なのか？　新たに作り出された言葉を使うのはOKなのか？　いいか悪いかを誰が判断するのだろう？「OK」を使うのは、OKなのか？

　私は前に学生が大学当局を悩ませている（hassling）話を紹介したし、前章では自分が言葉マニア（word freak）だと述べた。ここにもふたつ、比較的最近できた言葉が使われている。「hassle」は動詞と名詞の両方があって、「人を悩ませる」と、「悩ませられる行為」の意味があり、申請書35－BXの記入が正しくできなくて悩んでいる人なら、この単語がまさにぴったりの響きだと同意してくれるだろう。「freak《フリーク》」は熱狂的ファンのことで、ジャズ・フリークとかチェス・フリークとか太陽フリークとかに付き物である「取り憑かれる」という雰囲気を余すところなく伝えている。もっとも、サーカスの見世物小屋《フリーク》に通わずにはすまない男を描写するときに「フリーク・フリーク」と書くのは、たぶん悪乗りしすぎだろう。

　いずれにしても、私はこのふたつの語法は喜んで受け入れる。それがスラングだとは思わないし、若者文化の隠語をおもちゃにして通《つう》ぶるために括弧でくくったりすることもない。どちらも良い言葉だし、私たちに必要なものである。だが、「notables（有名人たち）」や「greats（偉人たち）」「upcoming（やがて来る）」など数ある新語は認めない。どれも安っぽい言葉で、私たちには必要ない。

なぜある言葉は良くて、別の言葉は安っぽいのだろう？　私にはその疑問に答えることができない。なぜなら、語法にははっきりした境界線がないからだ。言語は一週ごとに変化する布地であり、新しい繊維が加わり、古い繊維が捨てられていく。言葉マニアが許容できるものを選ぼうと奮闘しても、結局は好み（「greats」は薄っぺらだ）のような主観的根拠にもとづいて決めざるをえない。私たちの好みを決めるのは誰なのだ、という疑問はいまだに解決されていない。

一九六〇年代にこの疑問に立ち向かったのが、『アメリカン・ヘリテージ英英辞典』という新辞書の編纂者たちだ。「語法諮問委員会」を招集して、新語や最近出現した疑わしい構文の鑑定を行わせた。どれを採用し、どれを捨てるか？　諮問委員会は総勢百四人、作家や詩人、編集者、教師などを中心に、言葉を大切にし、何とかうまく使おうと努めている人々で構成された。私もメンバーのひとりで、それから何年か、繰り返しアンケートに答え続けた。「finalize（仕上げる）」や「escalate（段階的に拡大する）」を認めるか？　「It's me（私だ）」という言い方をどう感じるか？　「like（～のように）」を接続詞として使うのを許容するか？――多くの人がそうしているように《ライク》。「mighty fine（めっちゃいいね）」の「mighty」はどう思うか？

メンバーには前もって知らされていたことだが、それぞれの見解を表にまとめた「語法注釈」が辞書の巻末に付けられ、誰がどんな票を投じたか読者にわかるようにされた。アンケート用紙にも、どうしても口を出さずにいられなくなったときのためにコメントを書ける余白があった。回答者たちは絶好の機会とばかりにそれに飛びつき、辞書が刊行されると、私たちのコメントがメディアに公表された。激情が弾けた。「そんな！　ダメよ。絶対ダメ！」――「author（著者《オーサー》）」を動詞で使う「to author（書くこと）」について問われて、バーバラ・W・タックマンはそう絶叫した。学者の世界では、言葉の汚泥に出会った言語原理主義者が上げる怒りの声はまず聞こえてこない。私個人、動詞「author」を認める《オーサーライズ》ことは許さないというタックマンの宣言に与する。それに、副詞の「good（実に、うまく）」を「アーネスト・ヘミングウェイの独占的財産にすべきである」としたルイス・マンフォードの見解にも賛同する。

とはいえ語法の守り手たちが単に言語が粗雑になるのを防いだだけでは、半分しか仕事をしなかったことになる。どんなまぬけでも、「healthwise（健康のために）」のような接尾辞「wise（〜的に、〜に関しては）」は「まぬけ的（doltwise）」であり、「rather unique（ややユニークな）」は「rather pregnant（やや妊娠している）」と同じくらいありえないと判断できる。仕事の残りの半分は、力強さや色彩を持ちこんでくる移民を進んで受け入れて言語の発展を助けることだ。だから、九七パーセントのメンバーが簡潔で精彩ある「dropout（脱落）」を承認し、その一方で、不法入国者が就労証明書を持たない世界である社会学の領域から新たに侵入してきた締まりのない言葉の典型、「senior citizen（高齢者）」を認めたのは四七パーセントだけだった。「escalate（拡大する）」が受け入れられたのはうれしかった。私はこうした言葉のからくりのような使い方は好きではないのだが、「escalate」にはベトナム戦争のおかげで「大失策」のニュアンスが込められ、正確な意味を与えられたからだ。

それでも、「trek（旅）」については、二二パーセントのメンバーが一般的語法に含めるのに乗り気ではなかった。これこそ、諮問委員会の投票方法を公表することの利点である。メンバーの意見をおおやけにすれば、迷っている作家を導くガイドラインになるからだ。こうして九五パーセントのメンバーが「He invited Mary and myself to dinner（彼はメアリーと私を夕食に招いた）」の「myself」は「めめしい」とか「不快」とか「上品ぶった言葉」として反対票を投じ、めめしくも、不快でも、上品ぶってもいたくない人に注意を促した。レッド・スミスに言わせれば、「myself」は小さい頃に「me」が下品な言葉だと教えこまれた愚か者の避難所なのだそうだ。

その一方で、以前は「品がない」と見なされていた動詞の「contact（交際する、連絡する）」を拒絶した人は六六パーセントに留まり、かつては「to」とのあいだに副詞（句）がはさまる分離不定詞として使われた「fault（過ちを犯す、非難する）」や「bus（バスで運ぶ）」に反対したのは半数だけだった。つまり、もしあなたが自主的に教育委員会に電話をして子供を隣町にバス通学させる（bus）ように頼んでも、あなたを非難する（fault）読者は五〇パーセントしかいないことになる。もしあなたが教育委員会に連絡（contact）すれば、あと一六パーセント評価を下げる危険がある。大ざっぱではあるが明瞭なこの基準については、『注意深い作家』という素晴らしい本を書いたセオドア・M・バーンスタインが明解にこう述べている。「利便性のテストをしてみることだ。その言葉は本当にニーズを満たしているか、と問うのだ。満たしていれば、免許を与えてやればいい」

こうしたことは全部、辞書編纂者なら先刻承知である。語法の規則は相対的で、規則制定者の好みによって曲げられてしまう。諮問委員会のメンバーであるキャサリン・アン・ポッターによれば、「OK」は「唾棄すべき卑俗な表現」であり、生まれてこの方一度も使ったことはないそうだが、私は自分が「OK」としゃべっていることを率直に認めた。アイザック・アシモフは「most everyone」の「most」を「気どった農夫言葉」とさげすんだが、ヴァージル・トムソンは「出来の良い英語のイディオム」と喜んで受け入れた。「トルーマン政権」などと使われる「政権」の意味の「regime」は、「dynasty（支配者層）」と並んで、大方のメンバーの同意を勝ち得た。だが、それがジャック・バーザンの怒りを招いた。バーザンに言わせれば、「それは専門用語だ！　いまいましい歴史音痴どもめ！」だそうだが、私もそのときはたぶん「regime」に「OK」を出したはずだ。いまになって、不正確さに対するバーザンの非難を考えると、どうも「regime」は新聞語法のうちではないかと思えてきた。私が悪口雑言を浴びせた言葉に、「テレビのパーソナリティー」などで使われる「パーソナリティー（personality）」がある。それもいまは、名が知られているから有名というだけの大勢の人々を指すには、この言葉しかないのではないかと思い始めた。ほかに言い方がない可能性もある。ガボール三姉妹（元祖〝ハリウッド・セレブ〟の姉妹。女優としてよりスキャンダルや派手なライフスタイルで人気を博した）は有名だが、いったい何をしたのだったか？

つまるところ「正しい」語法とはなんぞや、という問題に帰着する。キングスイングリッシュを確立しようとしても王様《キング》はいないので、私たちには大統領イングリッシュしかないが、そんなものは欲しくもない。長年、信仰の守り手であった『ウェブスター辞典』が一九六一年に寛容な第三版を出して水を濁らせてしまった。そこには、誰かが使っているものであればおおむね許容できるとして、「ain't」も「米国のほとんどの地域で教養ある人々の多くが話し言葉で使っている」と書かれていた。『ウェブスター』がどこで教養ある《カルティヴェイティド》人々を育成《カルティヴェイティド》したのか、私はよく知らんのだけどね（I ain't sure）。とはいえ、話し言葉が書き言葉より厳密でないのは確かで、『アメリカン・ヘリテージ英英辞典』は適切に、両方の言語形式で問題を投げかけてきた。私たちはともすると十分にわかっているつもりで、くだけすぎているという理由で印刷物には使われない話し言葉のイディオムを許容する傾向がある。だが、サミュエル・ジョンソンが「ペンはいずれ舌に従わざるをえなくなる」と言ったように、今日口から吐き出されたガラクタが明日は紙のうえで黄金に変わるかもしれない。分離不定詞や一文の最後に付けられる前置詞を認める傾向が強まっているのは、同じ意味を伝える話し言葉の気楽な言い方の攻勢に対して、正式な構文が永遠に砦を守り続けられないことを証明している。だいたい、守るべきではないのだ。私は、文の最後に前置詞が来るのはよいことだと考えている。

語法諮問委員会を進めるうちに、ひとつの言葉のなかでも正確性はさまざまであることがわかってきた。メンバーの多くは「colleague（同僚）」の類語として「cohort（群れ）」を使うのに反対したが、おどけた意味で使うのは例外になる。だから、ある教授が「cohort」とともに学部会に出席することはないが、同僚たち（cohorts）がおかしな帽子をかぶり、大挙して大学の集会に参加することはあるかもしれない。私たちは、「彼の体調はあまり良くない（His health is not too good）」のように、「very」の類語で「too」を使うのを否定した。いったい、誰の体調のことなのだ？　それでも皮肉やユーモアの意味でそれを用いることは認めた。「彼女に無視されて、彼はあまり幸せではなかった（He was not too happy when she ignored him）」

こうしたことは些細な区別のように思えるかもしれない。だが、そんなことはない。この区別が、自分が語法の微妙な違いに敏感であることを読者に伝えるシグナルになるのだ。「very」の代用品である「too」は不要物だ（「彼は買い物に行くことに、あまり気が進まなかった（He didn't feel too much like going shopping）」のように）。だが前の段落で紹介した皮肉たっぷりの例文なら、リング・ラードナーの作品に出てきてもおかしくない。「too」が、ほかの単語では出せないかすかな皮肉のにおいを付け足しているからだ。

幸いなことに、わが諮問委員会の審議からひとつのパターンが生まれ、いまでも通用するガイドラインを提示した。私たちは新語や新しいフレーズに対してはリベラルだが、文法については保守的であるのがわかったのだ。

「dropout（ドロップアウト）」のような完璧な言葉を拒絶したり、科学やビジネス、スポーツ、社会の変化から毎日のように生まれてくるたくさんの言葉を正しい語法の門から締め出すふりをしたりするのは愚かである。「outsource（外注する）」「blog（ブログ）」「laptop（ラップトップ）」「mousepad（マウスパッド）」「geek（変人《ギーク》）」「boomer（ベビーブーム世代）」「Google（検索する）」「iPod」「hedge fund（ヘッジファンド）」「24／7（年中無休）」「multi-tasking（並行作業）」「slam dunk（スラムダンク）」などのことだ。それに、一九六〇年代にエスタブリッシュメントのもったいぶった尊大な言いまわしに対抗するカウンターカルチャーから生まれたたくさんの短い言葉——「trip（幻覚体験）」「rap（ラップ）」「crash（ドラッグが切れたときの虚脱感）」「trash（手当たり次第の破壊）」「funky（ファンキーな）」「split（密告する）」「rip-off（ぼったくり）」「vibes

（雰囲気）」「downer（不快な幻覚）」「bummer（不愉快な体験）」なども忘れてはならない。もし簡潔さを競うなら、これらの言葉が勝利者になる。突然、言語のなかに入りこんでくる言葉を受け入れる際に生じる唯一の問題は、そうした言葉が出し抜けに目の前から消えてしまうことだ。一九六〇年代末の「happenings（ハプニング）」はいまはもう起《ハプン》きることもないし、「out of sight（素晴らしい）」は視界に入《アウト・オブ・サイト》らなくなっており、「awesome（いかす）」でさえ、熱を失って落ち着《チル・アウト》いてきている。語法を大切にする作家は、常に生者と死者を見分けなければならない。

わが語法諮問委員会が保守的になった領域について言えば、私たちは文法上の古典的区別のほとんど（「can」と「may」、「fewer」と「less」、「eldest」と「oldest」等々）を擁護し、古典的な誤りを非難した。「flaunt（誇示する）」を「flout（軽蔑する）」の意味で使うのは誤りであり、どんなにたくさんの作家が規則を「馬鹿にして（flout）」自分の無知を「ひけらかして（flaunt）」もそれは変わりない。「fortuitous（偶然の）」は「幸運な」ではなく、「accidental（不慮の）」の意味で、「disinterested（私心のない）」は「無関心」ではなく「impartial（公平無私な）」の意味で使うべきで、「infer（推論する）」に「imply（ほのめかす）」の意味はない。私たちは言語の美しい正確性への愛から、そのような結論に至った。「reference（言及）」と「allusion（ほのめかし）」、「connive（黙認する）」と「conspire（共謀する）」、「compare with（違うものを比べる）」と「compare to（似たようなものを比べる）」の違いを知っておかなければならない。「comprise（包含する）」を使うのであれば、正しく使うべきだ。この言葉は「include（含む）」の意味で、「dinner comprises meat, potatoes, salad, and dessert（夕食の献立は肉とポテト、サラダ、デザートだ）」のように使う。

「不自然に聞こえないかぎり、私はいつも文法にかなった語法を選ぶ」とマリアンヌ・ムーアは説明しているが、それが最終的に諮問委員会のとった立場だった。私たちは教条主義者ではないから、正確性に「こだわる（hung up）」あまり、「hung up」のようなフレーズによって言語がおのずから元気を回復するのを望まないわけではない。だからと言って、無遠慮に押し入ってくる不快な代物まで全部受け入れる必要はないのだ。

そうしているあいだにも、戦いは継続している。いまでも『アメリカン・ヘリテージ英英辞典』から新しい言いまわしについての意見を求めて投票用紙が送られてくる。「definitize（具体化する）」などの動詞、「affordables（手頃な価格の品物）」などの名詞、「the botom line（肝心なこと、結論）」などの話し言葉、「into」のような「はぐれ言葉」――「He's into backgammon and she's into jogging（彼はバックギャモンに、彼女はジョギングに熱中している）」がその例である。

ほどなく、俗語が私たちの日常生活や言語に氾濫していることに諮問委員会の専門家も気づいた。カーター大統領は、連邦規制を「簡潔で明瞭に」書くように命じる大統領令に署名した。クリントン政権の司法長官ジャネット・リノは全米の弁護士に向けて、難解な法律用語をやめて「誰もが理解できる平凡で古めかしい言いまわし」（「right（正しい）」「wrong（間違った）」「justice（正義）」など）を用いるように促した。企業はコンサルタントを雇って無味乾燥な文章から不明瞭な言葉を減らし、保険業界さえ保険証書から悲惨な言葉を削って、災難が生じたときにどんな補償を得られるかを私たちに伝えようとした。そうした努力がどれほど実ったか怪しいものだが、それでもこれほどたくさんの番人が、玉座に立つクヌート王よろしく満ちてくる潮を押し返そうとするのを見るのは心休まる。すべての注意深い作家はそうあるべきだ。新たに押し寄せてくる不要物をよく見て、問わなければならない。「これは私たちに必要だろうか？」と。

初めてこう尋ねられたときのことをよく覚えている。「このことはあなたにどんな影響を与えていますか？（How does that impact you?）」。私はずっと、「impact」は歯科用語を除けば名詞だと思っていた。やがて、「de-impact」という言葉を目にするようになった。だいたいが、何らかの不幸な出来事の影響を

「de-impact（取り除く）」プログラムに関連する文脈で見つかった。名詞が一夜にして動詞になったわけだ。私たちは「ゴールを目指し（target goals）」、「真相に到達する（access facts）」。鉄道の車掌は列車が「ホームには止まらない（won't platform）」とアナウンスする。空港のドアには、「このドアには警報装置を取り付けてある（alarmed）」という表示がされている。企業は「規模の縮小を行っている（downsizing）」。それは事業を発展させるために「継続中の活動（ongoing effort）」の一端である。「ongoing」はもともと士気を鼓舞するために用いる俗語である。上司に、これは「継続中のプロジェクト」であると言われたら、私たちは日常業務にさらに熱意を持って臨まなければならない。もし公共団体が目下の必要（ongoing needs）のために私たちの預金を当てにしている（have targeted）のなら、喜んでもっと差し出すだろう。そうしないと、私たちは行動の阻害要因（disincentivization）の犠牲になってしまう。

こんなふうに続けることはいくらでもできる。この本をいっぱいにするぐらいの例文は持っているのだが、誰にでも読んでほしいと思ってこれを書いているわけではない。私たちはまだ、例の疑問を解決できないでいる。「正しい語法とはなんぞや？」それに答えるために役立つアプローチのひとつは、語法を俗語と分けて考えることだ。

たとえば、「prioritize（優先順位をつける）」は俗語と言っていい。「rank（位置づける）」よりもったいぶって聞こえる新しい動詞だ。それに対して「bottom line《ボトム・ライン》」は簿記の世界から借用した隠喩的表現だが、イメージをはっきり思い描けることから、語法に属すると言えるだろう。ビジネスマンなら誰でも知っているように、「ボトム・ライン」は大きな意味を持つ。「結局のところ《ボトム・ライン》、われわれは一緒に仕事をすることはできない」と言われれば、意味するところは明白だ。私個人は好きな表現ではないが、「つまるところ《ボトム・ライン》、それは社会に定着している」のだ。

新しい語法は、政治の新たな出来事とともに出現することもある。ベトナム戦争が「拡大する《エスカレート》」をもたらしたように、ウォーターゲート事件は妨害と欺瞞を意味する語彙の完全用語集を私たちに授けてくれた。そこには、「deep-six（廃棄処分）」「launder（金の出所を隠す）」「enemies list（政敵リスト）」、それに「gate」を接尾辞にしたスキャンダル（「イランゲート」）などが載っている。リチャード・ニクソンの政権下で本来「洗濯」を意味する「launder」が汚い言葉になったのは、いかにもこの事件にふさわしい皮肉と言えよう。いまでは、誰かが金の出所を隠すために資金を「ロンダリング」したとか、その金がたどるルートのことをよく耳にするが、その場合は正しい意味で使われている。この言葉は短くて生き生きしており、私たちに必要なものだ。私は「launder《ロンダー》」と「stonewall（妨害行為）」を受け入れる。だが、「prioritize」と「disincentive（阻害要因）」は認めない。

ここで、良い英語と専門的な英語を分ける同様のガイドラインも提示しておこう。それは「プリントアウト」と「インプット」の違いと言えるだろう。プリントアウトはコンピューターが吐き出す具体的な物体である。コンピューターの出現以前は必要なかったが、いまは必要な言葉だ。それでも、本来属しているところにおとなしく留まっている。「インプット」は違う。最初は、コンピューターに提供する情報を説明するために作られた言葉だった。それがいまや、ダイエットから哲学談義まで、あらゆるテーマで使われるようになった（「神が存在するかどうか、きみの意見《インプット》を聞きたいね」）。

私は誰かに「インプット」を与え、相手の「フィードバック（feedback）」を受け取るのはごめんだが、自分の意見を伝え、相手の言うことには喜んで耳を傾ける。私の考える良い語法は、相手に自分を明瞭かつ簡潔に表現できる良い言葉で成り立つものである。もしそういう良い言葉がすでに存在していればだが、たいていは見つかるものだ。そんなことを言うと、こう言い返されてしまうかもしれない。「対人関係（interpersonal）をどう言語化（verbalize）するかってことだね」

# 第Ⅱ部　手法

# 8　統一性

創作は、書きながら学ぶ。これは自明の理だが、なぜ自明の理なのかと言えば、それが真実だからである。書くことを学ぶには、日常的に一定の数の言葉をひねり出すように自分を追いこむしかない。もし新聞社で働けば、毎日二本か三本、記事を書かなければならないので、半年もたてば良い書き手になれる。必ずしもうまく書く必要はない。おそらくその文章には、まだ不要物や常套句があふれているだろう。それでも、言葉を紙のうえに書きつけることに力を注いでいるうちに自信がつくし、書くことに付き物の問題を特定できる。

どんなものであれ、創作はつまるところ問題を解決することである。それは、どこに行けば事実を入手できるかという問題かもしれないし、素材をどう系統立ててまとめるかという問題かもしれない。あるいは、アプローチの仕方、執筆の姿勢、文体や調子の問題かもしれない。何にせよ、それに立ち向かい、解決しなければならない。ときには正しい解決策が見つからずに落胆することもあるだろう。何の解決策も思いつかないことだってある。そう言う場合には、こう考えるかもしれない。「九十歳まで生きても、この泥沼から抜け出せそうもないな」、と。私もしょっちゅうそう考える。それでも最後には問題を解決できるのは、五百回も盲腸の手術をこなしてきた外科医のように、前にも同じ場所に立ったことがあるからだ。

統一性が創作の錨《いかり》になる。だから、まずは自分の統一性を確かなものにする必要がある。読者をあちこちさまよわせないようにするためだけでなく、秩序を求める潜在意識を満足させ、すべてが良好に舵取りできていると安心させるための統一性だ。そのためには、数多くの選択肢のなかから選び、その選択に固執すべきである。

　代名詞の統一もひとつの選択だ。当事者となって一人称で書くか、傍観者となって三人称で書くか？あるいは二人称という選択もありうる。ヘミングウェイを意識したスポーツライターお気に入りの代名詞だ（「きみが記者席から見たなかで、もっともスリリングな巨人同士の激突であるのは認めなければならない。もうきみは、嘴《くちばし》の黄色いひよっこではないのだから」）。

　もうひとつの選択は、時制の統一だ。ほとんどの人はおもに過去形で書いているが（「先日、私はボストンに出かけた」）、なかには軽快に現在形で書く人もいる（「私は〈ヤンキー・リミティッド〉の食堂車に腰をおろし、列車はボストンに着こうとしている」）。良くないのは、それを行ったり来たりすることだ。ひとつの時制だけしか使えないと言っているわけではない。時制の本来の目的は、作家が過去から仮定的未来まで徐々に変化する時間に対応できるようにすることである（「ボストン駅で母親に電話したとき、前もって手紙で来ることを知らせておけば、母親が迎えにきたはずだと思い当たった」）。とはいえ、あくまで読者に伝えることをおもな目的として時制を選ぶべきだ。たとえ、途中でどんなに前へ後ろへよそ見をしたとしても。

　さらにもうひとつ、雰囲気の統一性も選択しなければならない。あるときは、ニューヨーカー誌が苦労して洗練させてきた、くだけた口調で読者に語りかけたくなるかもしれない。また別の場合は、深刻な出来事を描写したり重要な事実を提示したりするために、ある程度堅苦しい調子で読者にアプローチしたくなることもあるだろう。どちらの調子でもまったくかまわない。というより、どんな調子でも容認される。ただし混ぜ合わせてはいけない。

そうした致命的な混ぜ合わせは、抑制を学んでいない作家によく見られる。旅行記がその顕著な例である。「妻のアンと私はずっと香港への旅を望んでいた」と、思い出に血を湧き立たせて作家は書き出す。「晩春のある日、夫婦で航空会社のポスターを見ていたとき、私は言った。「行こうじゃないか！　子供たちももう大きくなったのだから」」と続き、次に彼と妻がハワイに立ち寄ったこと、香港の空港で両替をし、ホテルを探し当てるまでの愉快な出来事の詳細が陽気な調子で綴られていく。悪くない。作家は私たちをリアルな旅行に連れ出してくれるリアルな人間で、彼と妻の人となりがはっきりと伝わってくる。

ところが突然、作家は旅行パンフレットに変身する。「香港は物見高い観光客に面白い体験を数多く提供してくれる。九龍からの奇抜なフェリーに乗るも良し、混み合った港を走りまわる無数の平底船《サンパン》を眺めるも良し、あるいは密輸と陰謀の巣窟として波乱に富んだ歴史を持つ伝説の地マカオの路地を見てまわる日帰りの旅に出るも良し。古風な趣のあるロープを登りたければ……」。そこで話は作家とその妻のことに戻り、中国料理レストランでのふたりの奮闘が紹介され、すべてがまた順調に運ぶようになる。料理については誰でも興味があるし、そこで語られるのは個人の冒険譚だ。

するとまただしぬけに、作家がガイドブックに変じる。「香港への入国には有効なパスポートが必要だが、ヴィザは不要。肝炎の予防注射は必ずすませ、腸チフスの予防接種についてもかかりつけの医師に相談してアドバイスをもらうべきだ。香港の気候は七月、八月を除けば季節なりに……」。われらが作家は消えてしまい、アンも消えた。遠からず、私たち読者もいなくなるだろう。

走りまわるサンパンや腸チフスの予防接種のことを書くなというわけではない。私たちをいらだたせるのは、作家がどんな作品を書こうとしているのか、読者にどうアプローチするかを決めていないことだ。提供する題材の性質によって、さまざまな姿に変身する。自分の題材をコントロールできずに、むしろ題材にコントロールされている。何らかの統一性を確立するのに時間をかけていれば起こりえないことだ。

だからこそ、書き始める前に基本的な疑問をみずからに問う必要がある。たとえば、「自分はどんな立場で読者に語りかけようとしているのか?」（報道記者としてか？　情報提供者としてか？　平均的な人間としてか?）、「どんな代名詞と時制を使おうとしているのか?」（無個性な報告調か？　個性的だが堅苦しいものか？　個性的でくだけたものか?）、「題材に対してどんな態度で向き合おうとしているのか?」（深くかかわるのか？　距離を置くのか？　断定的？　皮肉っぽく？　楽しみながら?）、「どれくらいの範囲を対象にしたいのか?」「どこを強調したいのか?」

最後のふたつの疑問は特に重要だ。ノンフィクション作家の大半は最終決定版コンプレックスの持ち主である。彼らはみな、何かに義務を負っていると感じている。テーマに、自分の名誉に、創作の神様に。作品を決定版にするのが義務だと考えている。見上げた意気ではあるが、最終決定版など存在しない。今日、これこそ決定版だと思っても、その夜には未決定版に変わってしまうし、粘り強く決定的事実を追う作家はやがて自分が虹を追っていて、腰を据えて書き始めてもいないことに気づく。本にせよ記事にせよ、何かについて書くことなど誰にもできない。トルストイは戦争と平和についての本は書けなかったし、メルヴィルも捕鯨については書けなかった。ふたりとも時代と場所、それにその時代と場所にいた登場人物を、ある程度スケールを縮小して書く決断をした。ひとりの人間には一頭の鯨しか追えないのだ。創作の企画はおしなべて、書き始める前にスケールを縮小しなければならない。

だから、事を小さく考えよう。まずは自分のテーマのどの隅をかじりとるかを決め、そこだけ上手に論じておしまいにする。これはエネルギーとやる気の問題でもある。手にあまる創作を仕事として続ければ、いずれ熱意は枯渇してしまう。熱意こそ前進を促し、読者をつなぎとめる力になる。熱が引けば、最初にそれに気づくのは読者である。

どこを強調するかという点について言えば、成功したノンフィクション作品はどれも、それまで出会ったことのない刺激的な考えをひとつ読者の頭に残している。ふたつではなく、五つでもない。ひとつだけである。だからまずは読者の頭に何を残したいか、ひとつだけ決める必要がある。そうすることで、どんな筋道をたどるか、どんな終着点にもっていくかがはっきりしてくるだけでなく、雰囲気や態度をどうするかを決める助けにもなる。熱のこもった雰囲気や態度が一番ふさわしい場合もあるし、さりげなく控えめに書くことが良いときもある。ユーモアを交えるのがベストであることも。

どう統一するか決まれば、自分の作った枠組みにはめこめない題材はひとつもない。もし香港への旅人がくだけた語調で自分と妻のアンのことだけ書くのを選んでいたら、九龍のフェリーだろうが地元の気候だろうが、読者に語りたいことを何でも叙述のなかに織りこむ自然な方法を見つけていただろう。彼の個性も目的も無傷のままで、記事もまとまりがとれていたはずだ。

もっとも、前もって決めておいていざ始めると、それが適切なものではないのがわかる場合もよくある。題材が作者を思いがけない方向に向かわせ、もっと別の書き方のほうがしっくりくるようになる。それは正常なことだ。書くという行為は予想もしなかった考えや記憶のかたまりを呼び覚ますからだ。それが適切だと思えば、流れに身をまかせればいい。足を踏み入れようとは思っていなかった領域だったとしても、そこの雰囲気に好感を持ったら、題材を信頼しよう。文体をそれに合わせて、どんなものかわからない終着点に向かって筆を進めよう。あらかじめ決めた計画の囚人になってはいけない。創作は青写真第一主義ではないのだから。

もしそんな成り行きになったら、記事の第二パートは第一パートとひどくつながりの悪いものになるだろう。だが、少なくとも作者はどちらのパートが本物であるのかを知っている。だから、あとは修復の問題になる。冒頭に戻って手を入れれば、雰囲気も文体も最初から最後まで一貫したものになるはずだ。

そういうやり方を恥じることはない。ハサミと糊（コンピューターならカット&ペースト）は作家の立派な道具である。統一性はどれも作者の組み立てている建造物に適合するものでなければならない。ただし、後戻りして組み立て直さなければ、いずれ崩れ落ちてしまうだろう。

# 9　書き出しと結末

どんな作品であれ、一番重要な文は冒頭の一行である。もしその一行で読者を二番目の文に誘導できなければ、記事の命運は尽きる。それにもし二番目の文が三番目に誘導できなければ、同じく万事休すだ。ひとつひとつの文がそれぞれに、針にしっかり掛かるまで読者を前へ前へと牽引していくこの連鎖によって、作者は運命を決する構成単位、書き出し《リード》を構築する。

書き出しはどれぐらいの長さがいいのだろう？　一文か二文か？　四文か五文か？　書き出しには適切な長さなどない。わずか二、三行の餌の豊富な文章で読者を針に掛けられるものもあるし、数ページにわたってゆったりと進み、時間はかかるが着実に読者を引き寄せるものもある。どんな作品にもそれぞれ違う問題があるから、長さを決める唯一の確かな尺度は、それが有効に働くかどうかということしかない。あなたの書き出しはあらゆる可能な書き出しのなかでベストではないかもしれないが、やるべき仕事をしているのなら、満足して前に進むべきだ。

ときには、読者対象によって書き出しの長さが決まることもある。文芸評論などを読む読者なら遠回しな書き出しを予期しており、最終到達点に向かって気長に旋回する動きに乗って、いったいどこへ連れていかれるのだろうと思いめぐらすのを楽しみながら作者についていきてくれるだろう。だが、読者がついてくるのを当てにしてはならない。読者はすぐにも知りたがっている。このなかには、自分のためになることが書かれているのだろうか、と。

だから、書き出しは即座に読者の気持ちを捉え、読み続けるようにさせるものでなければならない。読者を新鮮味で、目新しさで、逆説で、ユーモアで、サプライズで、風変わりな考えで、興味を引く事実で、疑問で言いくるめる必要がある。どれも、読者の好奇心を刺激し、袖を引っ張ることができるかぎり、有効に働くはずだ。

次に、書き出しにも本来やるべき仕事をやらせよう。信頼に足る細かい事実を入れて、なぜこの作品が書かれたのか、なぜこれを読む価値があるのかを読者に伝えよう。もっとも、そうした理由をくだくだ述べ立ててはいけない。ほんの少し読者をなだめるだけにして、先を知りたがるように仕向けるのだ。

そのまま構築を続けよう。それぞれの段落は前の段落を補強するようにすべきである。揺るぎない事実を加え、読者を面白がらせるのをいくぶん控えて、さらに考察を提示しよう。ただし、各段落の最後の一文は特に気をつけなければならない。次の段落への大切な跳躍台になるからだ。その文には、スタンダップ・コメディアンが判で押したように話のあいだにときおり交える「決め台詞《スナッパー》」のように、特に工夫したユーモアやサプライズを混ぜてみよう。読者をにやりとさせれば、次の段落を読んでくれるのは間違いない。

ここで、テンポはさまざまだがプレッシャーをかけ続けている点で共通する数本の書き出しを読んでみよう。最初の二本は私が書いたもので、『ライフ』『ルック』の両誌に掲載された。こうした雑誌は、読者の投稿から判断すると、読まれているのは理髪店か美容院、旅客機のなかか病院の待合室らしい（「先日、散髪の順番を待っているときにきみの記事を読んだよ」）。わざわざこんなことを言うのは、定期的に読まれるのは読書灯の下より、ドライヤーの下でのほうが圧倒的に多いことを忘れてほしくないからだ。作者はぐずぐずしている暇はない。

まずは、「あのチキン〝フルター〟を阻止せよ」と題された記事の書き出しだ。

私はこれまで何度も、ホットドッグの中身は何なのだろうと首をかしげたことがある。いまそれが何かを知って、知らなければよかったと思っている。

短いふたつのセンテンス。だが、二番目の段落に進まずにはおられないはずだ。

私のトラブルの始まりは、農務省がホットドッグの材料一覧（どれも法規にはかなっているらしい）を発行したときで、それはホットドッグの材料にチキンを含めるように規制緩和を望んだ鶏肉業界の要請に応じたものだった。言い換えれば、「フランク族」の国でチキンソーセージ《チキンフルター》が幸せを見つけられるかどうかというわけだ。

ひとつ目のセンテンスはこのコラムの基盤になる出来事を説明している。続いて、のんびりした雰囲気を取り戻すために「決め台詞《スナッパー》」を用いている。

農務省のアンケートに寄せられた千六十六の回答（おもに敵意あるものだった）から判断すると、そんなことはとても考えられないという結論になる。国民感情を一番適切に表現した女性の言葉はこうだ。「種類は何であれ、羽のついた肉は食べないわ」

事実をもうひとつと、にやりをもうひとつ。もし幸運にもこの引用と同じくらい愉快なものが見つかったら、ぜひ使う方法を探してみよう。この記事は次に、農務省がホットドッグの材料と称しているものを具体的に紹介する。「牛、羊、豚、山羊の横隔膜、心臓、食道等の筋肉の食用に適する部分……（だが、以下は含まれない）唇、鼻および耳の筋肉……」

そこからさらに、（食道周囲の不随意反射を感じながら）鶏肉業界とフランクフルト《フランクフルター》ソーセージ業界間の論争の話に入り、それが次に、米国人はホットドッグとは似ても似つかぬものも食べているという指摘につながる。最後はさらに話を広げて、米国人は自分が食べるものの材料が何なのかを知らないし、関心もないという結論に至る。この記事は、軽いユーモアを交えたくだけた文体に終始している。とはいえ内容は、読者がどこへ向かうかわからない書き出しに引きこまれたときに予想したであろうものよりずっと深刻である。

ユーモアに頼らず、好奇心をそそることで読者をおびき寄せるゆったりとした書き出しは、次の「マニアがいてよかった」という記事で使われている。

あらゆる妥当な基準に照らしても、ぬるぬるしたニレの樹皮の断片を二度見する人は、いや、一度だって目を向ける人はいないだろう。その断片は、メジャーリーグのピッチャー、バーリー・グライムズの故郷ウィスコンシン州クリア・レイクで採れたもので、いまはニューヨーク州クーパーズタウンの米国野球殿堂博物館に展示されている。ラベルを見ると、グライムズは「スピットボール投球用の唾を増やすために」ゲームの最中にそれを噛んだという。濡れたボールは目をあざむく軌道を描いてホームプレートへ投げこまれる。どう見ても、今日の米国で最も関心を向けられないもののひとつに思える。

ところが、野球ファンは妥当な基準をもとに判断したりはしない。私たちはゲームの細部に思い悩まされ、一度プレイを見た選手の記憶が一生頭につきまとって離れない。だからどんなものでも瑣末とは思わず、何度も見に戻ってくる。私はちょうど、バーリー・グライムズと彼の投げた人目を欺く軌道でホームプレートに向かうボールを覚えている年代で、その樹皮を見つけたときはロゼッタストーンを発見したようにしげしげと眺めたものだった。「なるほど、彼はこうやったのか」と、おかしな植物の記念品を見ながら思った。「べたべたのニレの樹皮か！　恐れ入ったね」

それは、少年時代に博物館を徘徊して経験した数百回の出会いのひとつに過ぎなかった。おそらく、これほど個人的な過去への巡礼を体験させてくれる博物館はほかにない……

これで読者は無事に針に掛かってくれる。作家の一番難しい仕事は終わった。

この書き出しを引用したのは、救いは往々にして文体ではなく、作家が発見した意外な事実のなかに見つかることを強調したかったからだ。私はクーパーズタウンへ行き、午後いっぱいを博物館で過ごし、メモをとった。あらゆる場所で郷愁の思いに心を乱しながら、畏敬の念をこめてルー・ゲーリッグのロッカーや勝利を叩き出したボビー・トムソンのバッドを見つめた。ポロ・グラウンズのスタンドから運ばれたシートに腰を下ろし、エベッツ・フィールドのホームプレートをスパイクのない靴で踏みしめ、あとで役立ちそうなラベルや説明書きを全部律儀に書き写した。

「テッドがベースを一周してホームプレートを踏んだ靴」と、テッド・ウィリアムズがよく知られた生涯最後のホームランを打ったときに履いていた靴であることを、ラベルが教えてくれる。この靴は、奪三振王ウォルター・ジョンソンのものよりずっと見栄えがよかった。ジョンソンの靴は両側面が破れてぱっくり口を開けていた。それでも説明書きはそれを正当化する事実を提供して、野球ファンを満足させる。「ピッチングをするときに足が楽なんだ」と、偉大なるウォルターは語ったという。

博物館は午後五時に閉館になり、私は記憶と調査結果を手にモーテルに戻った。だが、私の直観が翌朝、博物館へ行き、館内をもう一周すべきだと語りかけてきた。そこで初めてバーリー・グライムズのニレの樹皮に目を留め、完璧と思える書き出しが頭に浮かんだ。いまでもその思いに変わりはない。

　この話の教訓は、使えるかどうかを気にせず、常に多すぎるほどの材料を集めるのがいいということだ。作品は、余分な細部が多ければ多いほど強度を増す。そのなかから、一番役立ってくれるものをいくつか選べばいいのだから。もっとも、永遠に事実を集め続けているわけにはいかない。どこかの時点で集めるのをやめ、書き始めなければならない。

　もうひとつの教訓は、目につきやすい資料を読んだり、目につきやすい人にインタビューしたりするだけでなく、素材をあらゆる場所で探すこと。道路脇に並んでいる看板や広告板や無価値なものにも目を向けるべきだ。荷物のラベル、おもちゃの使用説明書、薬の効能書き、壁の落書きも読んでみよう。自尊心満々の埋め草記事にも目を通そう。自尊心は、毎月届く電力会社や電話会社、銀行からの明細書にもあふれている。メニューやカタログ、第二種郵便にも目を通そう。新聞の目立たない欄、たとえば日曜版の不動産情報なども鼻をきかせて嗅ぎまわろう。たとえば中庭《パティオ》の備品に何が望まれているかなど、社会の風潮が読み取れる。私たちの日常の風景は馬鹿馬鹿しいメッセージや予兆に覆われている。それに目を留めるべきだ。社会的な意義があるだけでなく、誰のものとも違う書き出しを生み出す奇抜さが見つかることが少なくないからだ。

　ほかの作家の書き出しについて言えば、二度とお目にかかりたくない範疇のものがたくさんある。ひとつは未来の考古学者もの──「未来の考古学者が私たちの文明の遺物を発見したら、彼はジュークボックスをどう解釈するだろう？」というやつだ。未来の何やらにはもう飽きたし、だいたいそんな人物はこの世界に存在しないではないか。火星からの訪問者にもうんざりだ。「もし火星から生命体がこの惑星にやって来たら、わずかな布で身体を覆っただけの地球人が砂浜に寝転び、肌をバーベキューしている姿を見てびっくり仰天するだろう」。それに「つい先日」、あるいは都合よく先週の土曜日の午後に起きたばかりの胸がキュンとなる出来事にも飽き飽きだ。「つい先日のことだが、ニュージャージー州パラマスで、団子っ鼻の少年が犬（名前はテリー）の散歩をしているとき、何か奇妙なものが風船のように地面から浮かび上がるのを目にした」。共通点並べにもげっぷが出そうだ。「ヨシフ・スターリン、ダグラス・マッカーサー、ルートヴィヒ・ウィトゲンシュタイン、シャーウッド・アンダーソン、ホルヘ・ルイス・ボルヘス、黒澤明に共通するものは？　みんなそろいもそろって西部劇が大好きだ」。未来の考古学者も、火星から来た男も、団子っ鼻の少年にもお引き取りいただこう。書き出しは、印象や細部《ディテール》が斬新なものになるように工夫しなければならない。

次の書き出しを検討してみよう。ジョーン・ディディオンの「七〇〇〇ロメイン・ストリート、ロサンジェルス三八」という作品である。

ロメイン・ストリート七〇〇〇番地と言えば、ロサンジェルスのなかでもレイモンド・チャンドラーやダシール・ハメット崇拝者には馴染みの場所だろう。ハリウッドの裏側、サンセット・ブールヴァードの南側に位置し、「モデル・スタジオ」や倉庫、二戸建て住宅が並ぶ中流階級のスラム街である。パラマウントやコロンビア、デシル・プロダクション、サミュエル・ゴールドウィンが近くにあるため、住人の多くは映画産業とかすかな関係がある。ファンの撮った写真の現像をしていたり、ジーン・ハーロウのマニキュア係と知り合いだったたというたぐいだ。ロメイン・ストリート七〇〇〇番地の建物も色褪せた映画の屋外セットのような、欠け落ちのある現代美術《アール・モデルヌ》の細部装飾を施したパステルカラーで、いまは窓に板か金網が張られ、玄関には埃をかぶったセイヨウキョウチクトウのあいだに「歓迎《ウェルカム》」と書かれたドアマットが敷かれている。

実は誰も歓迎などされておらず、ロメイン・ストリート七〇〇〇番地はハワード・ヒューズの所有で、ドアには鍵がかかっている。本来、ヒューズの「コミュニケーション・センター」はチャンドラーとハメットの土地で鈍い陽光に照らされ、人生は本当のところ誰かが書いたシナリオなのではないかと疑う人を満足させているはずだった。なぜなら、私たちの時代のヒューズ帝国は世界で唯一のコンビナートだったからだ。長年にわたり、機械メーカー、外国の石油掘削装置製造会社の子会社、ビール会社、ふたつの航空会社、巨大な不動産投資会社、メジャー映画会社、エレクトロニクスとミサイルの事業などがひとりの人物によって運営されてきた。その手口《モドゥス・オペランディ》はチャンドラーの『大いなる眠り』の登場人物のそれととても似ていた。

当時、私はロメイン・ストリート七〇〇〇番地からほど近いところに住んでおり、ときおり車でその建物の前を通り過ぎた。たぶん、アーサー王研究家がコーンウォールの海岸を訪ねるのと同じ気持ちだったのだろう、私はハワード・ヒューズに関する民間伝承に興味を抱き……

私たちをこの作品に引き寄せるのは、悲哀や色褪せた栄華を物語る事実を着実に積み上げている点である（もしかしたらハワード・ヒューズがどんな行動をとったか覗き見させてくれるかもしれないし、スフィンクスの謎のヒントを教えてくれるかもしれないと期待してしまう）。ジーン・ハーロウのマニキュア係が栄華との最小のつながりであったこと、「歓迎していない」歓迎マットが、ハリウッドの建物の窓にまだ板や金網を張られておらず、メイヤーやデミルやザナックといった、権力を奮うところを実際に目撃されている大物たちの支配下にあった黄金時代の遺物であることを知れば、さらにもっと知りたいと思う。そこで、先を読み続ける。

もうひとつのアプローチは、単に物語を語ることである。これはあまりにもありきたりだし、素朴で単純な解決法なので、自分たちにも使えることをつい忘れがちだ。だが物語は人の注意をつなぎとめるための、大昔からある抵抗しがたい手段なのだ。自分の持っている情報を物語の形式で伝える方法を常に探し求めるべきだ。次に紹介するのは、近代に発見された最も驚くべき古代の遺物のひとつである死海文書をテーマにしたエドマンド・ウィルソンの作品の書き出しである。ウィルソンは舞台設定にいっさい時間をかけない。これは未熟な作家が釣りの旅を書くときによくやる、夜明け前の目覚まし時計のベルから始まる「朝起きてから夜寝るまで」形式ではない。ウィルソンは単刀直入に始める。いきなり一発！　たちまち罠のなかだ。

一九四七年の春まだ浅き頃、ムハメッド・ザ・ウルフという名のベドウィン族の少年が死海西岸の崖で羊の群れの番をしていた。はぐれた一頭を追って崖を登っていくと、いままで見たことのない洞窟があるのに気づき、少年は何気なく石を穴に投げこんだ。何かが壊れる聞き慣れない音がした。少年はぎょっとして、あわてて逃げ去った。それでもしばらくたつと、友人を伴って戻り、ふたりで洞窟を探検した。なかには、割れた壺のかけらに混じって、背の高い土器の壺が何個か置かれていた。鉢形の蓋を取ると、ひどい悪臭が立ちのぼった。においのもとは、全部の壺に入っている黒い長方形のランプだった。洞窟の外に持ち出してみると、ランプには長い亜麻布が巻かれ、歴青か蠟のようなものの黒い層で覆ってあった。それを広げると、何枚も縫い合わせて長くした薄い紙に、何列も並行して文字の書かれた手稿が現れた。文字は退色しており、紙はぼろぼろだったが、それでもおおむねとても鮮明に読みとれた。文字はどうやらアラビア語ではないようだった。ふたりは不思議に思ってこの巻物を手元に置くと、行く先々に持ち歩いた。

ふたりのベドウィンの少年は、山羊やその他の品物をトランスヨルダンからパレスチナへひそかに運ぶ密輸団に属していた。一団は銃を持った税官吏のいるヨルダン橋を避けてはるか南を遠回りし、商品を流れに浮かべて川を渡った。そしていま、品物を闇市場で売るためにベツレヘムへ向かっていた……

もっとも、書き出しをどう書くかに厳密なルールは存在しない。読者を逃がさないためのおおまかなルールは、作家は誰しも、自分の書いているものと自分の個性に一番ふさわしいやり方で題材にアプローチしなければならないということである。ときには冒頭の一文で話の全容を語ることも可能だ。ここで、記憶に残る七冊のノンフィクション作品の冒頭の文章を紹介しよう。

初めに神は天と地を創造された。

——聖書

ローマ歴六九九年、いまで言う紀元前五五年、ガリア総督ガイウス・ユリウス・カエサルはその目をブリタニアに転じた。

——ウィンストン・S・チャーチル『英語を話す人々の歴史』

このパズルを組み立ててみよう。そうすれば、牛乳、チーズ、卵、肉、魚、豆、シリアル、青物野菜、果物、根菜類——どれも日常生活に欠かせない成分を持っている食物が見つかるはずだ。

——イルマ・ロンバウアー『料理の喜び』

マヌス族の世界とは、自分たちの住む平坦な潟湖の村の周囲全部が上方に折れ曲がった巨大な皿だった。そこは長脚の鳥を思わせる高床式水上住宅が建ち並ぶ、潮の干満にも影響されない平穏な場所だった。

——マーガレット・ミード『マヌス族の生態研究——ニューギニア水郷部落の住民』

その問題は、長きにわたって米国の女性たちの心のなかに埋もれ、語られることがなかった。

——ベティ・フリーダン『新しい女性の創造』

五分か十分かそんな程度だったろう、そのあいだに三人の人間が彼女に電話してきて、あそこで何かが起きたのをもう聞いたかと尋ねた。

——トム・ウルフ『ザ・ライト・スタッフ』

あなたは自分が思っている以上のことを知っている。

——ベンジャミン・スポック『スポック博士の育児書』

ここまでにどう書き出せばいいのか、いくつかヒントを示してきた。今度は、どう終わらせればいいのかを話しておきたい。いつ作品を終わらせればいいかを知ることは、ほとんどの作家が考えているよりはるかに重要な問題である。最初の一文と同じくらい、最後の一文を選ぶときにはよく考える必要がある。そう、ほとんど同じくらいに。

そんなことは信じられないかもしれない。もし読者が最初からあなたについてくるなら、先の見えない曲がり角もでこぼこの土地もあなたのあとに従うだろうし、まして終点が見えてくれば離れていくことはありえないと思える。それでも離れていくのは、見えてきた終点が幻影であるのがわかるからだ。決して完結しない完璧な結論をいくつも積み上げていく牧師の説教と同じで、終わるべきところで終わらない作品は読者の足を引っ張るものになり、ひいては失敗作となる。

私たちの多くは、若い頃、作文の教師からたたきこまれた教えの虜になっている。どんなストーリーにも初めと中盤と終わりがある、というあれである。その教えが、私たちが忠実にとぼとぼとたどる道を区切って立つⅠ、Ⅱ、Ⅲというローマ数字とともに目の前に浮かんでくる。しばし足を踏み入れる細い脇道にはⅡa、Ⅱbと副番号が付けられている。それでも、私たちは常に約束したⅢに立ち戻り、自分の旅を要約する。

まだ立場が不安定な小中学生や高校生ならそれでもかまわない。彼らは、すべての創作には論理的な設計が不可欠であると思いこまされる。これはどんな世代の人でも知っておく価値のある教えだ。プロの作家でさえ、自分で認める以上にしょっちゅう漂流しているのだから。だが、もし優れたノンフィクションを書こうというのであれば、Ⅲの恐ろしい呪縛から身を引き剥がさなければならない。

Ⅲにたどり着いたのは、目の前の画面に次のような始まりの文章が浮かんでくることでわかるはずだ。「結局のところ、次のように言えるだろう……」。あるいは、こんな問いかけが――「それでは、こうして拾い集めたことから私たちにはどんな見識が……？」 これはどちらも、それまでにあなたが事細かに語ったことを要約した形でもう一度繰り返そうとしている合図である。読者の興味は薄れ始める。ここまで築いてきた緊張がゆるんでいく。それでも、ミス・ポッターには――あなたに聖なる要約への忠誠を誓わせた教師には――忠実だったことになる。あなたは読者に、心に留めるべきことをまとめて思い出させる。すでに提示した考えをもう一度拾い集めてみせる。

だが、読者にはエンジンを再始動するぎこちない音が聞こえる。あなたがしようとしていることがどんなに退屈かがわかってしまう。憤りが湧いてくるのを感じる。こんなふうに話を切り上げてしまう前に、なぜもっと深く考えないのか？　こちらが要点をつかめないほど馬鹿だと思って、話を要約しようとしているのではないか？　それでもあなたはエンジンをかけ続ける。だが、読者には別の選択肢がある。読むのをやめるのだ。

これが、最後の一文の重要性を忘れないようにする消極的理由だ。この一文の置き場所を間違えると、最後のステージまできっちりと構築されていた作品を破壊してしまいかねない。作品をうまく終わらせる積極的理由は、最後の一文（あるいは、最後の段落）はそれ自体が喜びであるからだ。読者の気分を高揚させ、作品が終わってもその気分を長く持続させるものであるはずなのだ。

完璧な結末は読者をいくらか驚かせ、それでいてきちんと辻褄が合っている。読者はこんなに早く、しかも唐突に終わるとは予期していない。それで全部語りきったとも。だが、結末を見て納得がいく。優れた書き出しと同じく、うまく機能するのだ。ちょうど、劇場で演じられる喜劇の幕切れの言葉のように。まだ場面の途中（と観客は思っている）なのに、役者のひとりが何か滑稽なことを言ったり、突飛な台詞か警句のようなものを発したりして、ふっとライトが消える。観客はその場面が終わったことに驚くが、やがてそれが適切な終わり方であるのに気づいて喜ぶ。喜ぶのは、脚本家がその場を完全に掌握しているのがわかるからだ。

ノンフィクション作家の場合、これを常に行えるようにする一番単純なやり方は、終わりにする準備ができたら、終わりにすることだ。手持ちの事実を全部出し終え、言いたいことを言い終えたら、一番近くの出口を探すのがいい。

締めくくるのに、ほんの数文ですむことも少なくない。理想的にはそれが作品の主題を要約し、適切かつ思いがけない内容で読者を驚かせる一文で締めたい。次に引用するのは、H・L・メンケンがカルヴィン・クーリッジ大統領を評価した文章の締めくくりである。クーリッジが「顧客たち」に気に入られたのは、彼の「政府がほとんど統治を行わなかったからで、それすなわちジェファーソンの理想が実現したことを意味し、ジェファーソン崇拝者は大喜びした」という段落に続き、こう書いている。

私たちがもっとも苦しめられるのは、ホワイトハウスが安らかな休息所であるときではなく、安物のアレオパゴスのように、安物の聖パウロが屋根から演説をぶつ場所だったときだ。ハーディングをゼロとカウントすれば、クーリッジ博士の前に「世界の救世主」がひとりおり、後にふたりが続いている。見識ある米国人であれば、そのうちのひとりと、もうひとりのクーリッジのどちらかを選ばなければならない場合、一瞬たりともためらうことはないだろう。クーリッジが統治しているあいだ、スリルとは無縁だったが、頭痛の種ももたらさなかった。彼には何の理想もなかったが、厄介者ではなかった。

(Coolidge)

五つの短い文が読者を突き放して、我に返らせる。そのとき読者の頭には印象的な考えが植えつけられている。クーリッジには理想もなく、厄介者ではなかったという考えが愉快な気分の残滓にいつまでも残っている。うまく働いたのだ。

ときおり私は作品を一回転、循環させることがある。書き出しに鳴らした音を結末にもう一度響かせてみせるのだ。そうすることで自分のシンメトリー感覚を満足させられるし、一緒に始めた旅を共鳴音とともに完結させて読者を喜ばせられる。

とはいえ、普通一番効果があるのは引用である。メモをひっくり返して、掉尾《ちょうび》を飾るにふさわしい意見や愉快な発言、あるいは意外な締めの言葉を探してみよう。ときにはそういうものがインタビュー中に飛び出してくる場合もある（私はよくこう思うことがある。「こいつは結末に使えるぞ！」）。または、書いている最中に浮かぶこともある。一九六〇年代のなかばにウディ・アレンが米国人特有の神経症患者として、ナイトクラブの独白で名声を確立し始めた頃、私は彼の出現に注目する最初の長い雑誌記事を書いた。記事はこんなふうに終わっている。

アレンは言う。「ジョークが面白かったというだけじゃなく、僕に親しみを覚えて帰ったのなら――話の内容は何であれ、もう一度聞きたいと思って帰ったのなら、僕はうまくやり遂げたことになる」。彼は客が戻ってくるかどうかで判断を下している。ウディ・アレンは人とのつながりを第一にする男で、どうやらこの先長く市民権を保持していくのは間違いないようだ。
それでも彼は、ほかの米国人とは無関係で共有できない自分だけの問題を抱えていた。「どうしても頭を離れないのは」と、彼は言う。「僕の母親がグルーチョ・マルクスにうり二つであることなんだ」
(Pop Goes America)

とんでもないところから飛んできて、誰もそれが来ることに気づかないひと言がある。それが運んでくる驚きは尋常ではない。こういうものを使えば、完璧な結びにしかなりようがない。ノンフィクションの創作において、驚きは最も気分を活気づかせる要素だ。もしあなたを驚かせたものなら、対象になっている読者もきっと驚くに（そして喜ぶに）ちがいない。特にそれを結びに使って、彼らを帰途につかせるなら。

# 10　こまごましたこと

この章では、断片と切れ端を取り扱う。いままで私が、いわゆるひとつの傘の下に集めてきた数多くの要点についてのささやかな訓戒とも言えるものだ。

## 動　詞

どうしても受動態動詞を使わないと心地よい文章にならないとき以外は、能動態動詞を使うようにしよう。能動態と受動態の（明瞭さと強さにおける）違いは、作家には生と死の違いに等しい。

「ジョーは彼を見た」は力強いが、「彼はジョーに見られた」は弱い。前者は短くて明確であり、誰が何をしたのか疑問が残らない。後者は不必要に長すぎて――誰かによって、何かが、誰かになされる――気の抜けた感じがする。それに曖昧でもある。彼は何度ぐらいジョーを見たのか？　一度きりか？　毎日か？　週に一度か？　受動態を使った構文は読者のエネルギーを消耗させる。誰が誰に何をしでかされた《パーペトレイティド》のか、誰にもはっきりわからないからだ。

いま「perpetrated」を使ったのは、受動態好きの作家が好んで使う言葉だからだ。この手の作家は短いアングロサクソンの言葉より、ラテン語由来の長い言葉を使いたがる。それが彼らの抱える問題をさらに悪化させ、文章をさらにべたつくものにする。短いほうが長いより良い。エイブラハム・リンカーンの二度目の大統領就任演説はそれ自体、七百一ワーズという驚くほど経済的な構成であるが、そのうち一音節の単語が五百五、二音節の単語が百二十二を占めている。

　動詞は、私たちが使える道具のなかで最も重要なものである。文章を前進させ、勢いを与えてくれる。能動態動詞は前に強く押し進める。受動態動詞は気まぐれに足を引っ張る。能動態動詞はまた、動きを視覚化して見せることができる。必ず代名詞（「彼」）や名詞（「その少年」）、人物（「スコット夫人」）を伴うからだ。動詞の多くがその意味を暗示するイメージや音を伝えてくる。「glitter（きらきら輝く）」「dazzle（照り輝く）」「twirl（くるくる回る）」「beguile（欺く）」「scatter（まき散らす）」「swagger（闊歩する）」「poke（突っつく）」「pamper（甘やかす）」「vex（いらいらさせる）」等々。おそらく、彩り豊かな動詞をこれほどたくさん持っている言語はほかにないだろう。薄ぼんやりとした言葉や、ただ便利なだけの言葉を選ぶのはやめよう。能動態動詞で文章を活気づかせ、役目を果たすために前置詞をくっつけなくてはならないものを避けるようにしよう。始めたり（start）、起こしたり（launch）できる事業を創設する（set up）するのはやめよう。社長が身を引いた（step down）などと書いてはいけない。彼は退任した（resign）のか？　引退した（retire）のか？　それとも辞めさせられた（get fired）のか？　明確に書こう。明確な動詞を使おう。

　能動態動詞が書き言葉にどれほど活気を与えたか確かめたかったら、ヘミングウェイやジェームズ・サーバー、ヘンリー・ソローを読み直す必要はない。欽定訳聖書かシェイクスピアを開けばいい。

## 副　詞

　ほとんどの副詞は不要である。もし特定の意味を持つ動詞を選び、さらに同じ意味を持つ副詞を加えたら、文章は乱雑になるし、読者をうんざりさせる。ラジオがやかましくがなり立てるなどと言ってくれるな。「がなり立てる」には「やかましさ」が含まれている。誰かが歯をきつく嚙み締めたなどと書いてはいけない。歯を嚙み締めるのにそれ以外の方法はない。神経の行き届かない創作のなかでは繰り返し、強い動詞が余分な副詞で力を弱められている。形容詞など別の品詞でも同じことが言える。「無理なく容易な（effortlessly easy）」とか、「少しばかり質実剛健な（slightly spartan）」「すっかりびっくり仰天した（totally flabbergasted）」などがそうだ。「びっくり仰天した」の美点は、純然たる驚きの意味を含んでいるところにある。私には、「いくらかびっくり仰天している」人の姿など思い描けない。もしそれほど無理のない動作なら、単に「無理のない（effortless）」を使うべきだ。それに、「少しばかり質実剛健な」ものとは何だろうか？　もしかしたら、床一面に絨毯を敷きつめた修道士の独居房なのかもしれない。必要な働きをしないかぎり、副詞は使うべきではない。優勝した選手が白い歯を見せてにっこり笑ったなんていうニュースは願い下げだ。

それに、仕事をしているときは「明らかに（decidedly）」や、つかみどころのないそのいとこたちは遠ざけておこう。新聞で毎日のように、ある情勢は明らかに良くて、別の状況は明らかに悪いとのたまう記事を読まされるが、私には状況の改善がどう判断される（decided）のか、誰がその判断（the deciding）をするのかわかった試しが一度もない。同様に、「著しく有望である（eminently fair）」結果がどれほど著しいのかわからないし、「まず間違いなく正しい（arguably true）」事実を本当に信じられるとは思えない。「彼はまず間違いなくメッツでもっとも良いピッチャーだ」と、詩の聖地《パルナッソス》を目指すスポーツライターが得意げに書いているが、レッド・スミスは「まず間違いなく（arguably）」という言葉を一度も使わずにパルナッソスに到達した。そのピッチャーは（議論によって証明された結果として）、チーム一のピッチャーなのだろうか？　もしそうなら、お願いだから「まず間違いなく」は削ってほしい。あるいは「たぶん（perhaps）」（まだ議論の余地がある）最も良いピッチャーなのか？　正直なところ（admittedly）、私にはわからない。実質的には（virtually）五分五分と言うところだ。

## 形容詞

　ほとんどの形容詞も不要である。副詞と同じで、しばし立ち止まって概念が名詞にすでに含まれていることを考えようとしない作家たちの文には形容詞がちりばめられる。その手の文章には、「切り立った断崖（precipitous cliffs）」とか、「レースのような蜘蛛の巣（lacy spiderwebs）」といった表現が散らばり、よく知られた目的語の色を指示する形容詞が使われている。黄色い水仙とか、茶色の土とかいったたぐいだ。どうしても水仙を価値判断したいのであれば、「けばけばしい（garish）」のような形容詞を選ぶべきだ。もし土が赤い地方にいるときなら、ためらうことなく「赤い土」と書けばいい。こうした形容詞は、名詞単独では果たせない役割を果たしているのだから。

　多くの作家は、文章をもっと芳醇で美しいものにしたいがために、無意識に文章の土に形容詞を振りまいてしまう。そのおかげで、「堂々たるニレの樹（stately elms）」だとか「元気に飛びまわる子猫（frisky kittens）」「情にほだされない探偵（hard-bitten detectives）」「眠たげな環礁（sleepy lagoons）」といった形容詞を詰め込まれて、文章がどんどん長くなる。これは形容詞癖とも言うべきもので、早く直したほうがいい。すべてのオークがこぶを作る（gnarled）わけではない。もっぱら飾りの意味しかない形容詞は作家のわがままであり、読者にとってはお荷物でしかない。

　もう一度言おう。ルールはシンプルに。形容詞には必要な仕事をさせよう。「彼は灰色の空と黒い雲を見て、港《ハーバー》に帰ろうと決めた」。空と雲の黒さは判断の理由になる。もし家がくすんだ色で、少女が美しいことを読者に伝えるのが大切なら、もちろん「くすんだ色の（drab）」と「美しい（beautiful）」を使っていい。あなたが形容詞をできるだけ使わない技術を学んでからなら、それらは正当な力を発揮するだろう。

## 小さな限定詞

あなたの感じること、考えていること、見たことに条件をつける小さな言葉は取り除こう。「a bit」「a little」「sort of」「kind of」「rather」「quite」「very」「too」「pretty much」「in a sense」など、数えれば数十もある。こうしたものはあなたの文体を、あなたの説得力を水で薄めてしまう。

「少し狼狽している（a bit confused）」とか「疲れ気味だ（sort of tired）」とか「ちょっと落ち込んでいる（a little depressed）」とか「いささか腹を立てている（somewhat annoyed）」などと言ってはいけない。狼狽しろ。疲れろ。落ち込め。腹を立てろ。「いくらか（little）」腰が引けて、文章に手加減を加えてはいけない。良い文章は引き締まって、自信にあふれている。

ホテル代がちょっぴり高いのであまりいい気分ではないなどと言わないでほしい。ホテル代が高いので気分が良くない、と言えばいい。自分はかなり運がいい、などと聞かされるのはごめんだ。いったい、どの程度運がいいのだ。イベントがまあまあ壮観だったとか、とても最高だったなどと描写してはいけない。「とても（very）」は強調するには便利な言葉だが、使いすぎると不要物になる。人を「とてもきちょうめん」と評する必要はない。きちょうめんか、きちょうめんでないかだ。

大づかみで語ることが信頼を得るひとつの手段である。細かい限定詞はどれも、読者の信頼感を少しずつ削り取ってしまう。読者は作家自身と語っていると信じたがっている。その信頼を弱めてはいけない。少々大胆であってはならない。大胆であれ。

## 句読法

ここでは句読法について短い考察を行うが、これはその手引きではない。句読点の付け方がわからなければ（それを知らない学生はたくさんいる）、文法書をひもとくといい。

ピリオド……ピリオドについてはさほど語るべきことはないが、ひとつだけ言えるのは、ほとんどの作家は文を終えるまでに時間をかけすぎている。長い一文でぬかるみにはまり、にっちもさっちもいかなくなったら、それはたぶん、あなたがその文章に相応の働き以上のことをやらせようとしているからだ。ふたつの似ても似つかない考えを盛りこもうとしているのかもしれない。一番手っ取り早く解決するには、文ふたつ、ないしは三つに分割して短くすればいい。神の目に照らしても、文の短さに制限はない。優れた作家のなかには短い文を優先して使っている人も少なくない。ノーマン・メイラーはどうだって？　それは言わないでほしい。彼は天才だ。長い文を書きたければ、天才になりなさい。あるいはせめて、書き出しから結末まで頭語法も句読法も自家薬籠中のものにしておくべきだ。そうすれば読者も、曲がりくねった道のどこにいても迷子にならないだろう。

感嘆符……はっきりした効果が上げられないかぎり、これを使ってはならない。感嘆符には感情過多のオーラがまつわりついている。社交界にデビューした娘が息せききって舞踏会の興奮を語っても、興奮しているのは彼女だけだ。「パパったら、私がシャンパンを飲み過ぎたって言うのよ！」「でも嘘じゃない、私、ひと晩中でも踊り続けられたわ！」　この手の文章は読むのが苦痛なだけでなく、そのなかで、キュートでしょう、素晴らしいでしょうと感嘆符が頭を殴りつけてくる気がする。そんなものを使わずに、強調したいポイントがはっきりわかるように語順を入れ替えて文章を組み立てよう。同時に、ここはジョークだ、皮肉だと読者に知らせるために感嘆符を使うのもやめよう。「水鉄砲に本当に水が入ってたなんて思いもしなかったよ！」　それが愉快な瞬間であったことを念押しされて、読者はいらだつ。それればかりか、その愉快さを見つける喜びまで奪われるのだ。控えめにしてこそ、ユーモアは際立つ。

感嘆符には繊細さなどかけらもない。

セミコロン……セミコロンには、十九世紀のかび臭さが漂っている。これとうまく付き合うには、ジョゼフ・コンラッドやウィリアム・メイクピース・サッカレー、ヘンリー・ソローのように「一方で（on the one hand）」と「他方では（on the other hand）」を思慮深く比較考量して、念入りにバランスをとった文章が必要である。そのため、現代作家のノンフィクションでは多用すべきではない。とはいえ、本書で引用した作品の一部には頻繁に現れており、私自身もよく使っている。だいたいが、文の前半と関連する考えを付け加える場合だ。それでもセミコロンは、読者に足止めとまではいかなくても、一時停止を強いる。くれぐれも注意して使うこと。あなたが頑張って生み出そうとしている二十一世紀初頭の速力が、ヴィクトリア朝の歩調にスローダウンしてしまうのを忘れないように。

ダーシ……なぜかこれは、一般的に正式なものとは見なされていないようだ。正しい英語で会話が交わされる上品な夕食の席に紛れこんだ田舎者のように扱われる。だが、ちゃんと正会員の資格を持つ記号であり、さまざまな窮地からあなたを救ってくれる。ダーシにはふたつの使い方がある。ひとつは、文の前半に述べた考えを後半で補強したり正当化したりする場合である。「私たちは前進を続けることにした――あと百マイル少々だし、夕食の時間に間に合いそうだからだ」。その形どおり、ダーシは文章を前に推し進め、なぜ彼らが前進を続けることにしたかを説明する。もうひとつの使い方は、二本のダーシではさんで、長めの文のなかで挿入句的な考えを区別する。「彼女は私に車に乗れと言い――夏のあいだずっと、彼女は髪を切ろうと私を追いかけまわしていた――車は静かに町を通り抜けた」。普通なら別の一文にしなければならない説明的な叙述を、すっきり文の途中に収めることができる。

コロン……いまではコロンはセミコロンより古めかしく見えるし、その役割の多くはダーシに奪われている。それでも、何かを列挙する前に文をひと休みさせる本来の役割は十分に果たしている。「パンフレットにはこの船の寄港地がこんなふうに書かれている：オラン、アルジェ、ナポリ、ブリンディジ、ピレウス、イスタンブール、ベイルート」。こうした働きをさせるのに、コロンに勝るものはない。

## ムード・チェンジャー

前の一文と雰囲気が少しでも変わるときは、できるだけ速く読者にそれを警告することを覚えよう。少なくとも十以上の言葉がその働きをしてくれる。「but」「yet」「however」「nevertheless」「still」「instead」「thus」「therefore」「meanwhile」「now」「later」「today」「subsequently」等々。方向転換をするときに文頭に「but」を持ってきて文を処理すれば、簡単に読者に変化が伝わるなどと安請け合いはできないが、それでも逆に、最後に行くまで作者が方向転換したことがわからなければ、読者はどれだけつらい思いをするだろう。

多くの人が、「but（しかし）」で始まる文章などあってはならないと教えられてきた。あなたがそう教えられたなら、忘れてしまったほうがいい。これ以上強力な文頭の言葉は存在しないからだ。それまでの流れがまったく正反対になることを宣言する言葉であり、おかげで読者は変化への準備ができる。もしあまりにも「but」で始まる文が多くて単調になったら、「however（もっとも）」に換えてもいい。もっとも《ハウエヴァー》、こちらは力が弱い言葉であり、配置に気をつかう必要がある（It is, however, a weaker word and needs careful placement）。「however」で文を始めてはならない。濡れた布巾のようにそこにぶら下がってしまうからだ。それに、最後に持ってきてもいけない。そこへたどり着くまでに、「しかしながら性」を失ってしまう。私が四つ前の文でやったように、無理がない程度にできるだけ早く挿入すべきだ。その唐突さが強みとなる。

「yet（それでも）」は「but」とほぼ同じ働きをするが、意味は「nevertheless（にもかかわらず）」に近い。このふたつはどちらも文頭に置かれ――「それでも彼は行くことにした（Yet he decided to go）」「にもかかわらず、彼は行くことにした（Nevertheless he decided to go）」――読者が聞かされたばかりのことを要約する長いフレーズの代わりになる（「あらゆる危険が彼に狙いをつけているにもかかわらず、彼は行くことにした」）。長ったらしくて無様な節と同じ意味を即座に伝えてくれるこうした短い言葉を、労を厭わず見つけ出さなければならない。「そうはせずに（instead）列車に乗った」「それでもまだ（still）私は彼を賞賛せずにはいられなかった」「そんなわけで（thus）タバコの吸い方を覚えた」「おかげで（therefore）彼に会うのが楽になった」「そのあいだに（meanwhile）、私はジョンと話をした」。こうした言葉によって、なんと多くの混乱を避けられることか！（感嘆符は、私が心底そう思っていることを表している）

「meanwhile」「now」「today」「later」もまた、混乱を回避するのに役立つ。なぜなら、読者に知らせるのを忘れて、時間枠を勝手に変えてしまう不注意な作家が多いからだ。「いまや（now）私ももっと分別がある」「今日は（today）そういう品物は見つからない」「そのうち（later）なぜかわかるだろう」。常に読者には正しい方向を教えておかなければならない。前の文で読者をどこに置いてきたか、そのたびに自分の胸に問いかけることだ。

## 縮約形

「I’ll」とか「won’t」「can’t」といった縮約形が書いているものに無理なくおさまるなら、それを使えば文章に温かみが出て、作者の個性に近いものになる。「I’ll be glad to see them if they don’t get mad（あの人たちが腹を立てていなければ、ぜひお目にかかりたい）」と書いたほうが、「I will be glad to see them if they do not get mad」と書くよりは堅苦しさが薄れる。こういうくだけた表現を禁止するルールはないから、自分の耳と直観を信頼しよう。ただ、「I'd」や「he'd」「we'd」などは避けたほうがいいだろう。たとえば「I'd」は「I would」と「I had」の両方の意味があり、読者はそのどちらかがわからないまま文章を読みこんでしまうことがある。間違ったほうを選ぶ場合も少なくない。それに、「could've」のような縮約形を発明してはならない。文体が安っぽくなるからだ。あくまで辞書に載っているものにこだわるべきだ。

## that と which

「that」と「which」を一時間以内に解説せよと言われたら、誰でも困るだろう。ヘンリー・W・ファウラーはその著書『現代英語用法辞典』のなかで、二十五段も使って説明している。ところが私なら、二分でできる。たぶん世界記録だろう。以下で、あなたが覚えておくべきことはほぼ網羅している（と願う）。

意味が曖昧にならなければ、常に「that」を使うほうがいい。ニューヨーカー誌のような神経の行き届いた編集をする雑誌では、圧倒的に「that」が用いられているのに注目すべきだ。わざわざそう言うのは、学校や大学で習った名残なのだろう、いまだに「which」のほうがより正確で、より容認され、より文学的であると広く信じられているからだ。そんなことはない。ほとんどの場合、「that」のほうが自然に言いたいことを表現できるから、そちらを使ったほうがいい。

もし正確な意味を伝えるためにコンマ（読点）が欠かせないときは、「which」が必要になるだろう。「which」は「that」とは違い、特定のものを識別する機能を果たす。たとえば、（A）「Take the shoes that are in the closet（クロゼットの靴を持ってきて）」と書けば、ベッドの下にある靴ではなく、クロゼットにある靴を意味する。（B）「Take the shoes, which are in the closet（靴を持ってきて、クロゼットにあるから）」となれば、ここで話題にのぼっているのは特定の靴になる。「which」はそれがある場所を語ってくれる。Bにはコンマが必要で、Aには不要であることに目を留めてほしい。

「which」は高い割合で、細かい描写、識別、位置の特定、説明、ないしはコンマの前の句を条件付けるために使われている。

The house, which has a red roof（赤い屋根のある家）
The store, which is called Bob's Hardware（ボブの金物店と呼ばれる店）
The Rhine, which is in Germany（ドイツにあるライン川）
The monsoon, which is a seasonal wind（季節風であるモンスーン）
The moon, which I saw from the porch（ポーチから見た月）

優れたノンフィクション、すなわち（, which）情報の的確な整理を要求される形式の作品を書くためにまず知らなければならないことは、これですべて言い尽くせると思う。

### 概念を表す名詞（抽象名詞）

質の悪い作品には、誰かが何かをしたときの動詞の代わりに概念を表す名詞を使うことがよく見られる。以下に、気の抜けた文章の典型的な例を三つ挙げておこう。

よくある反応は、疑わしげな笑い声だ。

(The common reaction is incredulous laughter.)

戸惑ったような冷笑が、古い制度に対する唯一の対応ではない。

(Bemused cynicism isn't the only response to the old system.)

いま大学のキャンパスに広がる敵意は変化の前兆である。

(The current campus hostility is a symptom of the change.)

こうした文が不気味に思えるのは、そこに人間が存在しないからだ。それに働いている動詞もない。「is」と「isn't」だけだ。読者は誰かが何らかの行動をしているところを視覚化できない。「反応」「冷笑」「対応」「敵意」といった曖昧な概念を表現する「非人称」名詞にすべての意味が込められている。こんな冷たい文章にはお帰り願おう。人間に何かをさせてやろう。

ほとんどの人は信じられないとばかりに笑うだけだ。

(Most people just laugh with disbelief.)

古い制度に冷笑的になって対応する人もいるが、そうでない人も……

(Some people respond to the old system by turning cynical; others say. . .)

変化に気づくのは難しくない――学生がみんなどれほど怒っているかわかるはずだ。(It's easy to notice the change—you can see how angry all the students are.)

私が修正した文章も活気にあふれているとは言い難い。それは、練り上げて形を整えようとした元の文がまとまりのない生地だったせいもある。それでも、本物の人間と本物の動詞を持つ文章にはできた。何にせよ、抽象名詞でふくらんだバッグを持って捕まらないことだ。湖の底に沈んで、二度と日の目は見られなくなる。

## 忍び寄る名詞重視主義《ナウニズム》

これは新しい米国病と呼べるもので、本来ひとつの名詞で――あるいは、ひとつの動詞でも――すむところを、ふたつないし三つの名詞をつないでしまう病気である。いまや破産する(go broke)人はひとりもいない。私たちは金銭の問題領域を抱えている(have money problem areas)のだ。もはや雨が降る(rain)こともない。それは降水活動(precipitation activity)であるか、雷雨になる蓋然性の高い状況(a thunderstorm probability situation)ということになる。

近頃は四つ、ないし五つの名詞がまるで分子の鎖のようにたがいにつながり合っているのを見るケースもめずらしくない。最近見つけたものの白眉は、「コミュニケーション促進能力的発達介入(Communication facilitation skills development intervention)」だろう。人の姿は見えないし、働いている動詞も存在しない。確かこれは、生徒の書く力を伸ばすのを助けるプログラムの名称だった。

## 誇張表現

「部屋はまるで原爆が爆発したあとのようなありさまだった」と書いたのは未熟な作家で、乱痴気騒ぎになったパーティのあとの日曜日の朝に見た光景を描いたものだ。むろん滑稽さを強調するために大げさな表現を使ったのは言われなくてもわかるが、私たちにはそこで原爆が爆発していないこともわかっている。原爆どころかどんな爆弾も、おそらく水爆弾さえ破裂していないことも。「頭のなかをボーイング七四七が十機も飛び過ぎていったように感じた」と、その作家は書く。「窓から飛び降りて自殺しようかと真剣に考えた」。こうした言葉の馬鹿騒ぎはドラッグのようにハイな気分を生み出すが（この作家はすでに限界をはるかに超えている）、そのうち読者を抗いがたい眠気に誘うことになる。ちょうど、滑稽五行詩《リメリック》の朗唱をやめられない者の落ちる罠のように。誇張はやめよう。あなたは窓から飛び降りようと本気で考えたことはないはずだ。人生には、残酷なほど滑稽な状況がありすぎるほどあるのだから。ユーモアは、読者がまったく気づかないほどひそやかに忍び寄らせよう。

## 信頼性

作家の信用は、大統領のそれと同じぐらい壊れやすいものである。出来事を実際以上に特異なものにふくらませてはならない。作者が真実に見せかけようとしたインチキな叙述をたったひとつ見つけただけで、読者はその後に書かれたこと全部を疑うようになる。これは、あまりにも大きすぎるリスクだ。

## 口述筆記

米国における「著作」の多くは口述筆記で行われている。経営者、経営幹部、管理職、教育者などさまざまな人々が、その手法を効率的な時間の使い方だと考えている。彼らにすれば、何かを最も速く書く方法は、秘書に口述して見直さないことである。これは間違った倹約だ。たった数時間ほど節約して、個性を全部失ってしまうのだから。口述された文章は大げさで、ぞんざいで、くどくなる傾向がある。口述筆記する時間しかない経営幹部はせめて口述したものを編集する時間を見つけ、言葉を削除したり挿入したりして仕上がった原稿が、自分という人間を正しく反映したものかどうかを確認すべきだ。特に書類を読むのが、書いた人間の個性や所属する企業をその文体をもとに判断するかもしれない顧客であればなおさらだ。

## 創作は競争ではない

作家は誰しも、それぞれ違う地点から出発し、まったく別の行き先に着く運命にある。ところが、何かを書こうとして、自分より優れたものを書きそうな人全員を競争相手と見なしてひるんでしまう作家が少なからずいる。それは創作講座で頻繁に見られる現象だ。経験の浅い学生が、大学新聞に署名記事を載せた人間が同じクラスにいるのを見て怖じ気づいたりする。だが、学生新聞に書いたからといって大した資格証明書になるわけではない。私自身、新聞にさかんに書いていた「ウサギ」が、倦まずたゆまず技巧を習得していく「カメ」に追い抜かれる場面を何度となく見てきた。フリーランサーにも、自分はいくら原稿を送っても送り返されてくるのに、雑誌に掲載されたほかの作家の記事を見て同じ恐怖を抱く者がいる。競争などと考えず、自分のペースを確立しよう。競争相手は自分だけなのだ。

## 潜在意識

潜在意識は、思っている以上に創作を行っている。作家が、救いようのないほどこんがらがって見える言葉の藪から抜け出そうと、日がな一日苦しみ続けることはめずらしくない。ところが翌朝、改めて藪のなかに首を突っ込むと、ふと解決策が浮かんでくることがよくある。寝ているあいだも、作家の精神は眠っていない。作家はいつも働き続けている。周囲の動きに常に注意を払おう。見たもの聞いたものの多くは潜在意識のなかで濾過され、数日後か数カ月後、あるいは数年後でさえ、書くことに取り組む意識の求めに応じてよみがえってくる。

## 一番手っ取り早い解決策

驚いたことに、文章に関わる難しい問題が、あっさり削除してしまえば解決する場合が少なくない。あいにくこの解決策は、ふつう窮地に立った作家の頭に浮かぶ最後の手段である。作家はまず、厄介なフレーズを何とかしようとあらゆる努力を試みる。問題のフレーズを文の別の場所に移動したり、言い直しをしたり、考えを明確にし、固着した部分に油を差すために言葉を追加したりする。そうした努力はかえって事態を悪くするだけで、いずれ作家はこの問題に解決策はない――どうみてもお手上げだと結論することになる。もしそんな袋小路に入りこんだら、問題になる要素を見つけて、こう自問してみよう。「これって、本当に要るのだろうか?」　たぶん、要らないはずだ。それはそもそもやる必要のない苦労を強いるものだ。だから、それほど深く作家を悩ませるのだ。それを削除して、苦しめられていた文章が息を吹き返し、正常に呼吸するのを見守ろう。それが一番手っ取り早い治療法であり、一番良いものである場合が多い。

## 段　落

段落は短くするように心がけよう。文章は目に見えるものだ。脳が把握する前に、目がキャッチしている。短い段落は風通しが良く、読者を誘う力がある。文字が長々と連なっていると、読者は読み始める前に意欲を殺がれてしまう。

新聞の段落は、ふたつか三つのセンテンスしかない。新聞の一行は幅が狭いので、あっという間に行数を稼げる。そんな頻繁な改行では主張の展開に支障が出るのではないかと心配する向きもあるだろう。どうやら、ニューヨーカー誌もその心配が頭を離れないらしく、読者はひと休みするまで何マイルも歩き続けなければならない。けれども、心配は無用。得るものが障害を補って余りある。

だが、調子に乗るのはやめよう。短い段落の連続は、長すぎる段落以上に読者をうんざりさせるものだ。私の頭にあるのは、昨今のジャーナリストが手早くおざなりに書き散らす極小段落のことだ（なんと、動詞なしですませているのは驚きだ）。彼らは読者の思考の流れをぶつぶつと断ち切って、読む作業を困難にしている。以下は、同じ記事をふたつの形にアレンジしたものだ。ひと目見たときと、読んだときの印象を比べてみよう。

ホワイトハウス法務部門のナンバーツーが、火曜日に職場を早引けしてポトマック川を見下ろす人気のない公園に車を走らせ、命を絶った。

拳銃を手に、南北戦争時代の大砲に身をもたせた姿で、メモも釈明の言葉も残さなかった。

後に残されたのは、驚き悲しむ友人、家族、同僚だけ。

それに、火曜日までは誰もが夢見ていた人生の物語が。

ホワイトハウス法務部門のナンバーツーが、火曜日に職場を早引けしてポトマック川を見下ろす人気のない公園に車を走らせ、命を絶った。拳銃を手に、南北戦争時代の大砲に身をもたせた姿で、メモも釈明の言葉も残さなかった——残されたのは、驚き悲しむ友人、家族、同僚だけだった。それに、火曜日までは誰もが夢見ていた人生の物語を置いていった。

ひとつ目の風通しのよい段落と動詞なしの第三、第四センテンスはAP通信の記事で、分裂的で人を見下しているような感じがする。「どうだい！　きみのためにこんなにシンプルな文章にしたんだぜ！」と、記者は私たちに呼びかける。ふたつ目の私の修正版は良い英語の文章の品位を記者に与え、三つのセンテンスを論理的な組み立てにしてある。

段落分けは簡単に言い尽くせない問題だが、ノンフィクションの記事や本を書くときの重要な要素になる。どういうふうに自分の考えを整理しているかを絶えず読者に伝えるロードマップとも言える。優れたノンフィクション作家がやっていることを見て学んでほしい。優秀な作家のほとんどはセンテンス単位ではなく、段落単位で考えているのがわかるはずだ。段落ひとつひとつが、それぞれに内容と構造の首尾一貫性を持っている。

## 性差別

新たに出現して、作家を最も悩ませているのは性差別用語をどう扱うかという問題である。特に「彼—彼女」の代名詞が厄介だ。ありがたいことに、フェミニスト運動によって私たちの言語にどれだけ多くの性差別が潜んでいるかが明らかになった。それは侮辱的な「he」だけでなく、差別的な意味や評価の含みを持つ何百もの言葉のなかに潜んでいる。見下す感じのもの（gal＝女の子）、劣位（poetess＝女性詩人）や、程度の低い役割（housewife＝主婦）、ある種の無知（the girls＝女ども）を暗示するものもあるし、特定の職業に就く女性の能力をおとしめるもの（lady lawyer＝女性弁護士）、故意に性的な感じをにおわせるもの（divorcée＝離婚した女性、coed＝女子学生、blonde＝ブロンド娘）があり、こうしたものは男性に対してはめったに使われることがない。男は金品を奪われる。女性で金品を奪われるのは、スタイルの良いスチュワーデスか、小生意気なブルネットぐらいだ。

さらに有害なのは——そして微妙なのは——女性を家族の歴史物語のなかで対等の役割を果たす独立した人間ではなく、一家の男性の所有物として扱っている語法である。「初期の移住者は妻や子供を伴なって西部へ向かった」。こうした移住者は、開拓者家族、または息子や娘を連れて西部へ向かう開拓者夫婦、ないしは西部に移住した男女と表現すべきだ。今日、男女両方に開かれていない役割はほとんど存在しない。男だけが移住者や農民、警官、消防署員になれるかのようにほのめかす構文を使うべきではない。

厄介なのが、フェミニストの嫌う「chairman（議長）」や「spokesman（スポークスマン）」のような「man」が含まれた言葉である。女性も男性と同じくらいうまく委員会の議事を進められるし、演説だって男性にはひけをとらない、とフェミニストは主張する。そこでにわかに、「chairperson」とか「spokeswoman」といった新語の嵐が吹き荒れ始めた。一九六〇年代にこうした急場しのぎの言葉が生まれ、そのおかげで私たちは言葉と心構えの両面で性差別に対する意識を高めてきた。とはいえ、しょせん急場しのぎだから、運動の助けになるよりもむしろその評判を傷つけることもたびたびあった。ひとつの解決策は、「chairman」を「chair」、「spokesman」を「company representative（企業の代表者）」のような別の用語を見つけることだ。名詞を動詞に換えるのもいいかもしれない。「会社を代表して、ミスター・ジョーンズはこう語った……」。男性形と女性形が両方ある職業については、総称的な代用品を探してみよう。たとえば、男優と女優は「パフォーマー（役者）」で代用できる。

それでもまだ、悩ましい代名詞が残っている。「He」「him」「his」は心を疼かせる言葉だ。「社員は全員、彼（he）の考えていることが彼（he）と、彼の（his）扶養家族にとって最善であるかどうかを判断すべきだ」。こうした表現は無数にあり、それをどうしたらいいのだろう？　ひとつの解決策は複数にしてしまうことだ。「すべての社員は、彼ら（they）の考えていることが彼ら（they）と、彼らの（their）扶養家族にとって最善であるかどうかを判断すべきだ」。ただし、薬効があるのは少量投与の場合だけだ。「he」をいちいち「they」に換えた文章は、あっという間にどろどろの粥に変じてしまう。

もうひとつの常識的な解決策は、「or（または）」を使うものだ。「すべての社員は、彼または彼女（he or she）が考えていることが彼または彼女と、彼または彼女の扶養家族にとって最善であるかどうかを判断すべきだ」。とはいえこれも、ごくたまにしか使えない。作品のなかで何カ所か、それが自然であれば、彼か彼女を「彼または彼女は（he or she）」や「彼または彼女を（him or her）」に換えられるところが見つかる場合もある。ここで言う「自然」とは、作家＝彼（または彼女）がこの性差別問題を自覚していて、無理のない範囲で彼（または彼女）なりに最善を尽くそうとしているのをはっきり表明している場合を意味する。だが、現実から目をそらしてはいけない。英語はもともと男性性と表裏一体の関係にある（「人（Man）はパンのみにて生くるものにあらず」）。「彼」を全部「彼または彼女」に、「彼の」を全部「彼または彼女の」に換えてしまったら、言語が行き詰まってしまうだろう。

本書の初期の版で、私は「読者」や「作家」「批評家」「ユーモア作家」などを「he」ないし「him」と置き換えていた。誰かを引き合いに出すときに、いつも「he or she」を使えば、本が読みにくくなると思ったからだ（「he/she」も使わなかった。良い英語に、斜線の入る余地はない）。ところが年を経るにつれて、文句をつけてくる女性が増えてきた。作家にせよ読者にせよ、そういう人々に言わせると、常に男性が書いたり読んだりしている姿が頭に浮かぶのが腹立たしいという。確かにそうだろう。不満をぶつけられてもいたしかたない。文句をつけてきた人々のほとんどは複数形を使うべきだと主張した。「読者たち」「作家たち」を使えば、あとは「they」でよくなる。私は複数形が好きではない。単数形より具体性がなく、視覚化しにくいので文章の力強さが失われる。とはいうものの、見直してみると、三、四百箇所で「he」「him」「his」「himself」をおもに複数形で置き換えても少しも不都合はなかった。空が落ちてくることも。この版で男性代名詞が残っているところは、無様にならないように残すしかなかった部分である。

最上の解決策は、単にほかの代名詞を使うか、あるいはセンテンス内の別の構成要素に置き換えるかして、「he」とその男性所有の含みを削除してしまうことだ。「we」は手軽に「he」と置き換えられる。「his」については、「our」と「the」が代わりになる。（A）「初めて彼（he）は自分の（his）子供たちの身に起きたことに気づき、それを自分の（his）隣人のせいにした」。（B）「初めて私たちは私たちの（our）子供たちの身に起きたことに気づき、それを私たちの（our）隣人のせいにした」。一般的な名詞を特定の名詞に置き換えてもいい。（A）「ともすれば、医師たちは自分の妻と子供をほったらかしにする」。（B）「ともすれば、医師たちは自分の家族をほったらかしにする」。こうした小さな変更で、数知れぬ罪が帳消しにされるのだ。

修復を助けてくれるもうひとつの代名詞が「you（あなた）」である。「作家」が何をしたとか、「彼」が抱えたトラブルなどと言う代わりに、その作家が直接語りかけることのできる箇所が少なからずあるのに気づいた（「あなたは何度となく気づくだろう……」“You'll often find...”）。これはどのジャンルにも通用するわけではないが、マニュアルや自己啓発本には天の恵みとも言える。発熱した子供を抱える母親に語りかけるスポック博士の声や、料理の途中で立ち往生した主婦を諭すジュリア・チャイルドの声は、読者には何より心強いはずだ。あなたも常に、自分が働きかけようとしている人々の要求に応じられる手段を探し求めよう。

## 手直し（推敲）

手直しは、良い創作には絶対不可欠である。勝負はこれで決まると言っても過言ではない。だが、この考えはなかなか受け入れてもらえない。私たちは誰しも、第一稿には所有物としての思い入れがあり、それに欠陥があるとは思いにくい。ところが、それはほぼ一〇〇パーセント間違っている。ほとんどの作家が、最初から自分の言いたいことを言っているわけではないし、最善を尽くしているわけでもない。書き下ろした文章はおおむねいつも、どこかおかしなところがある。明解でなかったり、筋が通らなかったり、くどかったり、ぎこちなかったり、もったいぶっていたり、退屈だったり、不要物が詰まっていたり、常套句が多すぎたり、リズムがなかったり、何通りもの解釈ができたり、前の文とうまくつながっていなかったり、その他もろもろ……。要するに、明解な文章はあちこち修繕した末にできあがるものなのだ。

ほとんどの人が、プロの作家に手直しなど必要ないと考えている。言葉はきちんと正しい場所に収まるものだ、と。ところが逆に、注意深い作家は文章をいじるのをやめられない。私はこれまで一度も、手直しを割に合わない重荷と思ったことはない。機会があれば、喜んで自分の作品を改良してきた。創作は性能の良い時計のようなものだ。滞ることなく動き、余分な部分はどこにもない。ところが学生には、この手直し愛を私と分かち合う気がない。それを罰と考え、余計な宿題か、居残りの守備練習と受けとめる。もしあなたがそんな学生のひとりなら、どうかこれを贈り物と思ってほしい。創作はできあがった生産物ではなく、進化するプロセスであると理解しないかぎり、良いものを書くことはできない。一度目から立派なものができるとは誰も期待していない。たとえ、二度目でも。

では、私の言う「手直し」とはどんなものなのか？　まず第一稿を書き、それとは別の第二稿を書き、次に第三稿を、というのでは決してない。手直しのほとんどは、最初の試みで書いた素材の形を整え、締まらせ、磨きをかけることである。その作業の多くは、読者が最初から最後まで苦労なくついてこれるように語りの流れを作ることに費やされる。まずは自分を読者の立場に置いてみよう。終わり近くに置いたセンテンスのなかに、もっと早く語っておくべきものがないだろうか？　文Aとは題材、時制、調子、力点などを変更した文Bを読み始めたとき、読者はその変更に気づくだろうか？

以下に挙げる型通りの段落を見て、それが作家の第一稿であると想像してみよう。ここにはとりたてておかしなところがあるわけではない。明解だし、文法に則ってもいる。だが、危うい箇所が数多く見られる。時間や場所、雰囲気の変化、あるいは文体の変更や活性化を読者に伝え損ねている部分だ。私はそれぞれの文のあとに括弧でくくったコメントを付け加えた。そのうちのいくつかは、おそらくこの原稿を初めて読んだ編集者の頭に浮かぶはずのものだ。これを読んだあとに、私が手直しした段落と比べてみてほしい。

かつて隣人同士がおたがいに面倒を見合っていた時代があったのを、彼は覚えていた［彼は覚えていた（he remembered）」を最初に持ってきて回想調を確定する］。けれども、いまやそんなふうに事が運ばないらしい［「けれども（however）」が生み出す対照は最初に持ってこなければならない。「But」で始めよう。同時に、場所は米国であることを確定する］。現代社会の人々があまりにも忙しすぎるからなのだろうかと彼は首をひねった［ここまでの各文は全部同じ長さで、同じ眠気を誘うリズムだ。疑問形に変えたらどうだろう？］。いまの人々はやることが多すぎて、昔のような友情を持つ時間がないのかもしれない、と彼はふと思いついた［基本的に前の文の繰り返しだ。削除するか、具体的な事実を入れる必要がある］。以前のアメリカでは、物事はそんなふうではなかった［読者はまだ現在にいる。いまは過去にいることを知らせるために言葉の順序を入れ換えよう。

「米国」を前に入れておけば、ここでは必要ない」。それに、スペインやイタリアの村に住んでいた頃のことを思い出すと、ほかの国では状況がまったく違うことを彼は知っている［読者はまだ米国にいる。目立たない転換語を使ってヨーロッパに連れていこう。この文も締まりがない。ふたつに分けてみたらどうだろう？］。彼には、人々が豊かになり自分の家を持つにつれて、人生の本質的要素から切り離されていくように思えた。［皮肉が長く引き延ばされすぎている。皮肉はもっと前に置くべきだ。豊かさの逆説を辛辣に表現せよ］。それに、彼を悩ませるもうひとつの考えがあった［ここがこの段落の真の要点だ。これが重要だと読者に合図を送ったほうがいい。「〜があった（there was）」の力のない構文は避けるべきだ］。友人たちは、最近の病気のときなど、最も必要としているときに彼を放っておいた［「最も（most）」を含む節で終わっているのを別の形にすべきだ。最後の言葉は読者の耳に残り、文章に迫力を与える。病気のことは次の文のために取っておこう。これは別個の事実だ］。それはまるで、彼が何か恥ずかしい罪を犯しているように思っているみたいだった［なぜ恥ずかしいのか語るために、病気のことをここで初めて出したほうがいい。「罪」は省くこと。曖昧だ］。彼は何かで、世界の未開地域には病気の人間を忌避する社会があると聞き知っていたが、米国にそんな風習があるとは聞いたことがない［この文はゆっくりと始まり、ずっと緩慢で単調なままだ。もっと短い節に分割しよう。皮肉の部分を独立させたほうがいい］

彼の記憶では、かつては隣人同士がたがいに面倒を見合っていた。だが、もはや米国ではそんなことがないように見える。人々がそれほど忙しいからなのだろうか？　みんな、テレビや車、フィットネスに夢中で、友情に割く時間がないのだろうか？　前の時代には、そんなことはなかった。世界のほかの地域で暮らす家族もそんなことはない。たとえスペインやイタリアの極貧の村でも、パンのひと塊を手土産に訪ねあっていたことを彼は思い出す。皮肉な思いが頭に浮かんだ。人は豊かになると、人生の豊かさから自分を切り離してしまうのだ。とはいえ、彼を本当に悩ませているのは、もっとショッキングな事実だった。彼が友人たちに見捨てられたのは、一番彼らを必要としているときだった。病気になったことが、何か恥ずかしいことをしたように思われかねなかった。重い病になった人々を「忌避する」習慣を持つ社会があるのは、彼も知っていた。だが、それは未開社会だけの風習なのではないのか？　それとも、そうではないのか？

私の修正版が最善というわけではないし、唯一無二でもない。これはおもに組み立て——順序を入れ換え、流れをゆるみなくし、要点を鮮明にする——の問題なのだ。言葉のリズムや細部、斬新さといった領域については、まだまだ手を入れる余地があるだろう。むろん、全体の構成も大切だ。前の文でどこに読者を残してきたかを常に意識しながら、自分の作品を最初から最後まで声に出して読んでみよう。自分が次のようなふたつの文を書いたことに気づくはずだ。

この芝居の悲劇的主人公はオセロである。卑劣で意地悪く、イアーゴが彼に嫉妬の疑惑を植えつけた。

イアーゴの部分はどこといってまずいところはない。だが、前の文とのつながりについては、まずいことこのうえない。読者の耳に残っているのはオセロだ。当然、読者はオセロが卑劣で意地が悪いと思いこんでしまう。

こうしたつながりを意識しながら声に出して読んでみると、たぶんいやというほどの箇所で、読者を迷子にし、混乱させ、彼らが知る必要のあることを知らせず、同じことを二度繰り返しているなど、どんな初期稿にもある未解決事項が見つかるはずだ。そこでしなければならないのは、態勢を整えることだ。書き出しから結末までの一貫性、簡潔かつ温かみのある話の運びを生み出さなければならない。

この整頓作業を楽しもう。私は書くことは好きではないが、書かれたことは大好きだ。それでも、手直しを愛している。特に削除が気に入っており、デリート・キーを押して不必要な単語やフレーズ、センテンスが電子の世界に消えていくのを見るのが大好きだ。味気ない言葉を、もっと正確で特色のある言葉に置き換えるのも。ひとつの文から次の文への移行を強固にすることも。単調な文章をもっと楽しげなリズムを持つものに、もっと優雅な音楽的旋律に書き直すことも。どんな小さな修正でも、自分が行き着きたいところへ近づいているのを感じる。そこに到達したら、ゲームの勝者は書くことではなく、手直しであるのがわかるはずだ。

## コンピューターで書く

手直しや再構成をするときは、コンピューターはまさに神の恵みだ。あるいは、電子の恵みと言うべきか。その瞬間に思ったことを（あるいは再考したことを）、言葉にして目の前に示してくれるのだから。作者はそれが適切な文章になるまで、自由にいじくることができる。どれほど削除したり訂正したりしても、段落やページは自然に整頓された形になり、プリンターが全文をきちんとタイプしてくれるあいだ、席を外してビールを飲んでいればいい。直した箇所を含めて作品全体を打ち直す音は、どんな歌より甘く作者の耳に響くだろう。もっとも、歌っているのは作者本人ではないが。

本書の以前の版では必要だったが、本版では私たちの生活に出現したワード・プロセッサーなる素晴らしい新機械の使い方や、書くこと、手直し、整理における驚異的な働きぶりを解説する必要はないだろう。まだあなたがその信奉者ではないかもしれないのでひと言添えておくと、節約される時間と手間は膨大である。私はタイプを使っていたときより、ずっと喜々としてコンピューターの前に座っていられる。特に作品を有機的に構成する面倒な仕事の場合がそうで、その作業を前より速く、しかも疲労も少なく仕上げられる。時間、生産、エネルギー、喜び、制御——これらは作家にとって重要な実益である。

## 素材を信頼せよ

創作の技巧に長く携わっていると、真実以上に面白いものはないと気づかされる。人間がすること、あるいは人間が語ることには、その素晴らしさ、その奇妙さ、その劇的さ、そのユーモア、その苦痛という点で、たえず驚かされる。実際に起きた目を疑うような出来事を、いったい誰に創作できるだろう？　時を経るにつれ、作家や学生に向かって、「自分の素材を信頼せよ」と忠告することが多くなった。それでも、この忠告はあまり受け入れてもらえない。

最近、私は米国の小さな都市で新聞社の文章指導をしている。そこで気づいたのは、多くの記者が客寄せ風の文体を使って、ニュースを口当たりのよいものにしようとする癖にはまっていることだ。以下の引用でもわかるように、彼らの書き出しは断片をつなぎ合わせて構成されている。

ああ！
エド・バーンズは、本当にそれを見たのだろうかと目を疑った。
それとも単に、春の高揚感《スプリング・フィーバー》のせいかもしれない。四月は人の心にそんなおかしないたずらをするものだ。

家を出る前に、車をチェックしなかったとは思えない。

だが、リンダに話したかどうかは確信がない。

リンダに話したことはいつも全部覚えているから、これは変だ。中学生の頃に出会ってからずっとそうだったのに。

あれから本当に二十年もたったのだろうか？

でもいまは、ちっぽけなスクーターのことまで心配の種になっている。

思えば、犬もどこか妙な動きをしていた。


第一面に載るこうした記事はよく「第九面に続く」とページが飛んでいるが、そこまで読んでも何がなんだかさっぱりわからなかった。しかたなく九面をめくってみると、具体的な事実がたっぷり盛りこまれた面白いストーリーが展開されていた。私なら、これを書いた記者にこう言うだろう。「九面を見たら、とても良い話だった。なんでこの内容を書き出しに持ってこなかったんだね？」記者はこう答える。「でも、僕は書き出しで作品の特色《カラー》を出しているんですよ」。どうやら、事実と特色は異なる構成要素だと考えているらしい。そうではない。作品の特色は事実と分かち難く結びついている。作家の仕事は多彩《カラフル》な事実を提示してみせることなのだ。

一九八八年に、私は『スプリング・キャンプ』なる野球の本を書いた。それは天職が生涯続く耽溺と結合する、作家に起こりうる最高の出来事のひとつだった。誰でも、自分が大切にしているものをテーマにすれば良いものが書けるし、書く楽しみもさらに大きくなる。私はスプリング・キャンプを野球という大きなテーマの一コーナーとして選んだ。それは、プレイヤーにとっても、ファンにとっても再生のときで、ゲームが本来の純粋さを取り戻す時期だからだ。若者たちが手が触れそうなほど近くで、オルガンの伴奏もなく、六週間のあいだ日差しを浴びながら、幸福にも給料のことや不満をすっかり忘れ去って芝生のうえでプレイするときだ。それに何より、教育と学習の時期でもある。ピッツバーグ・パイレーツという球団を選んだのは、フロリダ州ブレイデントンの昔ながらの球場でトレーニングを行うからであり、また直接指導もする監督ジム・リーランドがこの若い球団の再建を始めたところだったからだ。

私は野球をロマンチックに描きたくない。バッターがホームランを打つ場面がスローモーションになって、ここが見所だぞと知らせてくる野球映画は好きではない。ホームランのことは知らせてもらうまでもない。特に、九回二死から放たれる決勝ホームランであれば。私は自分の作品にスローモーションを使わないことを——ここが肝心と読者の注意を引くようなことはすまいと決めていた。それに、野球を人生や死、中年、失われた青春、いまより無邪気だった米国などの隠喩にはしないことも。私は野球をあくまで仕事——それも立派な仕事として捉え、その仕事をどうやって訓練し、どうやって学習するかを知ろうとしていた。

そこでジム・リーランドとコーチ陣のところへ行って、「あなたは教師だ。私も教師だ。教えてくれないか。ヒットの打ち方をどうやって教えているんだ？　ピッチングの仕方は？　守備は？　ベースランニングは？　こんなに過酷な日程で、若い連中のやる気を維持するにはどうしたらいいんだね？」と話しかけた。誰ひとりうるさがらず、自分のすべきことをどうこなしているかを気前よく私に語ってくれた。プレイヤーや欲しい情報を持っている男女——審判、スカウト、チケット販売人、地元の熱烈なファンも同じだった。

ある日、私はスカウトを捜して、ホームベース裏のスタンドを上っていった。スプリング・キャンプは野球のスター発掘の場としては最大のもので、才能の品定めに一生を捧げてきた口数少ない男たちが大挙してやって来ていた。私は、六十代の日焼けした男がストップウォッチを押しながらメモをとっている席の隣に空席を見つけた。そのイニングが終わると、男に何を計っているのかと尋ねてみた。男はニック・カムジックという名で、カリフォルニア・エンゼルスの北部担当スカウティング・コーディネーターをしていると名乗り、ランナーの塁間タイムを計っているのだと答えた。私は、どんな情報を集めているのかと質問した。

「そう、右バッターが一塁まで達するのに四・三秒かかるってことなんだ」と、彼は言った。「左バッターは四・一秒ないし・二秒で行ける。当然だけど、それも少し変化する。人間的な要素を加味しなければならないからね」

「その数字でわかることは何なのです？」と、私は訊いた。

「そう、言うまでもなく平均的なダブルプレイには四・三秒かかる」と、彼は言った。そんなのは常識だというように。私はダブルプレイの所要時間など考えたこともなかった。

「ということは、つまり……」

「四・三秒かからずに一塁まで行けるプレイヤーがいれば、関心を持つことになる」

この文章は、これだけで十分自足していると言えよう。四・三秒という時間が、打球、二度の送球、三人の野手が関係するプレイとしては驚くほど短いことを指摘する文を付け加える必要はない。四・三秒という数字だけで、読者は説明されなくても驚くはずだ。同時に、自分だけでさまざまに思いをめぐらせる楽しみを与えられることにもなる。読者は創作という行為のなかで重要な役割を果たすのだから、遊びの余地を与えられてしかるべきだ。説明過剰で読者を悩ませないようにしよう。彼らがすでに知っていることや想像がつくことを書いてはいけない。「意外にも」とか「予想どおりに」とか「言うまでもなく」などという言葉を使わないようにしよう。これらの言葉は、読者が事実と出会う前に、評価を下しているからだ。自分の素材を信頼しよう。

## 関心のおもむくままに

書くことを許されないテーマなど、どこにも存在しない。学生は、スケートボードやチアリーディング、ロックミュージック、車といった自分が興味のあるテーマを避ける傾向がある。教師にそんな話題は「馬鹿げている」と思われるのが嫌だからだ。誰かが真剣に取り組んでいるテーマで、馬鹿げていることなど何ひとつない。自分の好きなものを追求していけば、良いものが書けるし、読者を喜ばせられる。

私も、釣りやポーカー、ビリヤード、ロデオ、山登り、巨大な海亀など、およそ関心のなかった題材をテーマにした素敵な本を数多く読んできた。自分の趣味について書いてみたらどうだろう。料理、ガーデニング、写真、編み物、骨董品、ジョギング、ヨット、スキューバダイビング、熱帯の鳥、熱帯魚……何でもいい。自分の仕事について書くのもいい。教職、看護、会社経営、店舗経営……。大学で学ぶのが楽しくて、いずれ改めて勉強してみようとしている分野——歴史、生物学、美術、考古学などもいいかもしれない。どんなテーマであれ、それについて書くときにあなたが誠実な関係を保っているものであれば、特殊すぎるとか、突飛すぎるものなどひとつもないのだ。

# 第Ⅲ部　表現形式

# 11　文学としてのノンフィクション

数年前のある週末、私は地元の女性作家グループが主催した作家会議に出席するためにバッファローへ赴いた。呼んでくれたのは創作の技巧に真面目に取り組み、中身が濃く、有用な著作や記事を書いている女性たちだった。主催者からは、その週の初めにラジオのトークショーに参加して、会議のパブリシティをしてほしいと言われた。主催者の何人かがスタジオで司会者とともに出演し、私はニューヨークの自宅から電話を通じて話に加わることになった。

約束した日の夜が来て電話が鳴った。電話をかけてきた司会者が、この職業特有の元気いっぱいの明るさで私に挨拶した。彼は、いまスタジオには作家グループの三人の素敵な女性がいらっしゃるが、みなさんが現在の文学の状況をどう考えているか、それに文学界のメンバーであり、文学的野心を抱く聴取者にどんなアドバイスがあるかをぜひ聞かせてほしいと言った。この重苦しい紹介が終わると、しばし沈黙が流れた。三人の女性は誰ひとり口を開かず、私はその対応が適切だと思った。

沈黙が長引いたので、私は渋々こう言った。「〝文学〟とか〝文学的〟とか〝文学界〟といった言葉は、この場から追放することにしましょう」。司会者には、私たちがどんな種類の作家で、何を語りたがっているかを、かいつまんで伝えられているはずだった。だが、彼はこれ以外の判断の枠組みを持っていなかった。「教えてください」と、彼は言った。「今日の米国における文学的経験について、どんな見通しをお持ちでしょうか？」しばらく間をおいて、私は答えた。「私たちは創作の技巧について話すために集まったんですがね」

　司会者はどう対処していいかわからず、アーネスト・ヘミングウェイやソール・ベロー、ウィリアム・スタイロンといった作家の名前を引き合いに出した。確かにみんな、文学の偉人であるのは間違いない。私たちは、手本にしているのはそういった作家ではなく、ルイス・トマスやジョーン・ディディオン、ゲイリー・ウィルズなどであると言った。司会者はひとりも名前を聞いたことがなかった。女性作家のひとりがトム・ウルフの『ザ・ライト・スタッフ』を話題にしたが、それも司会者は知らなかった。私たちは、そうした作家の今日的な論点や関心を作品に採り入れる能力を高く評価していると説明した。

「でも、あなたがたは文学的なものを書きたくないんですか？」と、司会者は質問した。三人の女性作家は、いまでも十分満足できる仕事をしていると思うと答えた。そこでまたしても番組の流れが止まり、司会者は聴取者からの電話への応対を始めた。かけてきた人全員が創作の技巧について知りたがっており、私たちがどう取り組んでいるかを聞きたがった。「でもですよ、この夜のしじまのなかで」と、司会者は何人かの聴取者に尋ねた。「偉大なる米国小説を書く夢を一度も見たことがないんですか？」みんな、ないと答えた。そんな夢は見ていなかった。夜のしじまのなかでも、別のどんなときにも。それはいつの世にも変わらぬ騒がしいラジオのトーク番組だった。

　このエピソードには、ノンフィクションの創作に携わる人々みんなが認めるであろう状況が要約されている。私たちはいま自分の住む世界を正確に描き出そうと、あるいは生徒が自分たちの住む世界を正確に描けるように指導しようと努めている。それが突然タイムワープし、十九世紀に「文学」として認められた形式だけがいまだに文学と定義される世界に放りこまれたのだ。だが、現代の作家が書いて売れているのは――出版社や雑誌が出版や掲載を行い、読者も待ち望んでいるのはノンフィクションなのである。

この変化は豊富な実例で裏付けられている。そのひとつが、「ブック・オブ・ザ・マンス・クラブ」の歴史である。一九二六年にハリー・シャーマンによってクラブが設立された当時、米国人は新しい優れた文学を手に入れるすべがほとんどなく、おもに『ベンハー』のようなくだらない小説を読んでいた。シャーマンは町の郵便局に書店の代わりをさせることを思いつき、全米から集めた新規の顧客に最良の新刊を送り始めた。

送った新刊の多くは小説だった。一九二六年から一九四一年までにクラブが選んだおもな推奨本リストは、数多くの小説家の名で占められていた。エレン・グラスゴー、シンクレア・ルイス、ヴァージニア・ウルフ、ジョン・ゴールズワージー、エリナ・ワイリー、イニャツィオ・シローネ、ロザモンド・レーマン、イーディス・ウォートン、サマセット・モーム、ウィラ・キャザー、ブース・ターキントン、アイザック・ディネーセン、ジェームズ・グールド・カズンズ、ソーントン・ワイルダー、シグリ・ウンセット、アーネスト・ヘミングウェイ、ウィリアム・サローヤン、ジョン・P・マーカンド、ジョン・スタインベックなどだ。それが米国の「文学」の本流だった。ブック・オブ・ザ・マンス・クラブの会員は第二次世界大戦が身近に迫っているのにほとんど気づかなかった。だがそれも、一九四〇年にバトル・オブ・ブリテン初期の英国女性の不屈の精神を描いた『ミニヴァー夫人』なる本が自宅に届くまでの話だった。

真珠湾攻撃がすべてを一変させた。第二次世界大戦は七百万の米国人を海外に送り出し、目の前に現実を突きつけた。いままで知らなかった場所、問題点、世界情勢を。戦後、その流れはテレビの出現によって加速された。毎夜、自宅の居間で現実を目の当たりにする人々は、小説家のゆったりとしたペースやさりげないほのめかしに我慢できなくなった。米国は急速に、事実を重んじる国家になった。一九四六年以降、ブック・オブ・ザ・マンス・クラブの会員が求め（そして、送られてくる）本の大半をノンフィクションが占めるようになった。

雑誌もその流れに追随した。サタデイ・イヴニング・ポスト誌はそれまでずっと、クラレンス・バディントン・ケランドとかオクタヴァス・ロイ・コーエンといった、例外なく三つの名前を持っているように思える作家たちの短篇小説を常食として大量に読者に送り続けてきたのだが、一九六〇年代初頭に比率を逆転させた。いまや九〇パーセントがノンフィクション記事に当てられ、小説のほうは放棄したと思われないために律儀に、三つの名前を持つ作家の作品を毎号一本だけ載せるようにした。それはノンフィクション黄金時代の始まりで、特にライフ誌には丹念に練り上げられた記事が毎週何本も載るし、ニューヨーカー誌は、レイチェル・カーソンの『沈黙の春』やトルーマン・カポーティの『冷血』を連載してこのジャンルを後押しした。ハーパーズ誌も、ノーマン・メイラーの『夜の軍隊』をはじめとする傑作を世に送り出した。ノンフィクションは新しい米国文学になった。

今日では普通の読者も、過去であれ現在であれ生活のあらゆる領域をテーマにした、男性ないし女性の作家が真剣かつ優美に描いた作品に触れることができる。こうした事実の文学には、かつては学問と見なされていた分野が幅広く取り上げられるようになった。人類学、経済学、社会史などの分野がノンフィクション作家と幅広い好奇心を持つ読者の領域に入った。それに加えて、歴史と伝記を組み合わせた本も米国文学として認められた。デーヴィッド・マカルーの『海と海をつなぐ道――パナマ運河建設史』、ロバート・A・カロの『黒幕――ロバート・モーゼスとニューヨークの崩壊』、テイラー・ブランチの『海を割る――キング時代の米国　一九五四―六三』、リチャード・クルーガーの『新聞――ニューヨーク・ヘラルド・トリビューン紙の生と死』、リチャード・ローズの『原子爆弾の誕生』、トーマス・L・フリードマンの『ベイルートからエルサレムへ――NYタイムズ記者の中東報告』、J・アンソニー・ルーカスの『共通の基盤――米国人家族の激動の十年』、エドマンド・モリスの『セオドア・レックス』、ニコラス・レマンの『約束の土地――現代アメリカの希望と挫折』、アダム・ホックシールドの『レオポルド王の幽霊――アフリカ植民地の貪欲と恐怖とヒロイズム』、ロナルド・スティールの『現代史の目撃者――リップマンとアメリカの世紀』、マリオン・エリザベス・ロジャーズの『メンケン――米国の聖像破壊者』、デイヴィッド・レムニックの『レーニンの墓――ソ連帝国最期の日々』、アンドリュー・デルバンコの『メルヴィル』、マーク・スティーヴンスとアナリン・スワンの『デ・クーニング――米国の巨匠』などが挙げられる。私の作ったノンフィクション新文学の登録名簿には、端的に言えば、情報を持っていて、それを活力と明解さと人間性をもって提示する作家全員が入っている。

フィクションは死滅したなどと言っているわけではない。言うまでもなく、小説家はほかのどんな作家にも行くことのできない場所――深い感動と人間の内面生活へと私たちを連れて行ってくれる。私が言いたいのは、ノンフィクションはジャーナリズムの別の呼び方で、ジャーナリズムとはどう言い換えても下品な言葉にしかならないなどという俗物的言動に我慢できないことだ。文学を再定義するのであれば、ジャーナリズムも再定義しようではないか。ジャーナリズムとは、どんな人が購読しているかに関係なく、定期的に発行される雑誌に最初に掲載される創作のことである。ルイス・トマスの最初期の二冊、『細胞の生活』と『歴史から学ぶ医学――医学と生物学に関する29章』は、もともとニューイングランド・ジャーナル・オブ・メディシン誌に寄稿したエッセイである。米国では歴史的に、優れたジャーナリズムは優れた文学になってきた。H・L・メンケン、リング・ラードナー、ジョゼフ・ミッチェル、エドマンド・ウィルソンなど数多くの主要米国作家が、文学教会の聖者の列に加わる前はジャーナリストとして仕事をしていた。彼らはただ最善を尽くすことだけを考え、どう定義されるかなど気にしなかった。

結局のところ、どんな作家も自分が一番心地よいと感じる道を進むしかない。創作を学んでいる人々の大半にとって、その道はノンフィクションである。自分が知っていること、観察できること、発見できることを書けるからだ。特に若者や学生にはそれがあてはまる。自分の心に触れてくるテーマ、適性のあるテーマであれば、進んで書こうという気持ちになるだろう。動機は創作の核心である。ノンフィクションが一番良いものを書けるジャンルであるなら、あるいは書くことを教えるときの最善のジャンルであるなら、ジャーナリズムは劣性種であるという考えに惑わされてはならない。重要な区別はただひとつ、良い作品か悪い作品かだけなのだ。どんな形式をとろうと、またどんな呼び名を付けられようと、良い作品はあくまで良い作品なのだから。

# 12 人物を書く　インタビュー

人に話をさせよう。相手の人生で一番面白く、一番生々しい話を引き出す質問の仕方を身につけよう。人が考えていること、やっていることをその人の言葉どおりに書けば、作品にそれ以上ないほどの生気を与えられる。

たとえあなたがこの国で最上の文体家だとしても、語る相手の言葉のほうがあなたの言葉より勝っている。そこには話し声の響きが、文章をまとめる独特の表現法が聞き取れる。話し言葉の地方色が、その職業特有の言いまわしが含まれている。熱意が伝わってくる。作家のフィルターを通さずに、直接胸の内が読者に伝わっていく。作家がそこに介入したとたん、すべての体験はまた聞きにすぎなくなる。

だからこそ、インタビューを進めるやり方を学ばなければならない。どんな形式のノンフィクションであれ、作品のなかに織りこむ「引用」の数に比例して、作品は生き生きしてくる。ときには、読者の目を覚まさせておくのが、いや自分さえ目を覚ましているのが難しそうで尻込みしてしまう、どう見ても退屈なテーマの記事を引き受けることがある。なんとか協会の歴史とか、雨水管のような地元の問題などだ。

めげることはない。人間的な要素を探していけば、必ず道は開ける。どこかの冴えない協会にも熱心に仕事に打ちこみ、知識を豊富に蓄えた男女がいるはずだし、どんな雨水管の裏にも、それを設置することに未来が賭かっている政治家や、長くその区画で暮らしてきて、いずれ雨水管など押し流されるにちがいないと考えているどこかの馬鹿な議員に腹を立てている未亡人がいるはずだ。そういう人を探し出して書けば、退屈になどなるわけがない。

私はそのことを何度となく実証してきた。ずいぶん前の話だが、五番街にあるニューヨーク公共図書館本館の築五〇周年記念に発行する小冊子を書くよう依頼されたことがあった。うわべは、数百万のかび臭い本を収めた、ただの大理石の建物でしかないように見える。だが一歩入ると、図書館は十九の研究部門に分かれており、それぞれにキュレーターがいて、ジョージ・ワシントンの辞任挨拶の手書き原稿から七十五万枚の映画のスチール写真まで逸品・珍品の宝庫を管理している。私はキュレーター全員にインタビューして、どんな収蔵品があるのか、どうやって新しい知識の領域をカバーして補充をしているのか、彼らの部屋は何に使っているのかと訊くことにした。

科学技術部門にある特許のコレクションは米国特許商標庁に次ぐ全米二位の数を誇り、そのため市の特許専門弁護士の第二の拠点になっている。とはいえ、それ以外にも連日、人の流れが絶えず、やって来る人は皆、自分はもうすぐ永久運動の原理を発見すると信じている。「みんなが何かを発明していますよ」と、キュレーターは言う。「でも、何を探しているのか決して言わないんです。私たちに特許を横取りされると思ってるんでしょう」。やがて、建物全体が学者と研究者と変人の混ぜ物であるのがわかってきて、私の書いたものは、うわべこそ施設の編年史ではあるが、実際は人間についてのストーリーになった。

ロンドンのオークション会社サザビーズをテーマにした長い記事を書いたときも同じアプローチを使った。サザビーズもまた、銀器、陶磁器、アートなどさまざまな部門に分かれ、それぞれに専門家の責任者がいるが、図書館と同様、移り気な大衆の気まぐれによって存続していた。専門家は小規模な大学の主任教授に似ていて、全員が内容も語り口も独特なエピソードを語ることができた。

「われわれはディケンズの小説に出てくる楽天家《ミコーバー》みたいに、物がやって来るのをじっと待っているだけなんだ」と、家具部門の長であるR・S・タイムウェルは言う。「つい最近も、ケンブリッジの近くに住むおばあさんが、二千ポンド工面しなければならないんで、家をくまなく見て、家具にそれぐらいの価値があるかどうか値踏みしてくれと手紙を書いてきた。言われたとおりにしたのだが、価値のあるものは何ひとつなかった。立ち去る前に、私は「これで全部ですか？」と尋ねた。おばあさんは、それで全部だけど、メイドの部屋は見せるまでもないと思って案内していないと答えた。メイドの部屋にはとても上等な十八世紀の整理箪笥があって、おばあさんはそれに毛布をしまっていた。「もう心配する必要はありませんよ」と、私は彼女に言った。「あの整理箪笥を売ればね」。するとおばあさんはこう言った。「でも、それはできない話だね。どこに毛布をしまえばいいんだい？」」

私も心配の必要がなくなった。事業を運営する奇妙な学者や、英国の屋根裏から見つかった誰にも好まれない物品を持って毎朝詰めかけてくる男女のやりとりを聞くことで（「奥さま、あいにくこれはアン女王時代のものではありません。残念ながら、はるかにヴィクトリア女王時代に近い時期のものです」）、作家に望みうる十分な人間的事実を手に入れることができた。

その後また、一九六六年に創立四〇周年を記念してブック・オブ・ザ・マンス・クラブの歴史を書くことになったときも、きっと冴えない材料しか見つからないだろうと予想した。ところが私はフェンスを隔てた両サイドで、ピリッと胡椒の効いた人間的要素を見つけた。かたや、図書を選考する固い信念の選考委員たち。かたや、同じく頑固で、気に入らないと見るや、すぐにためらうことなく本を包装して送り返す定期購読者。私は千ページにもおよぶ最初の選考委員五人（ヘイウッド・ブルーン、ヘンリー・サイデル・キャンビー、ドロシー・キャンフィールド、クリストファー・モーリー、ウィリアム・アレン・ホワイト）のインタビューを書き起こした資料を渡され、それに自分で行ったクラブ創立者ハリー・シャーマンと、現選考委員へのインタビューを加えた。その結果、米国の読書嗜好の変遷について四十年間の価値ある個人的回想が得られたばかりでなく、数々の本も命を取り戻して、ストーリーの主要キャラクターになってくれた。

「『風と共に去りぬ』の驚異的な成功を覚えている人は、たぶんみんな信じないでしょうね」と、ドロシー・キャンフィールドは言う。「最初に手に取った人々に、あの本は南北戦争とその後を、微に入り細を穿って長々と描いただけのものに見えたことを。当時は作者名も知られていなかったし、誰も批評しなかった。あれを選ぶのはそう簡単なことではなかったのよ。登場人物の描き方が、必ずしも説得力があって信頼できるものばかりではなかったから。でも、語り口はフランス人が〝注意《アタンシオン》〟と呼ぶものにふさわしかった。次はどうなるか、ページをめくる手を止められないの。誰かがこんなことを言ったのを覚えている。「たぶんこの本が大好きという人はいないだろう。でも、これに払ったお金におつりが来るほどの読みでがあるのは誰にも否定できない」って。あんな途方もない成功を収めるとは、ほかのみんなと同じく、私たちも考えていなかった」

ここに挙げた三つの例は、人々の頭のなかに鍵をかけてしまってある情報の典型と言える。ノンフィクション作家は、その鍵を開けなければならない。そうした訓練をする最善の手段は、外へ出て人々にインタビューすることだ。インタビューは最も人気のあるノンフィクションの一形式だから、早めにそのスキルを身につけたほうがいい。

何から始めたらいいかって？　まずは、インタビューしたい相手を探すことだ。もしあなたが大学生なら、ルームメイトにインタビューしてはいけない。失礼を省みずに言えば、あんたのルームメイトがどれほど素晴らしい人物でも、見ず知らずの人間が聞きたいことをたくさん語ってくれるとは思えない。ノンフィクションの技巧を学ぶためには、現実の世界に――あなたの町に、あなたの都会に、あなたの国に出かけていくべきだ。そして、自分が本物の出版物を書いているつもりになる必要がある。もしそれが助けになるなら、どんな出版形態か決めておくのもいい。インタビューの相手は、やっていることがとても重要だったり、興味深かったり、風変わりだったりして、一般読者がその人について読みたがる人物を選ぼう。

とはいえ、銀行の頭取がいいと言っているわけではない。地元のピザ屋やスーパーマーケット、理容専門学校の経営者でもいい。あるいは毎朝海に出る漁師でもいいし、リトルリーグの監督や看護師でもいい。さまざまな職業――肉屋でもパン屋でもいいし、もし見つかればロウソク作りのほうがもっといい。あなたのコミュニティにいて、男女にはそれぞれ役割が運命づけられているという古い神話を語ってくれる女性を探そう。要するに、読者の人生の一端に触れる相手を選ぶことだ。

インタビューは経験を重ねることで高められる技術のひとつである。初めて挑戦したときに抱いた不安は二度と感じないはずだ。それでも、恥ずかしがり屋や口下手な相手に答えをせっつくのは、いつになっても気持ちのよいものではないかもしれない。だとしても、この技術は機械的である部分が大きい。あとは勘を働かせるのだ。どうやったら相手をリラックスさせられるかを覚え、答えを促すタイミング、黙って耳を傾けるタイミング、切り上げるタイミングを覚えること。そういったことは全部、経験によって学べる。

インタビューの基本ツールは紙とよく尖らせた数本の鉛筆だ。子供じゃないんだから、そんなわかりきったアドバイスをするなって？　ところが、取材に出かけるのに鉛筆を持たなかったり、持っていても芯が折れていたり、書けないペンを持っていたり、あるいは何も持たずに行ったりする作家が想像以上に多い。「しっかり準備せよ」というモットーはボーイスカウトだけでなく、ノンフィクション作家にもあてはまる。

ただし、メモ帳は必要になるまでしまっておくほうがいい。速記用のメモ用紙を持つ赤の他人の来訪ほど、人を落ち着かなくさせるものは滅多にないからだ。おたがいに、相手を知る時間が必要になる。しばらくおしゃべりをして、相手がどんな人物か推し量り、相手の男性ないし女性に自分を信用させるように仕向けよう。

インタビューの初心者は、人に厄介をかけるのではないか、自分にはプライバシーを侵害する権利などないのではないかという恐れで、気おくれする場合が少なくない。だがほとんどの場合、その恐れには根拠がない。いわゆる市井の人は、誰かにインタビューしたいと言われれば喜ぶはずだ。ほとんどの人が、平穏な絶望とまでは言わなくても、少なくとも耐え難い平穏な暮らしをしているから、熱心に耳を傾けてくれる第三者に自分の仕事の話をできる機会があれば飛びついてくる。

始める前にできるだけの準備をしておこう。もし町の役人にインタビューするなら、その人の投票記録を調べておく必要がある。相手が女優なら、出演した舞台や映画を頭に入れておく。事前に調べのつくことを質問すると、怒りを買う場合もある。

想定質問リストを作っておくのがいい。インタビューの途中で話が途切れたときに、もじもじせずにすむ。もしかしたら、リストは必要ないかもしれない、もっと良い質問を思いつくかもしれないし、答えている人が思いも寄らない方向へ舵を切ってくれることもある。そうなったら、あとは勘を頼りに進めるだけだ。どうしようもなく話題を逸れてしまったら元に戻せばいいが、もしその新しい方向が気に入ったら、予定していた質問を無視して流れに乗ろう。

　だからと言って、いつも順調に事が運ぶわけではない。インタビューされるのが初めての人の場合もよくあるし、熱が入りすぎ、自意識過剰で始末に困ることもある。使えそうな素材をひとつもくれない人もいるかもしれない。そういうときは後日、出直そう。そのほうが良い結果になる。訊く人訊かれる人、どちらもインタビューを楽しむ場合だってある。それはあなたが、相手のしたがらないことを無理にやらせないようにしている証拠だ。

　ツールの話に戻ると、テープレコーダーを使ってもいいのではないかと訊かれることも多い。機械を持っていってスイッチを入れ、鉛筆とメモ帳のことは忘れてしまうのがなぜいけないんだ、と。

　言うまでもなく、テープレコーダーは言わなければならないことを記録するには優れた機械である。特に、文化や気性のせいでメモを取ることができない人には欠かせない。社会史とか人類学といった分野ではとても価値がある。私はスタッズ・ターケルの作品を高く評価しているが、なかでも『大恐慌！』などは、平凡な人々へのインタビューを録音し、その成果をつなぎ合わせて首尾一貫したものにしている。それ以外にも、私はある種の雑誌に載っている、テープレコーダーを用いた質疑応答型のインタビューも気に入っている。自然に発せられた声の響きが聞き取れるし、作品の上空を飛びまわり、せっせとつや出しをしていたはずの作者の姿がまったく見えないのが好ましい。

　とはいえ、厳密に言えばそれは創作ではない。質問をし、文章の枝葉を切り詰め、つなぎ合わせ、編集を加える工程にすぎず、それには大変な時間と労力がかかる。ちゃんとした教育を受けているから、きっと理路整然とテープレコーダーに吹きこんでくれるだろうと思える人でも、言葉の砂地をめくら滅法よろめき歩いて、まともな文章をひとつも残さないことがある。耳は文法や構文、場面転換が迷走しても大目に見るが、印刷物を見る目は許してくれない。一見簡単に思えるテープレコーダーの利用は決して簡単ではない。膨大な量の針仕事が必要になるからだ。

もっとも、私がテープレコーダーの利用を戒めるのには、もっと現実的な理由がある。考えられる危険のひとつは、人はふだんテープレコーダーを持ち歩かない点だ。鉛筆を持っているほうがはるかに多い。それに、テープレコーダーは故障することがある。ジャーナリズムの世界では、プレイボタンを押して、あとは黙っているだけで「正真正銘のすごい話」を手に入れたリポーターが、すごすごともう一度インタビュー相手に会いに行くときほど陰鬱な瞬間はそうない。だが何より、作家は自分の素材を目に見えるようにしておくべきだ。インタビューをテープに録音すれば、あるはずもない優れた見解を探して巻き戻し、早送りし、止め、動かし……を繰り返しているうちに気が狂いそうになる。常に作家であれ。文字にして書き留めよう。

私はインタビューを手を使って行う。実際には、尖ったNo．1ペンシルを使ってだが。私は人との交流が好きだ。自分が働いているのを相手が見られるようにしてやりたい。機械に全部まかせてただ座っているのではなく、仕事をしているところを見せたいのだ。私も一度だけ、テープレコーダーを縦横に使って仕事をしたことがある。ジャズ・ミュージシャンのウィリー・ラフとドワイク・ミッチェルに関する本、『ミッチェルとラフ』を書いたときだ。ふたりともよく知っている人物だったが、白人の作家が黒人の経験を書くときは、声質を正確に捉える義務があると感じていた。むろんラフとドワイクが別の種類の英語を話すわけではない。ふたりとも、表現力豊かな立派な英語を話す。だが、南部の黒人は祖先から継承した独特の言葉やイディオムを使って、表現に豊穣さとユーモアを加える。そうした語法を残さず拾いあげたかった。テープレコーダーがそれを全部キャッチしたから、この本の読者は私がふたりをきちんと理解していることを聞き取ってくれたはずだ。このように、インタビューする相手の文化的な一体性を傷つける可能性のある場合は、テープレコーダーの使用を考慮すべきだろう。

そうは言っても、メモをとるのも決してなまやさしいことではない。相手が、書き取れないほどの速さで話し始めることもよくある。あなたがまだセンテンスAを書いているあいだに、相手はセンテンスBに突入している。あなたは書き残した部分を内なる耳に残そうと努めながらセンテンスAを捨て、相手を追ってセンテンスBに入る。願わくばセンテンスCは、省略して時間を稼げるように面白くない内容であってほしいと思いながら。それでも相手は高速でしゃべり続ける。あなたが引き出そうとした話を、一時間もかけてウィンストン・チャーチル顔負けの雄弁さでしゃべりまくる。あなたの内なる耳は、記憶に残しておきたい一文一文が積み重なって収めきれなくなり、やがて言葉は消えていく。

そういう場合は、相手に話を中断してくれと言おう。「ちょっと待ってください」と制して、メモを追いつかせよう。あなたが熱に浮かされたように鉛筆を走らせるのは正確に引用するためで、誰も間違った引用をされるのを望んでいないのだから。

経験を積めば速く書けるようになるし、速記のやり方も改善していける。しょっちゅう使う言いまわしは自分で省略形を考案できるし、些細な接続詞は省いてもいい。インタビューが終わったら、省略した言葉を思い出せるかぎり埋めておこう。不完全な文を完全な形にしよう。ほとんどの言葉はまだ記憶の領域のなかを漂っているはずだ。

家に帰ったら、すぐにメモをタイプしておくのがいい。たぶんメモの文字は判読しにくいだろうから、楽に読める形にしておこう。こうすればインタビューの内容を理解しやすいだけでなく、集めた切り抜きやその他の資料と一緒にしておける。これで、おおあわてで殴り書きした言葉の奔流を落ち着いて再検討できるようになり、その結果、相手の本音も突き止められる。

たぶん、語られることの多くが少しも面白くなかったり、的を射ていなかったり、くどい繰り返しだったりするだろう。まずは、一番重要で生彩のある一文を抜き出そう。大変な苦労をして書き留めたのだから、メモにある言葉を全部使いたくなる気持ちはわかる。だが、それはわがままというものだ。読者に同じ苦労をさせていいわけがない。あなたの仕事はエッセンスを抽出することなのだから。

インタビューした相手に対する責任はどうなるのか？　どの程度まで相手の言葉をいじったり削ったりしていいのだろうか？　これはどんな作家でも、最初のインタビューのときから頭を悩ませる問題であり、大いに悩むべきことでもある。それでも、ふたつの基準を念頭に置けば、答えを出すのはさほど難しくない。基準とは、簡潔さと公平さだ。

インタビューを受けた人への倫理的責任は、相手の立場を正確に表現してやることだ。相手が何かの問題についての賛否を慎重に比較考量しているのに、あなたがどちらかの意見しか取り上げず、そちらに傾いているように見せれば、相手の話を間違って伝えたことになる。前後関係を無視したり、真面目な補足もなく目につく派手な意見だけ選んでも同じだ。あなたが扱っているのは人の名誉と評判なのだ。それに、自分自身の名誉と評判でもある。

とはいえそれがすんでも、読者に対する責任が待っている。男性にしろ女性にしろ、読者にはまったく無駄のない作品を読む権利がある。会話をする際、ほとんどの人はとりとめもなくしゃべり、無関係なエピソードや雑多な些事をふんだんに織り交ぜる。なかには愉快なものもあるが、些事はあくまで些事である。インタビュー記事には無駄なく要点に達する力強さが必要だ。だからこそ、もし二ページ目にあった要点（要するにインタビューの早い時点で語られた要点）を詳述するコメントが五ページ目で見つかったら、ふたつを合体させて、二番目のほうを先に持っていき、最初のものをあとに回したほうが読者には親切である。インタビューの進行という面では不実かもしれないが、そのほうが語られたことには忠実になる。ぜひ引用とたわむれてほしい。選んだり、捨てたり、間引いたり、順番を入れ替えたりして。良いコメントがあれば、最後に取っておこう。言葉を変えたり、残っている文章の意味が変わってしまう削除を行ってはならない。

「言葉を変えるな」は文字どおりの意味なのかって？　イエスでもありノーでもある。もし話し手が注意深く言葉を選んでいるなら、作者は一語一語正確に書き起こすことをプロの誇りとすべきだ。インタビュアーのなかにはその点がいい加減な人も多く、おおまかな要旨が再現できれば十分と考えている。それでは十分ではない。自分がしゃべってもいない言葉やフレーズがあるのを見たいと思う人はいない。けれども、もし話し手の言っていることがとりとめのないものだったら――語尾がよくわからなかったり、考えが混乱していたり、言葉がもつれてバツの悪い思いをしていたりしたら、作者はきちんとした言葉にし、飛躍した箇所を埋めるしかない。

ときには、話し手に忠実であろうとしすぎて、罠に落ちることもある。書いているときに、メモしたものをそのままタイプしてしまう。そのときは忠実に書き起こしたと思って満足感にひたれる。いざ編集を始めると、いくつかの引用が意味をなさないことに気がつく。最初に聞いたときはしごく妥当なものに思えて、再考はしなかった。ところが見直してみると、言いまわしや論理に欠陥がある。欠陥を放置すれば読者に不親切だし、作者の信用を問われる。場合によっては、ひとつふたつ意味をはっきりさせる言葉を付け加えるだけですむかもしれない。あるいは、メモのなかから同じ要点を明確にする箇所が見つかる可能性もある。だが、インタビューの相手に改めて電話できることも忘れないようにしよう。しゃべったことで、二、三確認したいと言えばいいのだ。自分が理解できるまで、要点を言い直させよう。語られた内容に拘束されて、身動きがとれなくなってはいけない。あまりに素晴らしい響きなので、それに酔って分析を怠る場合もあるからだ。自分に理解できないことを世に出してはならない。

インタビューの構成の仕方について言えば、まずは書き出しで、なぜこの人物の発言に読む価値があるかを読者に伝えるべきである。その人物の主張のどこに、時間と注意を注ぐ価値があるかを知らせよう。そのあとは、話し手が自分の言葉で語っていることと、あなたがあなたの言葉で語っていることのバランスをうまくとるようにしよう。引用は分割すると生彩を増すから、そのあいだにガイド役としてあなたが顔を出すのがよい。あなたは作者なのだから、統轄権を手放してはならない。だが、顔を出すなら有効的にすべきだ。面白くもない一文（「彼がそばにある灰皿にパイプの灰を落としたとき、私は彼の指がとても長いことに気づいた」「彼女は前にあるルッコラのサラダをぼんやりもてあそんだ」）を挿入するだけでは、引用を分割するためにそれを挟んだのを読者に見抜かれてしまう。

引用を使うときは、それを最初に持ってくるのがいい。相手の言ったことを説明する気の抜けたフレーズを入れないこと。

（悪い例）スミス氏が言うには、彼が楽しみにしているのは、「たいてい週に一度ダウンタウンに行って、昔の友だち何人かと昼食をすることだ」そうだ。

（良い例）「たいてい週に一度はダウンタウンに行くのを楽しみにしている」と、スミス氏は言う。「昔の友だち何人かと昼食をするんだ」

二番目の文は活気があるが、ひとつ目は盛り上がらない。「スミス氏が言うには」で始まる文ほど退屈なものはない。そこで読みやめてしまう読者も少なくないだろう。その人物がしゃべったことならそのまま語らせて、温もりのある人間的な出だしで始めよう。

だが、引用を分ける場所については注意が必要だ。自然にできそうな場所が見つかってそこで分ければ、読者には誰がしゃべっているのか判別しやすいが、文章のリズムや意味を壊してしまってはいけない。次の三種類の例文を見て、それぞれに分割が害になっていることに気づいてほしい。

「たいてい私は」と、スミス氏は言う。「週に一度ダウンタウンに行って、昔の友だち何人かと昼食をするのを楽しみにしている」

「たいてい私はダウンタウンへ行くのを楽しみにしていて」と、スミス氏は言う。「週に一度、昔の友だち何人かと昼食をしている」

「たいてい私は週に一度ダウンタウンへ行くのを楽しみにしていて、昼食をする」と、スミス氏は言う。「昔の友だち何人かと」

最後に言っておくと、「〜は言った（he said）」の代わりになんとか同義語を見つけようと頑張るのはやめたほうがいい。「〜は言った」を繰り返したくないからといって、話し手に主張させたり、断言させたり、諭させたりしてはいけない。それに、どうかお願いだから、「彼はにこっと微笑んだ」とか「彼はにやりとした」などという表現は使わないでほしい。私は、誰かがにっこり微笑んだなんて話は聞いたことがない。どうせ読者の目は「〜は言った」を飛ばし読みするから、大騒ぎする値打ちはない。もし同義表現をどうしても使いたいなら、話の方向の変化を捉えるものを選ぶといい。「彼は指摘した（he pointed out）」「彼は説明した（he explained）」「彼は答えた（he replied）」「彼は言い添えた（he added）」などは、違う意味を伝達する。ただし、話し手が単に強く主張しているだけで、いま言ったことを補足しようとしているのでなければ、「彼は言い添えた」は使わないほうがいい。

もっとも、こうした専門的な技巧にできることには限度がある。良いインタビューを行えるかどうかは、結局のところ書き手の人格と個性にかかっている。なぜなら、インタビューする相手は常に、そのテーマについてはあなたより詳しいからだ。この不均衡な状態に対するあなたの不安を克服して、自分の一般的な知性を信じる方法については、本書の第二十一章「喜び、恐れ、そして自信」で解説する。

引用の正しい使い方、間違った使い方は、世間の注目を集めたいくつかの事件を報じる記事のなかでたっぷり見ることができる。ひとつはジャネット・マルカムに対する名誉毀損訴訟で、陪審員は彼女がニューヨーカー誌に書いた精神科医ジェフリー・M・マッソンの人物評論に「でっち上げ」の引用があったとして有罪とした。もうひとつは、ジョー・マクギニスの暴露話で、彼はその著書『最後のケネディ――テディの栄光と挫折……』のなかで、自分は「彼の考えであると推論したものから、特定の場面と特定の出来事を描写した」と書いておきながら、実は一度もケネディ本人にインタビューをしていなかった。こうした事実とフィクションの境目をぼかした手法は、慎重なノンフィクション作家を悩ませる流行になっている。いわば、技巧に対する攻撃行為だ。もっともこれは、誠実な書き手にも確信の持てない領域である。ジョゼフ・ミッチェルの作品を使って、いくつか私なりのガイドラインを示してみたい。彼の散文は引用をつなぎ目なしに文章に織りこんだもので、それが一九三八年から六五年までニューヨーカー誌に発表した非凡な作品の特徴になっている。その多くはニューヨークの波止場で働く人々を描いたもので、私の世代のノンフィクション作家に多大な影響を与えた。最初に読むべき教科書だ。

のちに米国のノンフィクションの古典、『港の底』として書籍化された六篇の作品は一九四〇年代から五〇年代にかけて、待つ身としては気の狂いそうになるほどの間隔を置いて掲載されたものだ。折りにふれ、私はニューヨーカー誌で働く友人にいつ載るんだと尋ねたが、彼らも知らなかったし、予想もつかないと言っていた。これはモザイク細工で、モザイク職人はいくら時間がかかっても、これで大丈夫と確信するまで小片を組み合わせることがないのを思い出させてくれた。ようやく新作が掲載されると、それほど時間がかかった理由が納得できた。時間をかけたのが正しい判断だったことも。「ジョージ・ハンターの墓」はミッチェルの短篇のなかでも私のお気に入りだが、それを読んだときの興奮は忘れられない。十九世紀にスタテン・アイランドにあったサンディ・グラウンドという村に住む牡蠣漁師の最後の生き残りで、アフリカ・メソジスト派の八十七歳の老人の話だ。『港の底』に収録された短篇の主要キャラクターは「過去」で、哀歌と史実を併せたトーンで描かれている。ミッチェルが取材した老人たちは記憶の管理人であり、かつてのニューヨークといまをつなぐ生き証人だ。

次の段落は、ヨウシュヤマゴボウについて語ったジョージ・H・ハンターの言葉の引用で、「ジョージ・ハンターの墓」のなかに数多くある、些細だが愉快な事実を悠然たるペースで積み重ねていく非常に長い引用の典型例である。

「春になって伸びてくると、根のすぐうえの若い茎がなかなかいい味でね。まるでアスパラガスを食ってるみたいだ。サンディ・グラウンドには、ヨウシュヤマゴボウを信じてるばあさんどもがいてね。昔なつかしい南部のばあさん連中だよ。血がきれいになるっていうんだ。おれの母親もそう信じていた。春になるたびに、森へヨウシュヤマゴボウを採りにいかされたものだ。だから、おれも信じてるさ。春になるとそれを思い出して、必ず少しばかり採ってきて、料理する。そんなに好きってわけじゃない。腹にガスが溜まっちまうからな。でも、そうしてると遠い昔のことを思い出すし、母親のことも思い出す。スタテン・アイランドのこのあたりの森まで来ると、十五マイルほどは何にもないところだろうと思うかもしれんが、アーサー・キル・ロードを少し行って、アーデン・アヴェニューに近づくと、道がカーブしてるところがある。ときには、そこからニューヨークの摩天楼の先っぽが見えるんだ。摩天楼と言っても一番高いものだけで、それも天辺だけだ。見えても一瞬で、まばたきするあいだに消えちまうがね。カーブの脇に沼があって、おれの知ってる場所のなかじゃ、ヨウシュヤマゴボウを摘むにはその沼のまわりが一番だね。この春も朝、採りに行ったんだが、あんたも覚えてるだろうけど、今年は春が遅かったんで、まだヨウシュヤマゴボウは生えてなかった。ゼンマイは生えてたし、オロンチウムやクレイトーニアやザゼンソウやトキワナズナはあったが、ヨウシュヤマゴボウは見つからなかった。そこであちこち歩きまわって探したんだが、知らずに変なところに足を踏みこんで、つまずいちまった。気がついたら、膝まで泥のなかに浸かっていた。しばらくもがいて、自分がどこにいるのかとあたりを見まわしていた。たまたま顔を上げて、うえを見たら急に目に飛びこんできた。ずっと向こう、何マイルも何マイルも先にニューヨークの摩天楼の天辺が朝日に輝いていた。思ってもいなかったから、びっくりしたよ。まるで聖書に出てくる光景みたいだった。

ミスター・ハンターがこれだけのことを一気にしゃべったとは誰も思わない。きれぎれの言葉をミッチェルが結び合わせたのだ。それでも私は、全部ミスター・ハンターが実際にしゃべった言葉であると確信している。言葉も言いまわしもすべて彼のものだ。いかにもそれらしい響きがある。ミッチェルはインタビュー相手の観点であると「推論した」ものから場面を作ったりはしない。彼は文学的な脚色を行って、ある日の午後いっぱい、墓地をまわって過ごしたように装ってはいるが、その有名な忍耐強さ、手を抜かない作風、精密な手法を考えると、この作品は少なくとも一年ほど、あちこち歩きまわったり、おしゃべりしたり、書いたり、書き直したりしたうえでできたものだろう。これほど豊かな質感を持つ短篇はめったにない。ミッチェルの「ある日の午後」は、現実の午後のゆったりとした時間の流れの特性を捉えたものだ。その午後が終わるまでに、ミスター・ハンターはニューヨーク港の牡蠣養殖の歴史を、サンディ・グラウンドの世代の移り変わりを、家族と一族の名称、種まきと料理、野草と果物、野鳥と樹木、教会と葬式、変化と荒廃などを思い出しながら、人の暮らしとはどんなものかを大いに語ったことだろう。

私は「ミスター・ハンターの墓」をノンフィクションと呼ぶことに何ら異存はない。ミッチェルは所要時間については改竄を行っているが、ストーリーを凝縮して焦点を絞り、読者にも扱いやすい形にする劇作家の特権を行使したにすぎない。もし彼が実時間でストーリーを語り、スタテン・アイランドで過ごした長い日々の出来事を並べていったら、アンディ・ウォーホルが八時間眠り続ける男の姿を八時間かけて撮影した気の遠くなるような真実を手に入れるだけだ。慎重な改竄によって、ミッチェルはノンフィクションの技巧を芸術の域へと押し上げた。だが、ミスター・ハンターの真実はひとつも改竄していない。そこには「推論」や「でっち上げ」は存在しない。彼はフェアにプレイしたのだ。

結局のところ、これが私の基準である。引用をいじったり省略したりしなければ、優れたインタビュー記事を書くことはできない。そんなことはしたことがないと言い張る作家は信用しないほうがいい。とはいえ、私の持論の両側にはニュアンスの違う異論が数多くそろっている。純粋主義者なら、ジョゼフ・ミッチェルは小説家の魔法の杖をノンフィクションに振るってみせたと主張するかもしれない。進歩主義者はミッチェルをパイオニアと呼ぶかもしれない。一九六〇年代にゲイ・タリーズとかトム・ウルフといった作家が、丹念に取材した事実に物語的特性を与えて際立たせるために想像上の会話や感情を織りこむフィクションの技巧を使って一世を風靡した「ニュー・ジャーナリズム」を二、三十年前に先取りしたからだ。どちらの考えも部分的には正鵠を射ている。

間違っているのは、引用をでっち上げたり、人の話したことを勝手に要約してしまうことだと、私は考えている。創作は人々に信用される必要がある。ノンフィクション作家の持つ希少な特権は、世界中に創作のテーマになる人々を持っていることだ。人に話をさせるときは、彼らの話を貴重な贈り物のように扱うべきだ。

# 13　場所を書く　旅行記

人物の書き方の次に知っておかなければならないのは、場所の書き方である。ほとんどのノンフィクションは、人と場所の二本の柱で支えられている。人間の関わる事象は必ずどこかの場所で起きており、読者はそれがどんな場所かを知りたがる。

まれではあるが、出来事の舞台を段落ひとつかふたつで素描できることもないわけではない。だが、自分の語るストーリーに質感を出すために、周辺の地域や町の雰囲気を再現する必要があることのほうがずっと多い。また、ギリシャの島々を船で周遊したり、ロッキー山脈でバックパッキングをしたりした体験の回想といった、体力が不可欠の表現形式である旅行記の場合は、細かい背景描写が作品の本質と言っても過言ではない。

どの程度書きこむかは別にして、さほど難しくないように思えるかもしれない。だが、気の滅入る真実を明かせば、これが実に難しい。そう言えるのは、このジャンルではプロにしろアマチュアにしろ、多くの作家が最悪の作品だけでなく、単にひどい出来の作品を書いていることでわかる。作品の出来が悪いのは、性格的な欠陥のせいではない。むしろ、熱意という美徳のなせるわざだ。旅から家に戻った旅行者がそんなに速く退屈な人間に変身するわけがない。彼らはみな旅を満喫し、だからこそそのすべてを語りたがる。ところが私たちは「すべて」を読むことを望んでいない。一部を読みたいのだ。その作者の旅は、ほかの人の旅とどこが違っているのか？　私たちがいままで知らなかったことを、どれだけ話してくれるだろう？　ディズニーランドの乗り物全部の解説も、グランドキャニオンがいかに素晴らしいかも、ベネチアに運河があることも語ってほしくはない。ディズニーランドの乗り物のひとつが立ち往生したとか、素晴らしいグランドキャニオンで誰かが転落したとかいう話なら、聞く価値はあるかもしれないが。

誰しもどこかに行ったとき、自分がそこを訪れた最初の人間であると感じたり、それに似た感傷的な思いを抱いたりするのは自然なことである。大いに結構だ。そう考えることで前進する力を得られるし、自分の体験の正当性を実証できる。ロンドン塔を訪れればヘンリー八世の妻たちに思いを馳せずにはいられないし、エジプトに行ってピラミッドの大きさと時間の重みに心を動かされぬ者はいないだろう。だが、そういった土地はすでに大勢の人々が紹介している。作家たるもの、初めての風景、音、香りに感動した旅行者としての主観を厳しく制御し、読者のことをいつも念頭に置くべきだ。旅の一部始終を記録した作品があなたを魅了するのは、それがあなたの旅だからだ。果たして、読者は魅了されるだろうか？　そうはいかない。単なる細部の集積は、そのまま読者の関心には届かない。細部は際立つものでなければならない。

もうひとつの大きな罠は文体である。ノンフィクション作家ほど、感傷的な言葉や陳腐な表現をたっぷり使う人種はほかにいない。会話では恥ずかしくて使えないような形容詞――「驚くべき（wondrous）」「まだらの（dappled）」「バラ色の（roseate）」「名高き（fabled）」「疾走する（scudding）」などが共通通貨として使われる。日帰り観光で見られる景色の半分が「風変わりで面白く（quaint）」、特に風車小屋や屋根付き橋にその表現が当てはまる。丘の中腹（あるいは、ふもと）にある町は、丘に「抱かれて（nestled）」おり（丘から「突き放された（unnestled）」町など聞いたことがない）、田園に「散在する（dotted）」脇道は、ありがたいことになかば忘れ去られている。ヨーロッパでは、歴史に彩られた川辺の道を行く馬車を牽いた馬のひずめの音で目を覚ます。それがどうやら、羽ペンを紙に走らせる音に聞こえるらしい。そこは古いものが新しいものと出会う場所であり、古いものが古いものと出会うことはない。また、死んだはずのものが急に生気を取り戻す世界でもある。店舗の正面がにっこりと微笑み、建物が誇らしげに反り返り、廃墟が手招きし、本物の煙突の先端が大昔の歓迎の歌をうたっている。

「人を惹きつける《アトラクティブ》」「魅力的な《チャーミング》」「ロマンチックな」といった旅行関連語《トラベリーズ》もまた精査すれば、何の意味もないものか、あるいは人によっては別の意味を持つ甘ったるい言葉の表現形式である。「この街は独特な魅力を持っている」では、なんとも救いようがない。チャームスクールの校長でもなければ、「魅力《チャーム》」とは何かを明確に定義することなどできない。「ロマンチックな」だって同じだ。これらはどれも、見た人の主観的概念にすぎないのだ。ある人にはロマンチックな日の出も、別の人にとっては二日酔いの日の出かもしれない。

　では、どうしたらこうした強敵に打ち勝ち、場所をうまく書けるだろうか？　私のアドバイスは、ふたつの原則に絞れる。ひとつは文体の問題、もうひとつは内容の問題だ。

　まずは、特に神経を使って言葉を選択すること。フレーズがすっと頭に浮かんだら、大いに疑ってかかるべきだ。それはおそらく、旅行記という布に分かち難く織りこまれている数ある常套句のひとつだろうから、採用しないように格段の努力を払わなければならない。また、「目をみはる」滝を描写するのに、輝くばかりの叙情的フレーズをひねり出そうと頭を絞るのもやめたほうがいい。良くて（あなたに似合わぬ）わざとらしさを感じさせるし、へたをすると大風呂敷と思われる。新鮮な言葉とイメージを見つけることに労力をつぎこもう。「無数の（myriad）」やその同類（ilk）は詩人のために残しておこう。「同類（ilk）」を使いたい人がいたら、喜んで譲ってあげよう。

　内容についても、特に入念に選択しよう。ビーチの描写をするなら、「海岸には岩が点々と散らばっていた」とか「ときおりカモメが上空を飛んでいく」などとは書かないように。海岸にはだいたい岩が点々とし、カモメが飛んでいるものだ。そういったよく知られた属性は全部排除しよう。海に波が立ち、砂浜は白いことなど教えてもらうまでもない。ほかにはない際立った細部を見つけよう。風変わりだったり、色彩豊かだったり、滑稽だったり、楽しい気分にさせたりするものを。ただし、それが有効な働きをするかどうか、よく確かめよう。

ここで、何人かの作家の例を紹介しよう。それぞれ気質の違いこそあれ、彼らの選んだ細部の力は共通している。最初のものは、ジョーン・ディディオンの「黄金の夢を見るひとたち」。カリフォルニア州サンバーナディーノで起きた恐ろしい犯罪をテーマにした作品で、その冒頭、作家は自分の車で案内するように、都会の文明から人気のないひと筋の道路へと私たちを連れ出す。そこが、ルシール・ミラーの車が原因不明の火災を起こした現場である。

電話一本かければ、あらかじめ録音された祈りの言葉や聖書の言葉は聞けるが、本を買うのは難しい——それがカリフォルニアだ。逆毛を立てたヘアスタイルにカプリパンツの娘たちには、ふくらはぎを半分隠す白のウェディングを着て、キンバリーかシェリーかデビーという名の子供を授かり、ティファナで離婚し、美容専門学校に戻る人生が約束されている。女たちは「まだ馬鹿な子供だったのよ」と後悔の色もなく言うと、未来に目を向ける。黄金の土地の未来がいつも良いものであるのは、誰も過去など覚えていないからだ。ここは熱い風が吹き、古いしきたりなど無意味に思える土地で、離婚率は全国平均の二倍、三十八人にひとりがトレイラー暮らしをしている。どこかから流れてきた人々の終《つい》の棲家になるのは、彼らが寒さや過去や古いしきたりから逃れてきたためである。彼らはここで新しいライフスタイルを探そうとし、唯一手に入る手段——映画か新聞でそれを見つけようとする。ルシール・マリー・マクスウェル・ミラーの事件は、そうしたライフスタイルの大衆ゴシップ紙向き金字塔と言っていい。

まずはバニヤン・ストリートを想像してほしい。事件が起きたのがそこだからだ。バニヤン・ストリートへ行くには、サンバーナディーノからルート六六の一部であるフットヒル・ブールヴァードを西へ走り、サンタフェ操車場とフォーティ・ウィンクス・モーテルの前を通り過ぎる。化粧漆喰造りのインディアン住居《ティピー》が十九戸並ぶそのモーテルには、「インディアンの家《ウィグワム》で眠って、お金《ワンパム》をもっと手に入れよう」と書かれている。さらにフォンタナ・ドラッグ・シティ、ナザレン教会、ピット・ストップ・ア・ゴー・ゴーを過ぎ、カイザー・スチールの前を過ぎ、クカモンガを通り抜け、カプカイ・レストラン－バー・アンド・コーヒーショップまで来ると、ルート六六がカーネリアン・アヴェニューと交差する。「禁断の海」という意味のカプカイをあとにしてカーネリアン・アヴェニューへ曲がると、分譲地があることを知らせる旗が容赦ない風にはためいている。「半エーカーの農場！　軽食堂！　石灰華の玄関！　九十五ドル値下げ！」　狂乱の痕跡、難破したニュー・カリフォルニアの漂流物。それでも、しばらく行くとカーネリアン・アヴェニューから旗も消え、スプリングタイム・ハウス社製の明るいパステルカラーの家に代わって、ブドウの木を数本、鶏を数羽育てる人々の色褪せたバンガローが建ち並ぶようになる。やがて道は急な上り坂になり、バンガローもほとんど見かけなくなる。住む人もなく、地面もでこぼこで、ユーカリとレモンの木が並ぶ道、それがバニヤン・ストリートだ。

わずか段落ふたつで、漆喰塗りのインディアン・テントやプレハブ建築、借り物のハワイ体験といったニュー・カリフォルニアの安ピカな雰囲気だけでなく、そこに流れてきた人々の暮らしや主張の哀れを誘うはかなさが感じとれる。統計や名称や広告などの細部が全部、有効な働きをしている。

具体的な細部が、ジョン・マクフィーの散文の支えになっている。その職人芸を堪能できる作品は数多くあるが、アラスカを舞台にした作品では新州都候補地の探求に一節が割かれている。そこでマクフィーはほんの数文で、いまの州都が人の暮らす場所として、また立法者が正しい法律を作る場所として、どこがふさわしくないのかを解き明かしてみせる。

いまでもジューノーの歩行者は、頭を下げて懸命に前に進もうとしても風に足止めされることがある。通りには、上院議員や下院議員が仕事場になんとかたどり着けるように手すりが付けられている。ここ二十年ほど、街を見下ろす尾根に何度か風速計が設置された。風速二百マイルまで観測できる計器だったが、長くはもたなかった。タク氷河から吹きつける風が目盛りを振り切ると、計器は決まってばらばらに壊れた。天気がいつも悪いわけではない。それでもジューノーの街並みは気候に合わせて、肩を寄せ合う建物とヨーロッパ風の細い路地でかたちづくられ、山腹にぴったり貼りついて海を見下ろしていた……

ハリスは（アラスカ州議会上院議員の任期である）二年のあいだに、州都移転を進めようと思いついた。議会は一月に開会し、少なくとも三カ月継続される。ハリスは彼言うところの「完全な孤立した状態で……身動きがとれない。誰も訪ねてこられない。檻に入れられたも同然だ。毎日話をする相手は頑固なロビイストだけ。来る日も来る日も同じ相手と話している。ここに必要なのは、もっと外の空気にふれることだ」と強く主張した。

普通の米国人の経験とは大きくかけ離れた街の奇妙さが、たちまち鮮明になる。立法者にとって、唯一の希望はアンカレッジへの遷都だった。おそらく読んだ人は、自分が異郷の町にいるとは感じないはずだ。マクフィーは、細部も隠喩も秀逸なひとつの段落で町の本質を描き出している。

ほとんどの米国人がアンカレッジには見覚えがあると思うだろう。なぜなら、そこはふくらみすぎて縫い目が裂け、カーネル・サンダースを飛び出させたどこかの都市の一部なのだから。アンカレッジは開拓の名の下に大目に見られることがときおりある。建設が先で、文化は二の次というわけだ。だが、アンカレッジは辺境の街ではない。周囲の環境とはほとんど関係なく存在している。風に吹かれて飛んできた米国の胞子のようなものなのだ。もしエルパソに巨大なクッキーカッターを落としたら、アンカレッジに似たものが空に舞い上がることだろう。アンカレッジはトレントンの北縁でも、オクスナードの中心部でも、デイトナ・ビーチと海をはさんだ対岸の地域でもあるのだ。凝縮した即製アルバカーキでもある。

マクフィーがやったのは、ジューノーとアンカレッジの「イメージ」を捉えることだった。旅行作家のおもな仕事は、取材する場所の核となるイメージを見つけ出すことだ。何十年にもわたって、多くの作家がミシシッピ川を手なづけようと努めてきた。信仰深い米国の中央部を貫き、ときおり神の怒りをもたらすこの強大なハイウェーの本質を捉えようとした。だが、近年の大洪水によって水に浸かった中西部の諸州を再訪したジョナサン・ラバンほど簡潔にそれを行った例はほかにない。彼の作品は次のように始まる。

西部からミネアポリスへ行く飛行機の旅は、神学上の問題に思えてくる。

ミネソタの広大で平坦な農地は碁盤目状に分けられており、グラフ用紙のように意外性が皆無だ。すべての砂利道、すべての排水溝が町の東西南北を決める測量システムによる緯度と経度の線に沿って伸びている。農場は真四角、畑も真四角、家も真四角。住人の頭上から屋根を取り去ってみたら、真四角の部屋の真ん中に置かれた真四角のテーブルに一家が座っているのが見えるかもしれない。この直角《ライト・アングルド》で、正しい考え《ライト・シンキング》を持つルーテル教会の州では、自然は皮を剝がれ、毛を剃られ、罰せられ、抑圧される。もし秩序を無視する道路のカーブや、不注意な農夫がトウモロコシと大豆を一緒に撒いた不揃いでまだら模様の畑があれば、見た者は大いに心を痛めるだろう。とはいえ、この航空路の下に不注意な農夫などいるはずもない。その風景は人間の恐ろしいほどの清廉さを告げる巨大な広告として、あなたの——そして神の——検閲に対して何も隠し立てしない。ここにはおかしな振る舞いをする者など存在しない。みんな、どこから見ても正直者で、天国へ行くにふさわしい人間ばかりだ。

やがて川が風景のなかに入ってくる。蛇行する黒い影が、チェッカー盤のうえを場違いにのたくっている。気まぐれに折れ曲がり、おびただしい数の黒々とした沼地や葉巻型の緑の小島を従えて流れるミシシッピ川は、神を畏れる中西部に、信仰を持たぬ意固地さとはどんなものかを教えようとするかのようだ。ジャン・カルヴァンの気性の荒さのように、川はみずからを大陸中央部《ハートランド》の中心《ハート》に住む野性の獣の姿として立ち現れる。

川の周辺に住む人にミシシッピ川の性別を問うと、ほぼ全員が真面目な顔つきで自分と同じ性別を答える。「川に敬意を払ったほうがいい。でないと、彼に殺されることになる」と、水門管理人は怒ったように言った。「彼女はたちが悪いのよ。このあたりの人をたくさん引っ張りこんだわ」と、ランチカウンターでウェイトレスが語っていた。T・S・エリオットが川は私たちの内にあると書いたとき（ちなみに、海は私たちのまわりを取り巻いている）、彼はミシシッピ川に関する日々の営みのなかの真実を見破っていた。人々はこの泥の川がもたらす混乱を、荒れ狂う内なる自分を具現化したものと考えている。彼らがよそ者に、川の気まぐれさやトラブル好きの性格、洪水や浸水を自慢げに語るとき、その声にはこう言っているような響きが含まれる。「おれのなかにも、そんなことをするやつが住んでいる……それがどんな感じか、おれにはわかる」

(Mississippi Water)

ノンフィクション作家にとって、米国で暮らすこと以上の幸運があるだろうか？　この国には尽きることのない多様性と驚きがある。都会でも田舎でも、東部でも西部でも、どこを書くにしても、その場所はほかのどこにもない外観、住民、文化的前提を持っている。そうした独特の特徴を捉えよう。次に紹介する三つのくだりは、ほかとそれほど大きな違いはないように見える米国の地域を描いている。だがどの文章にもたくさんの正確なイメージが書きこまれており、私たちをいまそこにいるような気分にさせてくれる。最初の引用は、ジャック・アグエロスの書いた「ディックとジェーンまで道なかば――プエルトリコ人の巡礼の旅」からのもので、そこでは幼少期を過ごしたニューヨークのヒスパニック地区が描かれる。ひとつのブロックにさまざまな国が同居する場所だ。

どの教室にも十人は英語の話せない生徒がいる。黒人やイタリア系、プエルトリコ系の教室内での関係は良好だが、おたがいを訪問し合うのがいけないことはわきまえていた。ときには、自分の住む地区のなかでも自由に動きまわれないことがあった。一〇九丁目では、街灯を挟んで西側を「ラテン・エイシズ」、東側を私も所属するクラブ「セネカズ」が分け合っていた。英語を話せない子供は、スペインの流行歌から採った「マリン・タイガー」として世に知られるようになった。「マリン・タイガー」と「マリン・シャーク」はサンファンとニューヨークを行き来していた二隻の船の名で、プエルトリコから数えきれないほどの移民を運んできた。

それぞれの人種・民族の住む地区には境界線がある。三番街と東側はイタリア系。五番街と西側は黒人。南の一〇三丁目には、地元の人間がクーニーズ・ヒルと呼ぶ丘があった。丘の天辺に上ると、奇妙なことが起きる。アメリカが生まれたのだ。丘の南側は「アメリカ人」が住んでいる地域だった。ディックとジェーンはまだ死んでいなかった。彼らは高級な地区で良い暮らしをしていた。

プエルトリコ系の子供のグループがジェファーソン・パーク・プールに泳ぎに行くときは、イタリア系から喧嘩を吹っかけられて殴られる危険があるのがわかっていた。ハーレムのミラグロサ教会へ行くときは、黒人に喧嘩を吹っかけられて殴られる危険があった。けれども、クーニーズ・ヒルに行ったときは、不機嫌で、とがめるような目つきに迎えられ、警官から「こんなところで何をしているんだ？」とか「おまえみたいなガキにふさわしい場所に帰ったらどうだ？」などと問い詰められる危険を覚悟しなければならない。

おまえにふさわしい場所だって？　おっさん、おれはアメリカについての作文だって書いたんだぜ。セントラル・パークのテニスコートはおれにはふさわしい場所じゃあないのか？　たとえゲームのやり方を知らなくても、ディックがテニスをするところを見物しちゃいけないのか？　おまえら警官は、おれたちのためにも働いているんじゃないのか？

ここでテキサス州東部の、アーカンソー州との州境から少し入ったところにある小さな町に移動しよう。テキサス・マンスリー誌に掲載されたプルーデンス・マッキントッシュの作品である。この雑誌はとても活きがよく、マッキントッシュはじめテキサス作家たちが、マンハッタンのミッドタウンにいる私を州の隅々まで連れて行ってくれるのをいつも楽しんでいる。

　成長するにつれ、私は自分がテキサス人こそ本物の南部人だと信じこんで育ったことに気づき始めた。古き良きテキサスの神話は、私の暮らしていた地域とはほとんど関係なかった。ハナミズキやセンダン、サルスベリ、ミモザは知っていたが、ヤグルマソウやカステラソウは見たことがない。四州共催会とロデオ《フォーステーツ・フェア・アンド・ロデオ》はわが町で開かれたが、私は乗馬を習ったことがなかった。何かの衣装でないかぎり、カウボーイハットやブーツを身につけた人とは出会ってもいない。農場主に知り合いはいたが、彼らの所有地は「何某の土地」と知られているだけで、農場の入り口に飼育牛用の焼き印入りのアーチなど建っていなかった。町の通りはウッドやパインやオリーブ、あるいはブールヴァードと呼ばれ、グアダループとかラバカなどという名の付いた通りはひとつもなかった。

（The South of East Texas）

　さらにそのまま西へ移動して、今度はカリフォルニア州のモハーヴェ砂漠にあるミュロック陸軍飛行場、現在のエドワーズ空軍基地に向かおう。ここはトム・ウルフが『ザ・ライト・スタッフ』の見事な冒頭部分で描いたとおり、米国でも有数の過酷な気候で人里離れており、それが一世代前に陸軍航空隊がこの地で音速の壁を破る試みを行った理由である。

　そこは、はるか昔に周辺地域の進化から取り残された化石のような大地だった。巨大な乾湖の湖底があちこちに横たわり、そのなかで最大のものがロジャーズ湖だ。ヤマヨモギのほかに植物と呼べるのは、サボテンと日本の盆栽の交配種を思わせる姿の、植物界のねじれた怪物ジョシュアツリーだけである。石化したかのようなダークグリーンの木で、恐ろしげな短い枝を広げている。夕暮れに化石の大地から突き出たシルエットは、関節炎患者の見る悪夢に似ていた。夏になると、当然のように気温は四十三度を上まわる。乾いた湖底は砂で覆われ、暴風が吹けば映画の『外人部隊』さながらの砂嵐が荒れ狂う。夜の気温は零度近くまで下がり、十二月には雨が降り出す。乾湖にも数インチ水が溜まり、有史以前の生き物である悪臭を放つエビが湖底の軟泥から湧き出てくる。カモメが百マイル以上離れた海から山を越えて飛んできて、のたくりまわるこの太古の生き物をむさぼり尽くす。

風が溜まっている数インチの水をあちらこちらへ揺り動かすと、湖底の表面は均されて真っ平らになる。春になって水が蒸発し、日差しが地面を干上がらせると、湖底はこれまで発見されたもののなかで最上の、そして最大の天然滑走路に変わる。着陸し損ねてもまだ何マイルも余裕がある大きさだ。ミュロックで行われている企ての性格を考えると、きわめて妥当な場所と言えた。

風と砂、回転草《タンブルウィード》、ジョシュアツリーを除けば、ミュロックにあるのは肩を寄せ合うかまぼこ型格納庫二棟と、ガソリン・ポンプが二、三基、コンクリート敷きの滑走路一本、タール紙を貼った小屋が数軒、テント数張りだけだった。士官は「兵舎」と表示された小屋で寝泊まりし、それより下級の者はテントで冬の寒さに凍え、夏の暑さに灼かれて過ごした。敷地に入るすべての道路に守衛小屋が設けられ、兵士が配置された。この神に見捨てられた場所で陸軍が進めている企ては、音速ジェット機とロケット機の開発だった。

こうした旅行記に類するものの書き方を学ぼう。もっとも旅行記という言葉を使ったからといって、モロッコやモンバサに行けと言っているわけではない。行くのは地元のモールでも、ボウリング場でも、デイケア・センターでもさしつかえない。だがどんな場所を書くにせよ、ほかと違う特質を見きわめるまで何度も足を運ばなければならない。普通そうした特質は、場所とそこに住む人々が組み合わさったところに生まれる。ボウリング場であれば、内部の雰囲気と常連客の混合物ということになる。もし外国の都市であれば、伝統文化と現在の住民が混ぜ合わされたものだ。それを見つけ出そう。

そうした発見の達人と言えば、英国作家V・S・プリチェットをおいてほかにない。ノンフィクション作家のなかで最も優れた、最も多芸な人物のひとりである。彼がイスタンブール訪問から絞り出したものを考察してみよう。

イスタンブールは想像力に働きかける力があまりにも大きいので、旅行者のほとんどはその現実に触れてショックを受ける。私たちは専制君主《スルタン》のことを頭から追い払うことができない。いまだに宝石を身につけ、足を組んで謁見室に腰を下ろしているスルタンたちが見られるとなかば期待している。ハーレムの物語が記憶に残っている。実際は、イスタンブールにはその地理的位置を除けば栄光は残っていない。玉石を敷いた急勾配の道と騒々しい丘の多い街であり……

ほとんどの店は布地や服、ストッキング、靴を商《あきな》っており、ギリシャ商人は布地を広げて、ものになりそうな客に駆け寄っていき、トルコ人はじっと待ちの姿勢だ。ポーターはがなり声を上げ、みんなが口々に叫んでいる。馬に押され、積み荷の寝具に脇へ押しやられて進んでいくうちにトルコの奇跡のひとつが目に飛びこんでくる。物静かな若者が三本の鎖で吊ったトレーを運んでいる。トレーの中心には紅茶の小さなグラスが置いてある。若者は中身をこぼすことなく、混沌のなかをかいくぐり、店の戸口に座りこんだボスのところへ運んでいく。

トルコにはふたつの種族がいるのに気づく。運ぶ人と座っている人だ。トルコ人ほどすっかりくつろぎ、上手に、そして幸せそうに座っている人はほかにいない。彼らは全身の隅々まで座っている。顔まで座っている。まるでそれが、サライブルヌ岬にあるトプカピ宮殿で暮らした何世代ものスルタンから受け継いだ技術であるかのように。彼らが何より気に入っているのは、店やオフィスの前に五、六人並んで座っているところに人を招き寄せることだ。そして礼儀正しく、いくつか質問をする。歳《とし》はいくつか、結婚はしているのか、子供は男か女か、親戚は何人くらいいるのか、どこで、どんな暮らしをしているのか……訊き終えると、みんな判で押したように、リスボンでもニューヨークでもシェフィールドでも聞けない大きな咳払いをしてから、どことなく曖昧な沈黙に加わる。

(The Offensive Traveler)

私は「顔まで座っている」というフレーズが好きだ。たった四単語で私たちを驚かせる奇抜な発想を表現している。それに、トルコ人について多くを語ってくれてもいる。今度トルコに行ったときは、座っている人々に目を向けずにはいられないだろう。ほんの一瞥で、プリチェットはこの国全体の特徴を捉えた。これが外国のことを書いた優れた創作の真髄である。取るに足りないことから、重要なものを抽出するのだ。

プリチェットが思い出させてくれたように、旅行記という独特のジャンルで、英国人は昔からずっと秀でていた。彼らの作品が傑出しているのは、作者がその場所から引き出したものより、その場所が作者から引き出したもののおかげである。初めて見る風物が、そこへ来なければ浮かばなかった考えを作者の頭に生じさせる。旅は見聞を広めるというが、広がるのはゴシック様式のカテドラルの外観とか、フランス人のワイン醸造法といった単なる知識だけではない。人がどんなふうに働き、遊び、子供を育て、神を崇め、生き、死んでいくか――旅は広い範囲のさまざまな認識をもたらしてくれる。T・E・ロレンス、フレヤ・スターク、ウィルフレッド・セシジャーなど、アラブ諸国を訪れ、遊牧民族と暮らすことを選んだ英国の砂漠好きの学者冒険家の本は、きわめて過酷で最低限のものしかない環境を生き抜くことで生まれた発想から、多くの不思議な力を得ている。

つまり、場所をテーマにした作品を書くときは、その場所から最善のものを引き出さなければならない。だが、そのプロセスを逆に見れば、場所が自分から最善のものを引き出すことになる。米国人が書いた旅行記のなかで最も深みのあるもののひとつにソローの『ウォールデン』があるが、ソローは町から一マイルほど旅をしただけだった。

とはいえ、最終的に場所に活気をもたらすのは人間の行為である。人のやることが場所を性格づける。四十年たっても、ジェームズ・ボールドウィンがハーレムの教会で少年説教師をしていたときのことを書いたダイナミックな作品『次は火だ』を読んだときの記憶は褪せない。いまだに教会の内陣にいるような気分が残っているのは、ボールドウィンが単なる描写に終わらせずに、音とリズム、普遍的な信仰、普遍的な感情を捉える高度な文学的高みまで自分を引き上げようとしたからだ。

教会は興奮に包まれていた。この興奮から自分を解き放つのに長い時間がかかったが、無意識の奥底、本能の最も深いところには興奮が残っていたし、今後もそれは変わらないだろう。それほどの音楽はどこにもなかったし、聖人が喜びの声を上げ、罪人が嘆き、タンバリンが鳴り響き、すべての人の声が合わさり、神への敬虔な祈りが唱えられるドラマはほかのどこでも見られないものだった。神の慈しみに対する目に見え、手で触れられるほどの長年の絶望感を物語る、さまざまな肌の色の、疲れきり、それでいてなぜか勝ち誇った輝きを放つ顔の悲哀に匹敵するものは、これまで見たことがなかった。ときおり前ぶれもなく教会を満たし、ブルース歌手のリードベリーなど多くの人が見たと証言する「揺れ《ロック》」を教会に引き起こす火と興奮を目のあたりにするのはそれが初めてだった。あれ以来、説教の最中に感じたあの力と栄光に匹敵するものには出会っていない。私はなぜか何かの奇跡によって、いわゆる「御言葉」を伝えていたのだと思う。そのとき私と教会は一体になった。人々の苦しみと喜びは私のものであり、私の苦しみと喜びは人々のものだった。彼らが叫ぶ「アーメン！」「ハレルヤ！」「主よ、おっしゃるとおりです！」「神の御名を讃えよ！」「道を説け、兄弟！」が私の説教を支え、駆り立て、やがて全員が祭壇の前で汗を流し、苦痛と歓喜のなかで歌い踊ってひとつになった。

その場所についてはもう書き尽くされたと思って、書くことを恐れてはならない。あなたが書くまで、そこはあなたの場所ではない。私はその難問に挑もうと、観光客が押し寄せる月並みな名所を十五選んで『米国の場所』という本を書いた。どれも米国人の聖地とも言える場所、あるいは米国人の理想と願望に関する力強い思想を体現する場所である。

選んだ場所のうち九つは、いわば「超」聖地――ラシュモア山、ナイアガラの滝、アラモ、イエローストーン国立公園、真珠湾、ジョージ・ワシントンの生地マウント・バーノン、独立戦争の火蓋が切られたコンコードとレキシントン、ディズニーランド、ロックフェラー・センターだった。五つは米国という国の特徴がはっきり見られる場所だ。マーク・トウェインが少年時代を過ごしたミズーリ州ハンニバル。この町を舞台に、トウェインはミシシッピ川で生きるふたりの架空の人物と、理想的な少年時代を創造してみせた。それに、南北戦争終戦の地アポマトックス。キティ・ホークはライト兄弟が飛行機を飛ばした場所で、天才的素人発明家の国、米国を象徴している。「平原の都市」の意味を持つカンザス州アビリーンはドワイト・D・アイゼンハワーが育った町で、米国の小都市の持つ価値の象徴とも言える。ニューヨーク州北部の町シャトーカは、自己改善と成人教育に関する米国の観念のほとんどを作り出してきた。私の巡礼地のなかで唯一の新しいものは、アラバマ州モンゴメリーにあるマヤ・リン設計の公民権記念碑だ。ここには南部の公民権運動の最中に殺された男性、女性、子供が顕彰されている。ロックフェラー・センターを除けば、一度も訪ねたことがなく、その歴史も知らない場所ばかりだった。

私は、ラシュモア山を見上げている旅行客に「何を感じていますか?」と質問するようなやり方はしない。答えは聞かなくてもわかっている。返ってくるのは個人的な感想で(「すごいものだね!」)、情報としては何の価値もない。代わりにこの遺跡を管理している人々のところへ行き、こう尋ねる。「ラシュモア山に毎年二百万もの人が訪れる理由は何なのでしょう?」「アラモに三百万人も来るのは?」「コンコード橋に百万人来るのは?」「ハンニバルを訪れる人が二十五万人もいるのは?」「そういう人たちはいったい何を求めて来るのでしょう?」……。そう尋ねる目的は、それぞれの場所が持つ意図を深く探ることである。その場所がどういう存在であろうとしているのかを見つけ出すためだ。自分の予想していなかったものだろうか? そうあってほしくないと思っていたことか?

地元の男性、女性——公園管理人、学芸員、司書、商人、古老、テキサス共和国の娘たち、マウント・バーノン女性協会——に話を聞くことで、米国を探し求める作家を待ち受ける最も豊かな鉱脈のひとつに近づける。現場で働く人々の型にはまった雄弁さは、よそ者のニーズを満たしてくれる。次に挙げるのは、三つの場所の管理人が私に話してくれたことだ。

ラシュモア山……「午後になって日が差して、あの目に影ができると」と、公園管理人のひとり、フレッド・バンクスは言う。「どこへ動いても、四人の目がまっすぐ自分を見下ろしているような気がするんだ。人の心を覗いて何を考えているのかを探り、罪悪感を抱かせる。「おまえは自分の役割を果たしているか？」」と。

キティ・ホーク……「キティ・ホークに来る人の半分は飛行機と何か関係のある人で、そのルーツを探しているのよ」と、管理人のアン・チルドレスは言う。「私たちは定期的に、ウィルバーとオリヴァーのライト兄弟の写真を入れ替えなければならない。訪れる人がさわりたがるので、だんだんこすれて薄くなるから。ライト兄弟はごく普通の人間で、高校教育もろくに受けていない。それがごく短期間のうちに、資金もそれほどないのにとてつもないことを成し遂げた。大変な成功よ。私たちの生き方を変えてしまったんだもの。ときどき思うのよ。「自分だったら、こんなことを思いつくかしら？　こつこつと努力してこれほど偉大なことを成し遂げられるかしら」って」

イエローストーン国立公園……「国立公園を訪ねるのは米国の家族の伝統なんだよ」と、公園管理人のジョージ・B・ロビンソンは言う。「それに誰でも知っている国立公園と言えば、イエローストーンだからね。でも、もうひとつ知られていない理由があるんだ。人は自分たちの進化が始まった場所を知りたいという内なる欲求を持っている。ここにいて気づいた最も強い絆と言えば、とても年寄りの人ととても若い人の絆だよ。どちらも進化の起点に近いからね」

この本から読みとれる強い感情は、私が人に話させたことが供給元である。その話に感情的な、あるいは愛国的な磨きをかける必要はなかった。磨きをかけるのには注意が必要だ。もし書いている場所が誰かにとって神聖であり、意義深いものであるなら、磨きをかけるのはほかの人にまかせよう。真珠湾を訪れてまもなく知ったのは、一九四一年十二月七日に日本軍に沈められた戦艦アリゾナが、いまだに毎日一ガロンずつ石油を流出させていることだった。あとで管理人のドナルド・マギーに話を聞くと、彼はこの仕事についてすぐ、身長四十五インチ以下の子供はアリゾナ記念館に入場できないと定めた役所の法規を改めさせたという。そんなことを決めた行為は、ほかの観光客の「体験にマイナスの影響を与える」からだ。

「いくら幼くても、この船が意味するものを子供たちはちゃんと理解できる」と、マギーは言った。

「油が漏れているのをきっと忘れないだろう。この船がいまだに血を流し続けているのを」

# 14 自分を書く　回想録《メモワール》

作家が使える素材のなかで、本人が最も熟知しているのは自分自身――自分の過去と現在、思考と感情である。それでいながら、もしかしたら作家が一番避けようとする素材がそれかもしれない。

学校や大学の創作講座に招かれるたびに、私は最初に生徒にこう質問する。「きみの抱えている問題は何だい？　何に関心があるんだね？」　その答えは、メイン州からカリフォルニア州までまったく代わり映えがしない。「僕たちは、先生が望むものを書くしかないんです」。実に気の滅入る回答だ。「良い先生なら、そんなことは絶対に望まないだろうね」。と、私は言い聞かせる。「先生だって、同じ生徒が書いた同じテーマの作文を二十五本も読みたくはないはずだ。私たちが求めているのは――作文から飛び出してくるのを見たいのは――それぞれの個性だ。きみが知っていること、考えていることを書いたものだ」

ところが、彼らは書けない。そんな許可は得ていないと考える。私に言わせれば、みんな、この世に生まれたことで許可を得ているはずなのに。

中年になってもその縛めから解放されない。作家の集まりで、子育てを終え、これから書くことで自分の人生を整理していきたいと望む女性に会うことがある。私は、一番身近な個人的な細部を書くように勧める。女性たちは不服そうに、「私たちは編集者の気に入るものを書かなければならないんです」と言う。要するに、「先生の望むものを書くしかない」というわけだ。自分が一番よく知っている経験や感情を書くのに許可がいると思うのは、いったいなぜなのだろう？

別の世代の例も見てみよう。私には、書くことを生涯の仕事として立派にこなしてきた友人がいるのだが、彼の書くものはどれも受け売りの知識にもとづいて、他人に起きた出来事を解釈するものばかりだった。長く付き合っているうちに、彼がよく自分の父親の話をするのを耳にした。父親はカンザス州の保守的な町の牧師で、さまざまな機会にリベラルな立場に立って孤軍奮闘していたそうで、彼の強い社会意識は父親から受け継いだものにちがいない。数年前に私は彼に、いつになったら父親のことも含めて、自分の人生に本当に重要な役割を果たした要素を書くつもりなんだねと尋ねた。そのうちにな、と彼は答えた。だが、「そのうち」はいつも先延ばしになった。

彼が六十五歳になると、私はしつこく催促するようになった。自分が感動した何冊かの回想録を送ってやると、ついに彼も朝の仕事の時間を回顧に割くことに同意した。いざ始めてみて、乗り出した旅がこれほど自由な気分にしてくれるのが彼には信じられなかった。これまで理解できなかった父親のこと、自分の人生のことを、これほど教えてくれるとは。それでも自分の旅を説明するとき、彼はいつもこう言っていた。「以前は度胸がなかったんだ」とか、「やってみるのが怖かった」などと。言い換えれば、「許可をもらっていないと思っていた」という意味だ。

なぜそうなんだろう？　米国は「強固な個人主義者」の国ではなかったのか？　なんとか、その失われた国と失われた個人主義者を復活させようではないか。もしあなたが創作の教師なら、生徒に自分たちの人生の正当性を教えてやらなければならない。

私は「許可《パーミッション》」という言葉を「大目に見る《パーミッシヴ》」という意味で使っているわけではない。ずさんな仕事――六〇年代の「何でもおおっぴらにさらけ出す」主義には我慢できない。この国で立派な作家になるには、立派な文章を書けることが大切である。だが、誰のために書いているのかという問題について言えば、人を喜ばせることに熱を入れてはいけない。意識して先生のため、編集者のためにも書いているのなら、結局は誰のためにも書いていないことになる。自分のために書いているのであれば、それは伝えたい人々に届くはずだ。

人生について書くことは、むろん生きてきた期間と関係がある。学生が教師の気に入るものを書かなければならないと言うのは、自分には何も言うべきことがないという意味である場合が多い。放課後の生活はあまりにも貧弱で、おもにテレビとモールというふたつの人工的な現実に限られている。それでも、どんな年代であろうと、書くという身体的行為は強力なサーチエンジンになり得る。自分の過去にひたっていると、忘れていた出来事がそれを必要としているときにピタッと収まるべきところへ収まることがたびたびあるのには驚かされる。資料源が涸れてしまったときでも、記憶が優れた素材を提供してくれるのはほぼ確実と言っていい。

とはいえ、許可は諸刃の剣でもあり、衛生局長の警告の張り紙なしには使うべきではない――「過度に自分を書くことは作家本人ならびに読者の健康を損なう場合がある」。自我《エゴ》と自己吹聴《エゴティズム》を分けるのはごく細い線である。エゴは健康的であり、それがなければ作家は成功できない。それに対してエゴティズムは人をうんざりさせる。この章は治療効果のためだけの無駄なおしゃべりにお墨付きを与える目的で書かれたのではない。繰り返しになるが、私の提案するルールは以下のとおり。あなたの記憶にあるすべての要素が有効な働きをするよう十分注意すること。ぜひ自信をもって、楽しみながら自分のことを書いてほしい。ただし、すべての細部――人物、場所、出来事、エピソード、思考、感情――があなたのストーリーを着実に進めていくようにとりはかるのを忘れないように。

以上のことから、私は回想録《メモワール》がひとつの表現形式であると確信した。誰のものであろうと、今後もできるだけ回想録を読んでいくつもりだ。私の見るところ、これほど個人的な体験に深く根ざしたものは、ほかのノンフィクションのジャンルには存在しない。ここにはあらゆるドラマが、苦痛が、ユーモアが、人生の意外性がある。初めて読んだときの印象が生き生きとよみがえってくる作品には回想録が多い。たとえば以下のような作品だ。アンドレ・アシマンの『エジプトを離れて』、マイケル・J・アーレンの『流浪者たち』、ラッセル・ベイカーの『グローイング・アップ』、ヴィヴィアン・ゴーニックの『熱烈な愛着』、ピート・ハミルの『ドリンキング・ライフ』、モス・ハートの『第一幕』、ジョン・ハウスマンの『通し稽古』、メアリー・カーの『うそつきくらぶ』、フランク・マコートの『アンジェラの灰』、ウラジーミル・ナボコフの『ナボコフ自伝――記憶よ、語れ』、V・S・プリチェットの『玄関に来たタクシー』、ユードラ・ウェルティの『ハーヴァード講演――一作家の生いたち』、レナード・ウルフの『成長』。

こうした作品は焦点を絞ることから力を得ている。人生全体を俯瞰する自伝とは違い、回想録は人生を語るふりをして、その大半を無視する。回想録の作者は私たちを、彼または彼女の過去の秘密の場所――特に多感だった時代（たとえば子供の頃）や、戦争など社会の大変動が背景になった時代へと連れて行く。ベイカーの『グローイング・アップ』は箱のなかの箱と言える構成で、大恐慌でひどい目を見た家族のなかで成長していく少年の物語だ。この作品は歴史的な情況から力をもらっている。ナボコフの自伝『記憶よ、語れ』は私の知る最もエレガントな回想録で、帝政ロシアのサンクトペテルブルクの、のちにロシア革命で息の根を止められることになる家庭教師と夏の別荘の世界で送った黄金の少年時代をよみがえらせる。書く行為によって、唯一無二の時代と場所が冷凍保存されたひとつの例である。プリチェットの『玄関に来たタクシー』の背景は、ほとんどディケンズの作品から抜き出したような子供時代だ。十九世紀のものとしか思えないロンドンの皮革業界の厳しい徒弟奉公を描きながら、プリチェットはそこでいささかの自己憐憫も見せず、お祭り騒ぎの雰囲気さえ漂わせる。読んでみると、その少年時代は生まれ落ちた特定の時代、国、階級と分かち難く結ばれているのがわかる。そして、成長して素晴らしい作家になるための基本的な構成要素になったことが。

だから、このジャンルの作品を書くときは焦点を絞ろう。回想録は人生の要約ではない。人生を覗く窓であり、凝った構図の写真によく似ている。一見すると、過去の出来事を何気なく、場合によってはでたらめに思い起こしているように見えるかもしれない。だが、そうではない。念入りに組み立てられたものなのだ。ソローは八年かけて、『ウォールデン』の原稿を八パターン書いている。米国で書かれた回想録のなかには、これほど手間をかけて断片をつなぎ合わせたものはほかにない。良い回想録を書くには自分の人生の編集者となり、半分忘れかけた出来事のとりとめもない配列に、叙述に耐える形態と秩序だった意味を与えなければならない。回想録は真実を創造するアートの一部門なのだ。

このアートの秘訣のひとつは、細部である。音であれ、においであれ、歌の題名であれ、あらゆる種類の細部が、自分の選んだ人生のある部分に明確な形を与える役割を果たすかぎり、十分な働きをしてくれる。音を例にとろう。次に挙げるのは、外見は薄い本だが、なかには記憶がびっしりと詰まったユードラ・ウェルティの『ハーヴァード講演――一作家の生いたち』の冒頭である。

私が一九〇九年に三人きょうだいの長子として生まれたミシシッピ州ジャクソンのノース・コングレス・ストリートのわが家で、私たちは時刻を知らせる時計の音で育った。廊下にはオークで作られたミッション様式のグランドファーザー・クロックが置いてあり、銅鑼に似た鐘の音が居間や食堂、キッチン、食料貯蔵室へと鳴り響き、階段の防音板まで震わせた。夜通し、その音は私たちの耳に侵入してきた。ときには、暖かい季節に寝室代わりにしたポーチで寝ていても、真夜中に目を覚ますことがあった。両親の寝室には、それに呼応するように鳴るもっと小さな置き時計が置かれていた。キッチンの時計は文字盤だけで音は鳴らなかったが、食堂の時計はカッコー時計で、長い鎖で重りがぶら下がっていた。一度、弟のひとりが椅子から陶磁器用戸棚のうえに上り、一瞬だけだが猫を鎖の先に吊り下げるのに成功したことがある。こうしたことに、初代ウェルティ三兄弟が米国に移住する前の一七〇〇年代はスイスで暮らしていた、オハイオ州の父方の家系が関係していたのかどうかはわからないが、とにかく私たちは生涯、時間を強く意識するようになった。これが少なくとも未来の作家には有利に働いて、学んだことを深く記憶できるようになり、とりわけ過去の出来事の年代順には強くなった。それはほとんど無意識のうちに身につけたたくさんのことのひとつであり、必要なときに助けになってくれた。

私の父は、何かを教えてくれたり、好奇心を誘ったりする道具を愛していた。父はそうしたものを「図書室机」と読んでいる机の引き出しにしまっていて、開けると折り畳んだ地図のうえに真鍮製の伸長部分の付いた望遠鏡が置いてあった。それを使って、夕食後に前庭で月や北斗七星を見つけたり、日食や月食を見逃さないように使ったりした。ほかに折り畳み式のコダックもあって、クリスマスか誕生日か旅行のときに使われた。引き出しの奥には、拡大鏡、万華鏡、黒いバックラムの箱に入ったジャイロスコープがあり、父はジャイロスコープに糸をピンと張ってダンスを踊らせ、私たちに見せてくれた。父は自分用に、金属のリングやつながった環、絡み合ったキー・チェーンなど、いわゆる知恵の輪のセットを買ってきた。ほかの家族は誰も解けなかったが、父は根気強く外してみせた。子供っぽいと言えるくらい創意工夫の好きな人だった。

何度か食堂の壁に晴雨計が掛けられたこともあったが、そんなものは必要なかった。父は天気と空について、田舎の少年ならではの正確な知識を身につけていた。朝起きると、まず外に出て玄関の石段に立ち、空を見上げて鼻をふんふんと鳴らしたものだ。父はかなり優秀な気象予報士だった。

「まあ、私は違うけどね……」と言って、母親は自己満足にひたっていた。

だから、私も強力な気象感覚を持つようになった。のちに小説を書き始めたとき、最初からよく気圧の影響を受けた。荒れ模様の天候と、停滞する低気圧によってかき立てられた気分が、劇的な形でつながることもあった。

この書き出しを読んだだけで、たちまちユードラ・ウェルティの生家の様子、彼女の父親の人柄が理解できることに注目しよう。ウェルティは、階段の上へ下へ、さらにポーチにまで響き渡る時計の音で、ミシシッピでの少女時代に私たちを招き入れたのだ。

アルフレッド・ケイジンの場合、ブルックリンのブラウンズビル地区で送った少年時代をたぐり寄せる糸は、においである。ずっと昔、初めてケイジンの『街を歩く人』を読んだときから、私はその本を感覚的記憶で覚えている。次のくだりは嗅覚を使った書き方の好例ではあるが、それ以上に場所の感覚を作り出す作家の能力によって、回想録がどれほど豊かになるかを見せてくれる。その地域の雰囲気は何から生まれたのか、作者がそこからどんな独特の遺産を受け継いだのかを明かしている。

金曜日の夜が好きなのは、通りが暗くて人通りがないからで、それはまるでユダヤ人が「花嫁のような態度で」人と接する安息と敬神の日の準備をしているように見える。その日は現金に触れるのも、仕事も旅行も家事も、電気のスイッチに触れることすらいっさい禁じられた。ユダヤ人は痛めつけられた心を通して、いまだに自分の中心にある古代へとさかのぼる道を発見してきた。私は、ほかの子供がクリスマスの灯りをいまかいまかと待つように、金曜日の夜の街路を待っていた……午前三時をまわって家に帰ると、オーブンのなかのコーヒーケーキから温かな香りが漂い、母親が四つん這いになって食堂のリノリウムの床を磨いているのを見て、わが家にあるものすべてをひとつひとつ抱きしめたいという思いが湧き、心が愛情で満たされた。
私の大切な瞬間は午前六時、父親が仕事から戻ったときに訪れる。そのつなぎ服からかすかにテレビン油とワニスのにおいが漂い、銀色のペンキのしずくがまだ顎に付いている。オーバーをキッチンに続く長くて暗い廊下に掛けると、ポケットからやわらかに折り畳んだニューヨーク・ワールド紙を引っ張り出す。すると、印刷されたばかりの新聞のにおいと第一面にある地球をかたどったロゴマークに始まり、イースト・リバーの向こうの、私の脳の活動がおよばない場所にあるすべてのものが私を手招きした。この新聞のイメージは特にブルックリン橋と強く結びついている。ワールド紙は橋を見下ろすパーク・ロウにある緑色のドーム型の建物で発行されていた。廊下を漂うペンキと湿った印刷物のにおいのなかに、ニューヨーク港の新鮮な潮風のにおいが残っているように感じた。父親はワールド紙と一緒に、外の世界をわが家へまっすぐ持ち帰っているのだと思った。

ケイジンはのちにブルックリン橋を渡って、米国文学評論界の長老となった。もっとも、彼の人生の中心にあった文学ジャンルは、長篇小説や短篇小説、詩といった従来のものとは違っていた。それは回想録、あるいは、彼呼ぶところの「個人史」だった。とりわけ、少年の頃に発見した「私的な米国の古典」——たとえばウォルト・ホイットマンの南北戦争当時の日記『ホイットマン自選日記』や『草の葉』、ソローの『ウォールデン』や特に彼の日記、それに『ヘンリー・アダムズの日記』などである。ケイジンを奮い立たせたのは、ホイットマンやソロー、ヘンリー・アダムズがあえて日誌や日記、手紙、回想録といった真情を吐露する形式を使って米国文学の風景のなかに名を残したことだった。彼自身もまた個人史を書いて、「長く育んできた関係」を米国と結んだ。ロシア系ユダヤ人の息子が同じ風景のなかに身を置くことができたのである。

あなたも、自分の個人史を書いてブルックリン橋を渡れるかもしれない。回想録は米国に新しく来た人々のことを知るために、また移民の息子や娘が自分たちの文化から持ちこんだ独特の声を聞くにはうってつけの形式と言える。次に挙げるエンリケ・ハンク・ロペスの「バチンバに帰る」は、捨ててきた過去を、あとに残してきた祖国を力強く引き寄せ、このジャンルに豊かな感情を注ぎこんだ見本のような作品である。

私はチワワ州の小さな村、バチンバから来たメキシコ系米国人《ポーチョ》で、父親はパンチョ・ビリャの軍に加わって戦ったことがある。といっても、ビリャ軍ただひとりの兵卒ではあるが。「ポーチョ」はメキシコではふつう軽蔑的な言葉だが（簡単に定義すると、アメリカ野郎のふりをするいけすかないやつのことだ）、私は特殊な意味で使っている。私に言わせれば、ポーチョは「追い立てられたメキシコ人」という意味で、私はこれまでの生涯、ずっとそういう人間だった。米国で育ち、教育も受けたが、自分が米国人だと感じたことは一度もない。それがメキシコに行くと、ときおりエンリケ・プレシリアーノ・ロペス・イ・マルティネス・デ・セプルベダ・デ・サピエンなる、びっくりするほどメキシコ人らしい名前を持つ追放されたアメリカ野郎に思えてくる。要するに、私は分裂した文化を身につけたメキシコ人か、文化的な分裂病質の米国人のどちらかということになる。

いずれにしても、分裂が始まったのはずっと昔、父親とパンチョ・ビリャ軍の多くの兵士が、のちにビリャを倒すことになる政府軍《フェデラレス》に追われて国境を越えたときだった。私と母親は軽四輪馬車で砂漠を横断し、テキサス州エルパソで、数日前に慌てて家を出て行った父親と合流した。連日、エルパソに逃げこむビリャ軍の兵士が増えているのを見て、職に就くのは望み薄だし、危険も増していると考えた両親はわずかな荷物をまとめて、最初に乗れたバスでデンヴァーへ向かった。父親はメキシコ風の都市名であるシカゴに行くのを希望していたが、母親の乏しい貯えではコロラド州まで行く切符を買うのがせいぜいだった。

私たち一家はデンヴァーで、スペイン系米国人を自称するのを好み、突然メキシコから押し寄せてきた同朋を嫌っているスペイン語を話す住民のゲットーに住むことになった。住民は新しい移民を「スルマート」（南部人の意味のスラング）と呼んでいた……。私たちスルマートは肩を寄せ合うようにゲットーのなかの小さな地区で暮らし始めた。そこで痛切に思い知らされたのは、父親がパンチョ・ビリャ軍ただひとりの兵卒であることだった。友人のほとんどは大尉か大佐か少佐の息子で、将軍の息子までいた。もっとも、ただの軍曹か伍長の息子であると認めた友人もごくわずかいるにはいたが……私の無念さは、わが家の周辺ではパンチョ・ビリャの偉業が絶えず話題にのぼっていたことで強められた。私の子供時代はすっぽりパンチョ・ビリャの影に覆われていたように思える。夕食の席では、ほとんど毎晩、戦いの話や戦略のこと、「北のケンタウロス《エル・センタウロ・デル・ノルテ》」のロビン・フッド的思いやり深い行いのことを際限なく聞かされた。

ビリャ主義《ビリスモ》者の意識を深めるためだろう、両親はメキシコ革命のふたつの有名な歌、「アデリータ」と「彼らは大砲をバチンバへ運んだ《セ・ジュバロン・エル・カノン・パラ・バチンバ》」を私たちに教えてくれた。それから二十年たってハーヴァード・ロースクールに勤めていた頃、チャールズ川沿いを散策していると、自分が無意識に「彼らは大砲をバチンバに運んだ。バチンバへ。バチンバへ」と何度も繰り返し口ずさんでいるのに気づいた。この感動的な反逆の歌の歌詞はそれだけしか思い出せなかった。そこで生まれたにもかかわらず、私は「バチンバ」を、ルイス・キャロルがでっち上げたような想像上の架空の場所と思っていた。八年前に初めてメキシコに帰ったとき、チワワ州南部の交差点で、「バチンバまで十八キロ」と書かれた標識を見て、文字どおり飛び上がらんばかりに驚いた。じゃあ、本当にあるんだ、と私は心でつぶやいた。バチンバは実在の街なんだ！　狭くて舗装の悪い道路をがたがたと揺れながら、私はアクセルをふかし、街へ向かった。子供の頃から歌にうたっていたその街へ。

カリフォルニア州ストックトンの中国人一家の娘マキシーン・ホン・キングストンの場合、異郷で学校生活に入った子供の体験の核心にあるのは、はにかみと戸惑いである。以下は、彼女の著作、『チャイナタウンの女武者』に収録され、「声を探す」〔邦訳では「胡笳のうた」〕という適切なタイトルが付けられた作品の抜粋である。ここではキングストンが、心に痛手を負った米国での幼少期の体験と感情を見事に呼び起こしている点に注目してほしい。

幼稚園に行くと英語を話さなければならなくなり、私は口を閉ざした。その沈黙のせいで——恥ずかしさのせいで、何気ない挨拶や、スーパーのレジで簡単なことを頼んだり、バスの運転手に行き先を尋ねたりするときも、いまだに声が割れてしまう。最初の一年は誰とも話さず、トイレに行くときも許しを得なかったので、そのうち幼稚園を退園させられた。妹も三年間沈黙を守り通し、遊び場でも食事のときもいっさい口をきかなかった。私の家族以外にも無口な中国人少女はいたが、だいたいが私たちより早くその壁を乗り越えた。私は沈黙を楽しんでいた。最初は、しゃべらなくてはいけないことも、幼稚園で及第点を取らなければならないことも知らなかった。家では話をするし、クラスの友だち二、三人とおしゃべりをした。身ぶりもしたし、人を笑わせることだってあった。私がおもちゃのソーサーにこぼれた水を飲むと、みんなが私を指さして大笑いしたので、もう一度やってみせた。米国人がソーサーから水を飲まないのを知らなかったのだ……

話をしなければならないことがわかったとき、学校は苦痛の種になり、沈黙もまた苦しみをもたらすものになった。私はしゃべらず、そのたびにしゃべらなかったのを悔やんだ。一年生のときに音読をしたのだが、喉から出てきたのは少しきしんだようなかすかなささやき声だった。「もっと大きな声で」と先生は言ったが、その言葉がさらに私の声を追い払ってしまった。ほかの中国人少女たちもおたがいに話をしなかったから、中国人の少女であることと沈黙は関係があるのがわかった。

子供の頃のささやき声がいまは知恵とユーモアを含んだ大人の声になっており、そうした声が私たちの身近にあるのは喜ばしい。中国系米国人の女性でなければ、米国の幼稚園に押しこまれ、米国の少女になるのを期待された中国系の女性であることがどんなものなのかを私たちに教えられない。回想録は、米国の日常生活の痛ましい現実になる可能性のある文化のギャップを理解するための一手段でもある。

次に、「私のインディアンの娘へ」というエッセイで、ルイス・P・ジョンソンのアイデンティティーの追求を見てみよう。ミシガン州出身のジョンソンは、ポタワトミ＝オタワ族の酋長《しゅうちょう》として公認された最後の人物のひ孫にあたる。

三十五歳ぐらいのときだったか、ある日、私はインディアンの集会《パウワウ》のことを耳にした。父が昔、それに参加していたので大いに好奇心をかき立てられ、自分の受け継いだ遺産の一部を発見して不思議な喜びを感じた。この大イベントに備えて、鍛冶場を持っている友人に槍を作ってもらおうと決意した。穂先の鋼鉄はよく鍛えられた青色で、光の加減で虹のように色が変化した。柄に付けた羽は鮮やかな色合いで、堂々としていた。

インディアナ州南部の埃っぽい州の催事会場には、インディアンの衣装をつけた白人たちがいた。どうやら彼らはいわゆる「趣味人」で、週末にインディアンの仮装をするのが趣味であり、ひまつぶしであるようだった。私は自分の槍が馬鹿げたものに思えて、会場を去った。

それから何年も、あのときのばつの悪さを誰にも打ち明けなかったし、ユーモアも感じなかった。それでも、ある意味であの週末は、粛々とだが私の目を覚まさせた。私は自分が誰なのかを知らないことに気づいた。インディアンの名前は持っていなかった。インディアンの言葉も話せなかった。インディアンの習慣も知らなかった。ぼんやり覚えているのは、オタワ族が犬を「カーギー」と呼んでいたことぐらいだ。もっともそれは「ムーカーギー」の幼児語であるのをのちに知った。（私自身の）命名の儀式の記憶はもっとぼんやりしていた。まわりを、埃を立てながら脚が踊っていた。あれはどこで行われたのだろう？　私は誰なのだろう？　「スワウカット」――母に尋ねたときにそう教えてくれた。木が生え始める場所の意味だという。

それは一九六八年のことで、自分が誰なのかを知りたいと思っていたこの国のインディアンは私ひとりではなかった。ほかにもいたのだ。彼らは本物のパウワウを開いており、遅ればせながら私もそのことを知った。みんなで協力して過去を調べ、私にとってはその帰結点が、一九七八年にサンフランシスコからワシントンまで五カ月かけて徒歩で大陸横断した抗議活動、「最も長い徒歩」だった。おそらく、いまはインディアンであることの意味を知ったからだろう、ほかの人々がまったくそれを知らないのには驚かされる。むろん、われわれの数はさほど多くない。普通の人間が、普通の暮らしをしている普通のインディアンと知り合うチャンスは、ごくわずかしかないのだ。

言うまでもなく、回想録に絶対欠かせない要素は人間である。音やにおい、歌、寝室代わりのポーチがある程度まで導いてくれるが、最後は自分の人生を横切っていった忘れ難い人々を呼び出さなければならない。何がその人物を忘れ難くしているのか？　人柄か？　おかしな習慣か？　回想録という巨大な鳥かごのなかの典型的なつむじ曲《オッド・バード》がりと呼べそうなのが、ジョン・モーティマーのやさしさと滑稽さを見事に共存させた回想録、『漂流物にしがみついて』に呼び出された作者の父親――盲目の法廷弁護士である。モーティマー自身も弁護士だが、同時に多作の小説家・劇作家でもあり、『ランポール弁護に立つ』が一番よく知られている。彼の父親は盲目になっても、「何事もなかったかのように法律業務を続けると言い張り」、その結果、母親が夫の作った弁論趣意書を代わりに読み上げ、裁判の記録をとることになった。

彼女は王立裁判所では知られた顔になり、「廷吏」とか「首席判事」と呼ばれていた。母が我慢強く笑みを浮かべながら父を法廷から法廷へと連れ歩くあいだ、父はまだら模様のマラッカ・ステッキで石敷の床をこつこつと突いたり、母や事務弁護士のどちらかを怒鳴りつけたり、場合によってはふたりまとめて罵倒したりした。戦争が始まってまもなく郊外に終の棲家を定めると、母は十四マイル離れたヘンリー駅に父を車で送り、列車に乗せてやっていた。ウィンストン・チャーチルそっくりに、黒の上着に縞のズボンをはき、ウィングカラーにボウタイを締め、ブーツにスパッツというでたちの父は、隅の席に落ち着くと母親にその日の仕事となる離婚事件の証言記録を大きな声ではっきり読み上げるように命じた。列車がメイデンヘッドに止まる頃には、しんと静まり返る一等車両のなかで、母は不義密通の現場を事細かに観察した私立探偵の報告書を読み上げていた。

染みの付いたシーツとか、散乱した男と女の服とか、自動車のなかの不埒な行為といった場面で母が声を落とすと、父が「声が小さいぞ、キャス！」と怒鳴ったので、同乗客にはさらにもう一話、新たな物語が提供されることになった。

とはいえ、回想録のなかで最も興味深い登場人物と言えば、あとでその作品の作者だとわかる人物だ（と希望する）。彼、ないし彼女は山あり谷ありの人生から何を学んだのだろうか？　ヴァージニア・ウルフは自分の思考や感情を明確に語るために、回想録や日誌、日記、手紙といった私的側面の強い形式を貪欲に利用した（私たちなら、義務感から書き始めた手紙など、受取人に本当に伝えたいことが三つ目の段落になってようやく出てくることも少なくない）。ヴァージニア・ウルフが一生を通じて心の秘密を吐露した作品を読めば、似たような天使と悪魔と苦闘している女性には大いに助けになるはずだ。ケネディ・フレイザーは自身の回想録を、ウルフの虐げられた少女時代を扱った本の書評によってこの作家の負い目を知ったことから書き出し、その誠実さと傷つきやすさで私たちの関心を引きつけた。

自分の人生がひどくつらいものに思えたとき、ほかの女性作家の人生について書かれた本を読むのが数少ない救いのひとつになる場合がある。私は不幸で、そのことを恥じていた。自分の人生のせいで途方に暮れていた。三十代前半の数年間は安楽椅子に腰を下ろして、人の人生に関する本をよく読んでいた。ときには読み終わると、座り直し、最初に戻ってもう一度読み通すこともあった。その信じられないほどの集中ぶりをよく覚えている。同時に、なぜかこそこそと人目を忍んでいたことも。まるで誰かが窓から覗いて、私を見つけるのを恐れているかのように。いまでも、そうした女性たちの小説か詩だけを読んでいたふりをすべきだと思うことがある。彼女らが人に見せる部分を選び出し、錬金術のように芸術に変えた人生を読んでいる、と。だが、それは嘘だ。私が本当に好きなのは、個人的なメッセージ——日記や手紙、真実を語っていると思える自伝や伝記なのだ。その頃の私はとても孤独だったし、自分のことで頭がいっぱいで、外界を遮断していた。そんなつぶやきのようなコーラスが、現実にあった話の連続が、私をこんな状態から引っ張り出してくれるものが必要だった。多くが故人ではあるが、そうした文学的な女性たちは、母親か姉妹のような存在だった。本当の家族以上に、私に手を差し延べてくれるように思えた。多くの人と同様、私は若い頃に自分という人間を捏造するためにニューヨークへ出てきた。そして、これもまた多くの現代人が、特に現代女性がそうであるように、自分の作った物語から弾き出された……。［作家の］成功はむろん希望を与えてくれるが、それでも一番好きなのは絶望的な状況だ。私は手がかりを集めながら、方向を探しているからだ。とりわけありがたいのは、こうした女性たちの秘密や恥ずかしい部分と苦痛——堕胎、不釣り合いな結婚、飲んでいる薬、酒量——を教えてもらうことである。それに、レズビアンとして生きたり、ゲイの男性や妻子ある男性と恋をしたりしたきっかけを教えてもらうことが。

(Ornament and Silence)

あなたが個人史を書くときに差し出さなければならないのは、あなた自身という贈り物だ。どうか自分に、自分自身を書く許可を与えてほしい。そして、それをすることで楽しい時間を過ごす許可を。

# 15 科学とテクノロジー

文化系の大学で創作講座を引き受け、科学の側面から何か書いてみろと学生に指示すると、教室はたちまち苦しげなうめき声で満たされる。「よしてください！　科学なんて！」と、うめき声は言う。学生が共通して抱えている苦痛の種、それが科学への恐れだ。きっともっと若い頃に、化学か物理の教師にこう言われたのだろう。「きみの頭は科学向きじゃないね」と。

成人の化学者や物理学者、技術者に向かって、レポートを書くように指示すると、これまた似たようなパニックが引き起こされる。「よしてください！　僕らに何か書けなんて！」と、彼らは言う。彼らもまた、同じ苦痛の種を抱えている。書くことへの恐れだ。きっともっと若い頃に英語の教師に、きみたちは「言葉の才能に恵まれていないね」とか言われたのだろう。

どちらも肩に背負って生きていく必要などない恐れであり、ここであなたがどっちのタイプであれ、それを軽減する助言をしたいと思う。この章はごくシンプルな原則に基づいている。創作は、国語教師の公認する特殊な言語ではないという原則だ。創作は紙のうえで考えることである。それが何であれ、明晰な頭を持った人は誰でも明晰な文章を書ける。神秘性を取り除けば、科学はノンフィクションの一ジャンルにすぎない。同じく神秘性を取り除けば、書くことは科学者が自分の知識を伝達するもうひとつの手段にすぎないのだ。

ふたつの恐れのうち、私が抱えていたのは科学への恐れのほうだった。私はかつて、三世代にわたって伝説的存在だった女性教師の受け持つ化学の授業で落第したことがある。その教師は、誰に対しても化学を教えられることで伝説になっていたのに。いまの私も、ジェームズ・サーバーの自伝『私の人生と苦難の時代』に出てくるサーバーの祖母とどっこいどっこいだ。彼女は壁のコンセントから「目に見えない電気が家じゅうにぽたぽたと垂れ落ちている」と考えていた。もっとも私は作家だから、科学と技術の題材が門外漢にも手に入ることを知っていた。あとは文をひとつずつつなげていけばいいだけだ。もっとも、この「つなげて」が問題だ。このジャンルほど、直線的につなげていくのが難しいものはほかにない。想像力豊かな飛躍や暗黙の真実の入りこむ余地がないのだ。ここでは事実と推論が支配者一族なのである。

私が学生に与えた科学の課題はごくシンプルなものだった。何かがどう働くかを描写せよという課題だ。文体その他は、洗練されていなくてよい。ただ私に語って聞かせてほしかった。ミシンがどんなふうに縫い物をするか、ポンプはどんなふうに動くか、リンゴはなぜ地面に落ちるのか、目はどうやって脳に見たものを伝達するのかを。どんなプロセスでもいいし、この場合の「科学」は定義をゆるくして、技術や医療、自然も含めることにする。

ジャーナリズムは、「読者は何も知らない」を教義にしている。決して大げさに言うわけではないが、技術系の作家はその意味するところを忘れてはならない。みんなが知っていることを読者が知っていると、また前に説明されたことを覚えていると仮定してはならない。もう何百回も実演を見ているのに、私はいまだに旅客機の客室乗務員が見せてくれる例の救命胴衣というやつを本当に使えるかどうか自信がない。それは、ごく「シンプルに」両腕を紐のあいだに通し、ふたつのつまみを「シンプルに」勢いよく下に（横だったかな？）引っ張り、「シンプルに」息を吹きこめばいい――ただし、あわてないで。そのなかで私に自信があるのは、あわてて息を吹きこむ部分だけだ。

プロセスを描写することには、ふたつの重要な理由がある。書くためにはまず、それがどう働くのかをきちんと把握しなくてはならない。次に、そのプロセスの理解を導いた発想と推論を同じ順番で読者にたどらせる必要がある。やってみると、それまで秩序だった思考が苦手だった多くの学生の突破口になるのがわかった。そうした学生のひとりに、頭脳明晰だが、学期のなかばまでは曖昧な一般論ばかり書き殴っていたイェール大学の二年生がいた。そんな彼がやる気満々で教室に現れ、消火器の働きに関する論文を読み上げてもいいかと訊いてきた。私はまた混沌のなかに巻きこまれるものと覚悟した。ところが、彼の論文は簡潔かつ論理的に進行し、三つの別種の火災を三つの別種の消火器がどう攻撃するかを明解に説明していた。彼が一夜にして、物事を順序正しく書ける作家に変身したことに、私は高揚感を覚えた。彼も同じ思いだった。三年生が終わるまでに、彼は私のどの本より売れたハウツー本を書いていた。

ほかにも大勢の学生が同じ治療法を試し、それ以来、理路整然とした文章を書くようになった。とにかく試してみよう。科学と技術に関する創作の原則は、あらゆるノンフィクションの創作の原則と少しも変わりはない。それは、何も知らない読者を一歩一歩、自分には向いていないとか、頭が悪いからわからないと思いこんでいたテーマの理解へと導いていく原則だ。

科学関連の創作を、さかさにしたピラミッドと想像してみよう。底にあるのは、何も知らない読者がまず知らなければならないひとつめの事実だ。ふたつ目の文は最初に述べられたことを広げたもので、ピラミッドの幅が少し大きくなる。三つ目はふたつ目よりさらに広がることで、単なる事実を超え、この新発見はこれまでの定説をどう変えてしまうのか、どんな研究手法を可能にしたのか、その研究は何に応用できるのか、といった意義や推論へと少しずつ進んでいけるようになる。ピラミッドの幅には限界がないが、読者は最初のごく限られた事実からしか広範囲にわたる関連性を理解できない。

良い例は、ニューヨーク・タイムズ紙の第一面に載ったハロルド・M・シュメックの以下の記事である。

ワシントン発――カリフォルニアには三目並べのできるチンパンジーがいる。訓練に当たった研究者たちはこの学習能力の証明に小躍りしたが、彼らがもっと感動したのは別のことだった。チンパンジーの脳が、指し手が正しいか正しくないかを判断できるのがわかったのだ。これはチンパンジーの関心の度合いによって左右される。訓練を受けた動物は、集中力が適度な状態にあるときには正しい指し手を選んだ。

確かに、なかなか興味深い事実だ。だが、タイムズの第一面にふさわしい話題だろうか？　その理由をふたつ目の段落が教えてくれる。

ここで重要なのは、科学者がその状態を判定できた点である。コンピューターを使って脳波を精密に分析することで、いわゆる「精神状態」を識別する方法を学びつつある。

けれども、そんなことは以前からできたのではないか？

これは、単に覚醒、眠気、睡眠の度合いを計量するよりはるかに野心的な試みだ。脳がどう働くかを理解するための新たな一歩となる。

新たな一歩とは？

チンパンジーとロサンジェルスのカリフォルニア大学研究チームは三目並べを卒業して次の段階に移っているが、脳波の計測は継続中だ。すでに、宇宙飛行中の脳の働きに関して驚くべき識見を得ている。このことは、地球上の社会問題や国内問題、さらには人間の学習能力改善への応用が有望であるのを示している。

素晴らしい。この研究の広い範囲の応用についてもっと知りたくなる。宇宙？　人間の問題？　認知プロセス？　それともこれはほかとは関連のない研究なのか？　まさか、そんなわけがない。

これは米国ばかりでなく世界中の研究所で進んでいる現代脳研究の大ブームの一端である。人間はもとより、猿、ネズミ、金魚、扁形動物、ウズラまで、ありとあらゆる種類が対象になっている。

ここまで来て、私にも全体の文脈が読めてきた。だが、その目的は何なのだろう？

最終的な目標は、人間の脳を理解することである。宇宙の最も遠くまでを、また原子の究極の核を想像できるわずか三ポンドの組織のかたまりではあるが、その働きはいまだに解明されていない。さまざまな研究は、それぞれに巨大なパズルの一部をかじりとっているにすぎない。

ここに至って、私たちにもカリフォルニア大学のチンパンジーが国際科学の領域のどこに当てはまるかがわかる。それを知れば、チンパンジーの独自の貢献についてもっと詳しく学ぶ心の準備ができる。

チンパンジーに三目並べを教える過程では、訓練された目で見ても、チンパンジーの脳から出る電波を記録した紙の波線には特にふだんと変わったところは見つからなかった。ところがコンピューターによる分析の結果、この波線からチンパンジーが正しい指し手を選んで、間違いを未然に防いでいるのが判明した。

重要な役割を果たしたのは、ジョン・ハンリー博士が中心になって開発したコンピューター分析システムである。正しい答えを常に事前に導き出す精神状態は、訓練された集中力と呼んでいいものなのかもしれない。脳波の記録の途方もない複雑さを分析するコンピューターの力がなければ、そうした精神状態の「署名」を見つけることはできなかっただろう。　(Brain Signals in Test Foretell Action)

記事はそのあと四段にわたって、この研究を応用できそうな例——国内の緊張関係の原因評価やラッシュアワー時のドライバーのストレス軽減——を紹介し、最後に医学や心理学といった引き出しの多い分野で可能なことにまで言及している。始まりは、三目並べをするチンパンジーだったのに。

現在行われている科学研究を読者が見分ける手伝いをすれば、科学関連の著述から多くの謎を取り除ける。しつこいようだが、この場合も人間的要素を探すことが肝心だ。それがチンパンジーであっても我慢しなければならない。少なくとも敵は、ダーウィンの梯子の上から二番目にいる生物なのだから。

人間的要素のひとつは、あなた自身である。自分の経験を利用して、読者の暮らしにも影響をおよぼす何らかのメカニズムを紹介してやろう。記憶に関する次の文章では、著者のウィル・ブラッドベリーが個人的な体験を糸口に、複雑なテーマを理解しようとしている点に注目してほしい。

いまになっても、目を直撃する直前の黒い砂の雲が見え、痛みがやわらぐから泣けと促す父親の声が聞こえ、胸に湧き上がる怒りと屈辱感を感じとれる。おもちゃの救急車を奪い合った遊び友だちが私の顔にひと握りの砂を投げつけたのは、三十年以上前のことだ。それでも砂と救急車の様子や父親の声、どきどきと脈打つ傷ついた感情が全部鮮明に頭に残っている。覚えているかぎりでは、それが私の最初の記憶で、のちに「自分」であるのを知ることになる存在というモザイクにはめこまれた最初の視覚的、言語的、感情的ガラス片だった。これこそ間違いなく、脳の最も重要な機能――記憶のなせるわざである。

情報を貯めたり引き出したりするこの奇跡的な機能がなければ、目を覚まし、感じたことを表現し、複雑な動きを司る脳の基本システムは、瞬間的な感覚入力による行き当たりばったりの行為しかできなくなる。それればかりか、人は自分がもともと持っている感覚さえわからなくなるだろう。なぜなら、その感覚を検証する場所――そこから学び、楽しみ、必要なときは隠れ家にもなる記憶のギャラリーを持たないからだ。それでも何千年にもわたって理論化し、自分自身の行動上の奇癖を解釈したり誤解したりしてきたすえに、人類はいまようやく、過去の断片を貯めたり引き出したりすることを許す謎の作用を理解する端緒についたところである。

以前から問題になっていたのは、記憶とはどんなもので、何が記憶を持っているのか、という点だった。たとえば亜麻仁油は記憶に類したものを持っている。光に当たると、それがどんなに短い時間でも、濃度が変化し、次に光に当たる機会を早める。光との最初の遭遇を「記憶している」のだ。電子回路と流体回路もさらに洗練されたかたちで記憶を持っている。コンピューターに組みこまれると、膨大な量の情報を貯めたり引き出したりする。それに人間の肉体も少なくとも四種類の

記憶を持っており……（The Mystery of Memory）

良い書き出しだ。誰でも、信じられないほど昔から呼び戻せる鮮明なイメージの集まりを持っている。読者は、この貯蔵と回収の離れ業がどのように行われるのか知りたくてたまらなくなる。亜麻仁油の例は、あくまで「記憶」とは何なのだろうと私たちに考えさせるきっかけになる香辛料で、著者はすぐに話の基本軸を人間に戻す。なぜなら、コンピューターの回路を作るのも、四種類の記憶を持っているのも人間なのだから。

人間を絡ませるもうひとつの手法は、ある人物を中心に据えて科学のストーリーをそこに織りこむやり方だ。バートン・ルーチェが長年ニューヨーカー誌に書き続けていた「医療の年代記」なる連載記事も、その手法で人気があった。推理小説の形式をとり、ほぼ毎回、不可解な病気にかかったごく普通の人などの犠牲者が登場し、探偵は真犯人を見つけることに執着する。記事のひとつはこんなふうに始まっている。

一九四四年九月二十五日月曜日の朝八時、ハドソン・ターミナルにほど近いデイ・ストリートの歩道で、みすぼらしい身なりで行くあてもない八十二歳の老人が倒れた。たくさんの人が老人に気づいたはずだが、老人は数分間、腹を痙攣させながら身をふたつ折りにして、吐き気の苦痛に耐えていた。やがて警官がやって来た。老人のほうに身をかがめるまで、警官は病気の酔っぱらいがつまずいて倒れたのだろうと思っていた。このあたりの地区では、浮浪者が早朝に一杯ひっかけに来る光景はめずらしくなかった。素人目にも、老人がもう長くはもたないのは明らかだった。鼻も耳も唇も手もスカイブルーに変色していた。

　正午までに、スカイブルーの肌の男十一人が近くの病院に収容された。だが、心配無用。現場に赴いた疫学者のオッタヴィオ・ペリッテリが予防可能疾病局のモリス・グリーンバーグ博士に電話した。ふたりはたっぷり時間をかけて、医学史に公然と刃向かうように思える証拠の断片をつなぎ合わせ、この事件の真相を突きとめた。真犯人は、一般的な毒物学の教科書には出てこないきわめてまれな中毒と特定された。ルーチェの手法の秘訣は、ストーリーテリングの技巧と同じくらい昔から存在するものだ。読者はたちまち追跡と謎の世界に引きこまれる。とはいえ、彼は毒物に関する医学の歴史から説き起こしたりはしないし、毒物学の一般的な話題も語らない。彼が私たちに与えるのは、人間である。それもただの人間ではなく、スカイブルーの人間なのだ。

　未知の事実を読者に理解させるもうひとつの方法は、彼らが見慣れている光景と結びつけてあげることだ。抽象的な原理を、目に浮かぶイメージに転換すればいい。一九六七年のモントリオール万博の一環として建てられた画期的な集合住宅〈アビタ67〉を設計した建築家モシェ・サフディはその著書『集住体のシステム』のなかで、人間は自然が行っている仕事を参考にすれば、いま以上のものを建てられると述べている。なぜなら、自然が形態を作り出し、形態は進化の副産物だからだ。

　植物や動物の生命現象、岩や結晶の構造を学べば、それらが特定の形態を持つ理由を理解できる。オウムガイは、殻が成長するときに頭が開口部に引っかからない形で伸びるように進化した。これはグノモンの成長として知られ、結果として螺旋状の形をとることになる。数学的に言えば、これ以外に成長の方法はない。

　同じことが、特殊な素材を強化するときにも言える。ハゲワシの翼の骨の構造を見てほしい。一種の立体構造《スペース・フレーム》で、きわめて複雑な三次元の幾何学模様が進化し、もともと大変細い骨が先端ではさらに細くなっている。ハゲワシにとっての死活問題は翼の力を増すことで（飛翔時の翼には途方もない曲げモーメントがかかる）、それも動きを制限する体重を増やさずに力を得なければならない。進化によって、ハゲワシは考えられるなかで最高の構造を持つようになった。骨の立体構造である。

「生命のそれぞれの側面で、形態の反応が見られる」とサフディは書いて、温帯気候のなかで日差しを最大限に浴びるために、カエデやニレが幅広の葉を持ち、オリーブの葉は湿気を保って、できるだけ熱を吸収しないように丸まり（ロール現象）、サボテンは光に向かってまっすぐ伸びることなどを挙げている。カエデの葉やサボテンの茎などは、私たちでも思い浮かべることができる。サフディは難解な原理をひとつひとつ、単純な形に絵解きしてみせる。

経済性と生存が自然界の二大キーワードである。前後関係を無視して考えれば、キリンの首は不経済な長さに思えるが、おもな食糧が高いところにあるという事実を踏まえれば経済的である。私たちが自然美として受け入れ、愛でているものも、決して無作為に生まれたわけではない。

次に、ダイアン・アッカーマンのコウモリに関する記事を見てみよう。コウモリについて一般の人が知っているのは、せいぜい三つである――哺乳類であること、みんなに嫌われていること、何かレーダーのようなものを使って、夜でも物にぶつからないで飛べること。どうやらコウモリについて書く人はみんな、すぐにその反響定位《エコー・ロケーション》がどう働くのかを説明したくなるらしい。以下の文章で、アッカーマンは正確に細かく、そして私たちの知っていることにつなげて平易に説明しているので、話の流れに楽しく乗っていける。

コウモリが高周波音を使って餌に呼びかけたり口笛を吹いたりする場面を思い描ければ、反響定位を理解するのはさほど難しくない。大半の人間にはその音は聞きとれない。まだ若くて聴力が良くてもせいぜい一秒間に二万回の振動数の音しか聞こえないのに、コウモリは二十万回にも達する音を出せる。それは安定した連続音ではなく、間隔を空けて一秒間に二十回から三十回発声される。コウモリは戻ってくる音に耳をすまし、反響の間隔をもとに、餌の動きの速さと方向をぴたりと当てることができる。音が速くなったり大きくなったりするのは、追跡している虫に近づいたことを意味する。なかには砂のうえを歩くカブトムシの位置を特定するほど感受性の鋭いものもいるし、葉に留まった蛾の羽のそよぎを探知するものもいる。

これこそ、私の考える鋭い感受性である。とても、あとふたつほど素晴らしい例を出してほしいなどとは作者に頼めない。それでも、ただ感謝するだけには留まらない、賞賛に値するものがまだあるはずだ。上記のふたつを選ぶために、作者はどれぐらいコウモリの感受性の例を集めたのだろうか、と考えることがある。数十だろうか？　数百だろうか？　常に最初は多すぎるほどの素材を集める必要がある。そのあと、読者に適当な数だけを提供すればいい。

相手との距離が狭まると、コウモリはさらに速く発声して餌の位置を特定する。レンガ壁や光に跳ね返った規則的で均質な反響と、風に揺れる花に跳ね返った流動的な反響には質的な違いがある。世界に向かって叫び、その反響に耳を傾けることで、コウモリは前方にある風景とそのなかの物体のイメージを組み立てられる。そこには物体の外観、密度、動き、距離、サイズ、それにおそらくはその他の特徴も含まれる。ほとんどのコウモリは大声を出している。ただ、私たちには聞こえないだけだ。コウモリでいっぱいの沈黙の世界にいるのを想像してみると、かなり不気味だ。彼らは一生のあいだ、ずっと叫び続けている。恋の相手に向かって、敵に向かって、夕食のおかずに向かって、大きくて騒がしい世界に向かって叫んでいる。速く叫ぶものもいれば、ゆっくり叫ぶものもいる。あるものはやかましく、あるものは穏やかに。ウサギコウモリは叫ぶ必要がない。ささやき声でも、絶対にその反響を聞き逃さないからだ。（Bats）

科学をとっつきやすくするもうひとつの手段は、科学者ではなく、ひとりの人間が書いたものにすることだ。例の、自分自身であれという命題だ。テーマが、普通なら無味乾燥な杓子定規の文体で語られる学術的な分野だとしても、新鮮な良い文章で書いていけない理由はない。ローレン・アイズリーは自然を怖がることを拒絶する博物学者だが、その著書『果てしない旅』は私たちに知識だけではなく熱意を伝えてくれる。

私はずっと以前からタコの賛美者だった。この頭足動物の歴史は古く、変幻自在に形を変えながら、なめらかに動いて生きてきた。軟体動物のなかでは一番賢く、私はいつも、彼らが地上に這い上がってこなかったのは人間にとって好都合だったと思っている。だが、彼ら以外に地上に上がってきたものもいる。

恐れなくていい。動物のなかには奇怪なものもいるが、むしろそうであることがほかの状態よりは私たちを元気づけてくれるのだ。いまだに忙しく実験を繰り返し、精力的で、終わりを知らず、デボン紀の魚が麦わら帽子をかぶった二足動物になっても満足しない自然を見て、人は自信を持つことができる。大洋という巨大な桶にはまだ、成長中で準備中のものがいるのだから。そのことを知っておいて損はない。過去とおなじくらいの未来が存在するのを知っておいても。損があるのはただひとつ、そのなかで人間の果たす役割に確信を持ってしまうことだけだ。

アイズリーの才能は、科学者であるのがどんなものなのかを感じさせてくれるところにある。彼の作品の核にあるのは博物学者の自然との恋愛関係であり、それはちょうど、ルイス・トマスの作品に見られる細胞生物学者の細胞との恋愛関係によく似ている。トマス博士はその格調ある書『細胞の生命』のなかでこう書いている。「テレビを見ていると、私たちが追い詰められ、絶対の危機にあると考えてしまうかもしれない。人間が見つけ出した微生物に周囲を取り囲まれ、感染と死を防ぐのは微生物を殺し続けることを可能にした化学技術だけという状況にある、と。幸運を願って体臭防止剤を混ぜたエアロゾールの霧を鼻に、口に、わきの下に、特別許可の必要な割れ目に、そのうえ電話の直接口に触れる部分にまで吹きかけている」。ところが最も重症の偏執病患者でさえ、「広大な微生物の世界には、常にさほど関心を持っていない。髄膜炎菌を捕まえた人間は、たとえ化学療法を受けなくても、不運にも人間を捕まえた髄膜炎菌よりはるかに命の危険が少ないのだ」

ルイス・トマスの存在は、科学者もほかの者と同様に文章を書けることの科学的な証左である。良い文章を書くために「作家」になる必要はない。世間がレイチェル・カーソンを作家と見なしているのは、彼女が『沈黙の春』を書いて環境保護運動を始めたからである。だが、カーソンは作家ではない。良い文章を書ける海洋生物学者だ。チャールズ・ダーウィンの『ビーグル号航海記』は単に自然史の古典であるだけでなく、文学の古典でもある。生気と活力あふれる文章がぐいぐいと前へ進んでいく。もしあなたが科学かテクノロジー志向の学生なら、「文学」は英文学部の専売特許だと考えてはいけない。どんな科学原理も、それぞれに豊かな文学性を有している。あなたの関心のある分野で良いものを書いている科学者の作品を読んでみてほしい。たとえば、プリーモ・レーヴィの『周期律――元素追想』、ピーター・メダワーの『プラトンの共和国』、オリヴァー・サックスの『妻を帽子とまちがえた男』、スティーヴン・ジェイ・グールドの『パンダの親指――進化論再考』、スタニスワフ・Ｍ・ウラムの『数学のスーパースターたち――ウラムの自伝的回想』、ポール・デイヴィスの『神と新しい物理学』、フリーマン・ダイソンの『武器と希望』などが挙げられる。これらを自分の創作のモデルにしよう。その直線的文体を、専門用語を避けていることを、難解な手順を読者が視覚化できるものに常に関連づけているところを真似してみよう。

次に挙げるのは、物理学の博士号を持ち、半導体と情報処理システムの専門家であるロバート・Ｗ・キーズがサイエンティフィック・アメリカ誌に掲載した「トランジスタの未来」という記事である。博士号を持つ人の九八パーセントはペトリ皿の呪縛を逃れてものを書こうとしないが、だからと言って彼らが書けないわけではない。書く気がないのだ。畏《かしこ》くも、文章などという単純な道具の使い方を学ぶ気にはとてもおなりになれないというわけだ。だが文章は、彼らの研究室にあるどんなものにもひけをとらない精密な道具である。キーズはこう書き出している。

私はこの記事を、数千万個のトランジスタを収めたコンピューターで書いている。ひとりの人間が所有する製造品目としては、あきれるほどの数だ。それでいながら、ハードディスクドライブやキーボード、モニター、キャビネットより費用がかからない。対照的に、一千万個のホッチキスの針はコンピューター一台分の価格に相当する。トランジスタがこんなに安価なのは、この四十年間に技術者たちがそのほとんどをシリコンのウェーハ一枚に刻めるようにしたからだ。所定の製造工程のおかげでコストが下がり、ユニットの生産量が世界中で増大した。

この流れはいつまで続くのだろう？　学者や産業専門家はこれまで何度も、いずれ小型化には限界が来ると予言していた。ところがそのたびに、彼らは事実を突きつけられて困惑するはめになった。シリコン上に加工できるトランジスタの生産量については、そうした限界はまだ認められていない。トランジスタが発明されて四十六年、生産量の桁数は八まで達している。

もう一度、この順を追った文体を見直してほしい。科学者がひとつの文から次の文へと、自分の語ろうとしているストーリーの筋道に合わせて理にかなった順序で読者を導いているのがわかる。彼自身が楽しんで書いているので、文章も楽しめるものになっている。

ここまで多くの作品を引用してきたが、物質界のさまざまな様相を書いている作者はひとりの例外もなく、まず人間として登場している。みんな、自分自身と自分の専門性と読者のあいだをつなぐ共通のテーマを発見した人々だ。たとえテーマが何であれ、あなたも同じ関係を築くことができる。順を正しく追う文章は、読者に案内役が必要な目新しくて難解な領域を持つどんな分野にも適用できる。生物学や化学が、政治学や経済学、倫理学、宗教と絡み合う分野がどれぐらいあるか考えてみてほしい。エイズ、妊娠中絶、ドラッグ、遺伝子組み換え、老人医学、地球温暖化、ヘルスケア、原子力エネルギー、公害、有害廃棄物、ステロイド、クローニング、代理母、その他数十はすぐに挙がるだろう。そうした分野の教育をほとんど、あるいはまったく受けていない私たちが公民として知識にもとづく選択を行うには、専門家による明晰な作品が欠かせないのだ。

最後に、この章で述べたこと全部をまとめた例をひとつ紹介しよう。私は朝刊を読んで、一九九三年度全米雑誌賞の各部門のなかでも格上の報道部門賞に、アトランティック・マンスリーやニューズウィーク、ニューヨーカー、ヴァニティ・フェアといった錚々たる有力誌を差し置いて、聞いたこともないＩＥＥＥスペクトラムという雑誌が選ばれたのを知った。調べてみると、それは三十二万の会員を抱える専門家協会、ＩＥＥＥ（電気電子学会）の機関誌だという。編集長のドナルド・クリスチャンセンによれば、以前は積分記号と頭字語で埋めつくされていて、記事の内容が技術者にも理解できないことも多かったそうだ。「ＩＥＥＥのなかには二十七の簡単に見分けのつく専門分野があって、きちんと言葉で説明できなければ、内部の者同士でも理解し合えない」

　クリスチャンセンは三十二万の技術者にわかりやすい雑誌にすると同時に、一般読者も手にとれるようにした。そのおかげで私も、グレン・ゾーペットの書いた受賞作「イラクはどうやって爆弾を逆行分析《リバース・エンジニアリング》をしたか」という記事を見つけることができた。それはいままで読んだなかでも屈指の調査報道記事で、世間に知っておくべき知識を提供する優れたノンフィクション作品だった。

　原爆完成を目前にしたイラクの秘密計画を監視し、それがどれほど危ういところまで来ているかを公表した国際原子力機関（ＩＡＥＡ）の活動を、探偵小説のような構成で描いている。そのためこの記事は科学史と政治文書の両面を併せ持ち、イラクの研究はＩＡＥＡの開示ルールに反して実行されていたので（おそらく、サダム・フセインの失権まで継続していたのだろう）、いかにもホットな内容だった。

　原爆製造の素材の多くは、米国を含むさまざまな工業国から不法に入手されていた。スペクトラム誌の記事は、バグダッドの南にあるトゥワイサ原子力センターで開発されていたＥＭＩＳ（電磁同位体分離法）という技術に焦点を絞っている。

　ＥＭＩＳ計画はＩＡＥＡだけでなく、西欧の情報機関も驚愕させた。この技術を使えば、真空室の電磁石によってウラン・イオンの流れを折り曲げることができる。真空室とその関連装置はカルトロンと呼ばれている。質量の大きいウラン二三八はウラン二三五より曲がり方が小さく、核分裂性のウラン二三五を分離するためにそのわずかな差を利用する。とはいえ、「理論上はきわめて効率的な手順でも、実際に行うとなると厄介きわまりないものになる」と、最近ＩＡＥＡ行動チームの現地活動管理官を退任したばかりのレズリー・ソーンは言う。いつも判で押したようにウラン二三八の一部がウラン二三五から離れず、イオンの流れをコントロールするのは至難の業だ。

素晴らしい。実に明解だ。だが、なぜこの手順は厄介きわまりないのだろう？　なぜイオンの流れをコントロールするのは難しいのか？　作者は誠意を見せる。前の段落で読者をどの位置に置いてきたか、彼らが何を望んでいるかを決して忘れていない。

二種類の同位体がカップ型の黒鉛容器のなかに蓄積される。だが、このふたつの蓄積は、エネルギーのわずかな違い、温度、電磁石によって荒々しく放出される。そのために、実際にやってみると、素材が真空室全体に飛び散り、作動中は二、三時間ごとに清掃を行わなければならない。

これなら誰でも「厄介きわまりない」と考えるだろう。だが、こんな手順で本当にうまく運ぶのだろうか？

数百の磁石と数千万ワットの電力が必要になる。たとえばマンハッタン計画の進行中、テネシー州オークリッジにあった電磁同位体分離施設はカナダ一国の消費量を超える電力と、米国の銀の備蓄をすべて消費した。銀は電磁石に巻く線として使う（銅は戦争のために別の需要があった）。こうしたさまざまな問題があることから、米国の科学者はほかの国では原爆に必要な大量の高濃縮ウランを製造できないだろうと踏んでいた……

イラクの電磁同位体分離計画発覚までの経緯は、優れたスパイ小説のドラマ性をふんだんに備えている。最初に見つかった手がかりは、トゥワイサのイラク軍に拘束された米軍捕虜の服からもたらされた。捕虜が解放されると、その服は情報機関の専門家の手で入念に調べられ、カルトロンのなかでしか作れない同位体濃度をもつ核物質が極微量発見されたのだ。

「突然、私たちは生きている恐竜を見つけてしまった」と、ＩＡＥＡのイラク行動チーム副部長デメトリオス・ペリコスは言った。

これほど高度なテクノロジーの話なのに、作者は人間という構成要素を忘れていない。これは「科学」の物語ではない。科学に携わる人々の物語だ。秘密の爆弾製造人の一団やハイテク警官のチームが登場する。恐竜のたとえは純金の価値がある。誰でも理解できるからだ。子供でさえ、恐竜が生きていないことは知っている。

優れた探偵仕事の例に漏れず、記事は結論に向かって、捜査の肝心な点をひとつひとつ積み上げていく。イラクは「兵器級物質の生産を自制することなく、それと並行してその物質をもとに製造が可能な兵器の開発、つまり兵器化と呼ばれる困難な作業に取り組んだ」。最初に、その作業に挑戦する者の持つ選択肢が説明される。

原子爆弾には、砲身《ガンバレル》型と爆縮《インプロージョン》型のふたつの基本タイプがある。後者は設計と製造が非常に難しいが、核分裂性物質の量が同じであれば、こちらのほうがはるかに核出力が大きい。ＩＡＥＡの捜査官たちは、イラクがガンバレル型の開発を行っている証拠を見つけられなかった。彼らが言うには、イラクはまず間違いなくインプロージョン型に資金と資源を集中し、すでにかなり新型の装置の設計を始めていたらしい。

インプロージョン型ってどんなものなのだろう？　先を読んでみよう。

インプロージョン型の装置のなかでは、核分裂性物資が従来型の爆薬が引き起こす衝撃波によって文字どおり圧縮される。続いて、最適のタイミングで中性子が放出され、超高速の核分裂連鎖反応が起きる。これが核爆発だ。つまりインプロージョン型の主要構成要素は、発火装置、爆発物の集合体、炉心ということになる。発火装置のなかには、従来型の爆薬を起爆するのに十分なエネルギーを放出できるクリトンと呼ばれる真空チューブ型の高エネルギー放電装置も含まれる。爆発物の集合体には、中性子発生システムを内包する核分裂性核種に、球体形で内側に正確な焦点で衝撃波を当てる「爆縮レンズ」も含まれている。ＩＡＥＡは、イラクがそのどちらの分野でも進歩していることを示す大量の証拠を積み上げていった。

圧縮について言えば、この段落はきちんと順を追った文章の精華とも言えるもので、インプロージョン型の装置とその三つの主要構成要素を見事に解説している。だが、ＩＡＥＡはどうやって証拠を集めたのだろう？　知りたくてたまらなくなる。

イラクがカリフォルニア州サンマルコスの企業CSIテクノロジーからクリトンを輸入しようとして、米英両国の税関による一年半の「おとり捜査」の末にロンドンのヒースロー空港でふたりのイラク人が逮捕されたことが、一九九〇年三月にニュースになった。とはいえその数年前に、イラクは米国企業から兵器に使用可能な高品質の蓄電器を入手したうえ、国産の蓄電池も開発しており……

私の弁論は以上だ。というより、弁論はスペクトラム誌にすべてまかせたい。これほど複雑な科学のテーマを、わずかな専門用語——それも簡単に説明でき（クリトン）、簡単に調べられるもの（核分裂性）——しか使わず、良い文章でこれほど明晰かつ生き生きと語れるのであれば、どんなテーマであれ、自分が科学に弱いと思っている作家も、書くことは苦手だと思っている科学者も、明晰かつ生き生きと書けるのは間違いない。

# 16 ビジネス・ライティング

もしあなたが仕事で何か書かなければならない立場にいるなら、この章はあなたのためにある。科学の創作とまったく同じで、そこにある問題の大部分は書くことへの恐れであり、その解決策の大部分は人間性と明晰さである。

本書は書くことについての本だが、作家だけを対象にしたものではない。ここに書かれた原則は、日々の業務の一部として何か書くことを期待されている人全員に適用される。メモ、ビジネスレター、管理報告、財務分析、マーケティングの提案書、上司への報告書、ファックス、メール、付箋――毎日、職場を行き交うすべての書類が一種の創作である。こうしたものを真剣に考えてみよう。事実の伝え方、会議の要約、考えを理路整然と述べること――その能力のあるなしで、キャリアの浮沈が決まることもめずらしくないのだ。

世のほとんどの人が組織で働いている。企業、銀行、保険会社、法律事務所、官庁、教育機関、NPOなどの団体……。なかには、書いたものが世間に公表される立場の管理職も多い。株主に語りかける社長、手続きの変更を説明する銀行員、生徒の親に向けて校報を書く校長。そういった人々がそろいもそろって書くことを恐れるあまり、文章に人間味を欠く傾向がある。同じく職場にも人間味が欠けてしまう。そんな職場が、現実の男性と女性が毎朝通ってくる現実の場所であると想像するのは難しい。

とはいえ、そこで働いているからといって、組織を真似て書く必要はない。組織にも温もりを与えられる。管理者も人間に変われる。大げさな表現を使わなくても情報を伝えることはできる。覚えておかなければならないのは、読者は人間なら識別できるが、「収益性（profitablity）」といった抽象的な言葉や、「稼働率（utilization）」とか「履行（implementation）」といったラテン語系の名詞、それに「予備妥当性調査は書類作成の段階にある」といった、誰も思い描けないようなどんよりした構文を識別できない。

この点を誰にもできないほど正確に指摘したのはジョージ・オーウェルで、旧約聖書の「伝道の書」から有名な箇所を抜き出して、現代の官僚風曖昧語に翻訳している。

わたしは戻って、また日の下を見たが、必ずしも速い者が競走に勝つのではなく、強い者が戦いに勝つのでもない。また賢い者がパンを得るのでもなく、さとき者が富を得るのでもない。また知識ある者が恵みを得るのでもない。しかし時と災難はすべての人に降りかかる。（伝道の書）

オーウェル版は以下のとおり。

現代の現象の客観的な考察がもたらす必然的な結論は、競争的な活動の成否は生来の能力と対応しない傾向にあるが、予測不能の無視できない要素を常に考慮に入れなければならないということになる。（Politics and the English Language）

まずは、このふたつの文章がどう違うかを検討してみよう。最初のものは、私たちにこれを読めと手招きしている。言葉はどれも短く、雰囲気を漂わせている。人間の話し言葉のリズムを運んでくる。ふたつ目は長い単語で動きがとれなくなっている。鈍重な精神が働いているのがすぐにわかる。こんな息の詰まるような文体で自分を表現する精神と一緒では、どこへも行きたくなくなる。読み始めるのさえやめてしまう。

それに、ふたつの文章が語っていることにも注目しよう。ふたつ目の文章では、日常生活で使う短い言葉と生き生きしたイメージ――競走と戦い、パンと富――がなくなって、代わりに概括的な意味を持つ長くて締まりのない言葉が危なっかしい足取りで続いている。そこから失われたのは、ひとりの人間がやったこと（「私は戻って」）や、人生の重要な謎のひとつ――運命の気まぐれさ――に気づいた（「見た」）ことだ。

職務で何かを書くときに感染しやすい病いについて説明しておこう。最初に挙げる例は学校の校長の書いたものだが、これを取り上げたのはその人物が最悪の罪人であるからではなく（実際、そうではない）、たまたま目についただけだ。それでも私の指摘は、言葉から人間味が失われ、誰も責任者の言っていることが理解できないすべての組織で働く、すべての男女に向けたものである。

その校長との出会いは、コネチカット州グリニッチの教育長アーネスト・B・フライシュマンからもらった電話がきっかけだった。「こちらに来て、私たちの〝専門用語病《デジャーゴナイズ》を治して〟いただきたい」と、フライシュマンは言った。「学校制度の上層部にいるわれわれ全員がきちんとした文章を書けなければ、生徒に文章の書き方を教えることなどできません」。彼は学校の制度のなかから生まれた典型的な書類を送ると約束した。その文章を分析して、ワークショップを開いてほしいというのが、彼の依頼だった。

私の心を動かしたのは、フライシュマンとその同僚が進んで自分たちの弱みをさらけ出したことだった。そうした弱みは、それ自体に力を宿している。相談して日時を決めると、まもなく分厚い封筒が送られてきた。なかには内部文書や、街に十六ある小・中・高校の保護者に送られる謄写版の校報などが入っていた。

校報はいかにも楽しげで、情報も詰まっていた。そこから見てとれるのは、街の教育界が生徒の家族と親密な関係を保とうと努めていることだった。だがひと目見ただけで、ぞっとするようなフレーズ（「重点的評価手続き」「修正部門別日程」）が目に飛びこんできた。校長のひとりは、自校は「強化した建設的教育環境」を提供すると約束していた。どうやら教育界は、思惑どおりの親密な関係を結べていないようだ。

私は校長たちの書いたものを読んで、良い例と悪い例に分けた。約束の日の朝にグリニッチへ行くと、四十人の校長や教務主任が何かを学ぼうとやる気満々で集まっていた。私はまず、自分の立場を危うくしかねない措置を受け入れた出席者に拍手を贈りたいと述べた。自分の経験では、国中でなぜうちの息子は文章を書けないいんだとかまびすしい声が上がるなか、汚泥まみれの言葉が若者の独占物ではないのを認めた最初の大人がフライシュマン博士である、と。

私は校長たちに、われわれ一般人は自分の子供の通う学校を運営する人々が、自分とは似ても似つかぬ人間であるのを望んでいないと伝えた。私たちはこれ見よがしの仰々しさを疑っている。社会科学者が自分をわれわれ凡人に見透かされないために捏造した流行語を信じていない。何より自然であれ、と私は説いた。どう書くか、どうしゃべるかで、その人の本質が明らかになるのだから。

社会が自分たちをどう思っているのか、ぜひ耳を傾けてほしいと訴えた。私は前もって名前と学校名を変えてある悪い例をいくつかコピーしてきた。そして、これからそれを読み上げるので、あとで自分の書いたものを平易な英語で書き変えられるかどうか試してみようと言った。以下が、その例文である。

保護者各位

このたび、われわれは保護者の方々からのご意見提供の付加的機会を設けるために、特別の電話連絡システムを確立しました。今年度中は、連絡の目標に追加的重点を置き、この目標を達成するために各種の手段を利用いたします。保護者としての独自《ユニーク》の立場からなされる意見提供は、お子さんのニーズに合わせた教育プランを案出、修正する際の助けとなるでしょう。保護者と教師のあいだの開かれた対話、フィードバック、情報の共有は、われわれが最も効果的な方法でお子さんと連携することを可能にするはずです。

ジョージ・B・ジョーンズ博士
校長

私なら、こんなお知らせは受け取りたくない。たとえ、私の両親の意見がどれだけ独自《ユニーク》であっても。それより学校は、教師に電話をかけやすいようにする努力をしており、子供たちがどんなふうに過ごしているかを話し合うために頻繁に電話をもらうのを希望していることを伝えてくれればいい。ところが送られてきたのは、「特別の電話連絡システム」とか「目標を達成するために各種の手段を利用する」とか「教育プランを案出、修正」といったがらくただった。「開かれた対話、フィードバック、情報の共有」は、同じことを三とおりの言い方で言っただけである。

ジョーンズ博士は善意の人で、彼のプランはみんなの希望に沿っている。校長に電話して、先週運動場で不運な事故を起こしたばかりだが、うちの立派な息子ジョニーはこんな子供だと直接話す機会ができるのだから。だが、どう見てもジョーンズ博士は電話をかけたい相手ではない。というより、本当に人間なのだろうか？　こんなメッセージならコンピューターにも書けるだろう。彼は自分という豊かな資源を浪費している。

私が選んだもうひとつの例は、新年度にあたって保護者宛に送られた「校長のご挨拶」だ。ふたつの段落で構成されているのだが、ふたつはまったく違っている。

フォスターは基本的に良い学校です。特定の科目や学習技術の分野で助力が必要な生徒は特別な配慮を得られます。今年度は、強化した建設的教育環境の提供を目指してまいります。生徒、ならびにスタッフは学習の助けとなる雰囲気のなかで活動しなければなりません。広範にわたる教育素材が必要になります。個々の能力、学習方法に対する細心の注意が不可欠です。学習過程においては、学校と家庭の協力がきわめて重要です。われわれ全員が、全生徒のための適切な教育目標を心に留めおくことが望まれます。

今年度、われわれが生徒のために計画していることをご承知いただき、何か疑問がありましたら、あるいはお子さんに特別の配慮が必要でしたらお知らせください。学期初めの二、三週間に、私は多くの保護者の方とお目にかかりました。どうぞ今後も学校に立ち寄り、フォスターについて話し合うことをお続けください。今年度がわれわれ全員にとって、実り豊かな年になることを期待しております。

レイ・B・ドーソン博士
校長

ふたつ目の段落で、私に挨拶してくれたのは人間だった。一方、ひとつ目のほうで語りかけてきたのは教育者だ。私は段落2のドーソン博士のほうが好きだ。彼は温かみのある心地よいフレーズで語っている――「ご承知いただき」「お知らせください」「お目にかかりました」「期待しております」等々。

それにひきかえ、段落1のドーソン博士は「私（I）」を使わないし、「私」がそこにいることさえ感じさせない。安全な職業上の専門用語の後ろに身を隠し、自分が本当は保護者に何も語りかけていないことに気づく余裕もない。「学習技術の分野」とはいったい何なのだ？「学科」とどこが違うのか？「強化した建設的教育環境」とは何で、「学習の助けとなる雰囲気」とどう違うのか？「広範にわたる教育素材」は、鉛筆、教科書、スライド写真のことではないのか？「学習方法」の正確な意味は？「教育目標」「適切な」は何を指しているのか？

手っ取り早く言えば、ふたつ目の段落には温もりと人間らしさがあり、もうひとつのほうはもったいぶっていてあやふやである。私はこういうパターンを繰り返し見せられてきた。校長が保護者に人間的な些事を通知するときは、文章も人間的な書き方になる。

学校前の道路がふたたび混み合うようになった気配があります。できれば、放課後にお子さんを迎えに来るときは学校の裏門にお回りください。

カフェテリアでの生徒の振る舞いについて、お子さんとよく話し合っていただければ幸いです。食事中の子供たちのマナーをご覧になったら、おそらく多くの方が失望されるでしょう。子供が昼食代を持っているか、ときどき確認してください。なかには立て替え分をなかなか返さない子供がいるものですから。

ところが、こと自分が提案する教育方法の話になると、そうした人間味が跡形もなく消えてしまう。この文書をお読みになれば、すでに特定され、優先されることになっている学習計画の目標と目的がおわかりになるでしょう。目標の評価手順もまた、受け入れ可能な基準をもとに確立されています。

上記を実行に移す前に、生徒は多項選択式の質問を受けることはほとんどありません。現在、生徒が学習している単元に関連する練習問題の活用は、テストの成績でも実証されているように、きわめて確実な効果を上げられるという感触を得ております。

私が良い例悪い例をいくつか読み上げると、校長たちも本当の自分と教育者としての自分の違いを理解し始めた。問題はそのギャップをどう埋めるかだ。私は自分の四つの信条を列挙した。明解さ、シンプル、簡潔さ、人間味である。能動態動詞を使って、「概念名詞」を避けるように説いた。教育の特殊用語に頼らないようにせよとも言った。どんな主題でも、良い文章でほとんどは書き表せるのだから。

こうしたことはどれも基本的な教えであるのに、校長たちは初めて耳にしたかのようにメモしていた。聞いたことがなかったのか、あるいは聞いたのがずっと前だったのか。どんな官僚社会であれ、官僚風文章がこれほどはびこるのは、おそらくそれが原因だろう。管理者がある地位まで達すると、シンプルな叙述的文章の美を改めて教えたり、管理者の書く文章が誇張した概念でふくれ上がっているのを指摘する人間がいなくなるのだ。

やがて、ワークショップも作業段階に入った。私はコピーを配って、校長たちに込み入った文章を書き直すように指示した。なんともおぞましい瞬間だった。校長たちは初めて敵に直面した。メモ用紙に書きこみ、それをまた線で消したりしていた。なかにはメモをとらない人もいた。紙をくしゃくしゃに丸める人もいた。見かけが作家らしくなった。部屋を不気味な沈黙が支配し、沈黙を破るのは消し線を入れる音、紙を丸める音だけだ。音まで作家らしくなってきた。

時間がたつにつれて、出席者は少しずつリラックスしていった。一人称で書き、能動態動詞を使い始めた。しばらくは長い言いまわしや曖昧な名詞（「保護者連絡対応」）にしがみついていたが、だんだん文章が人間らしくなってきた。私が「目標の評価手順もまた、受け入れ可能な基準をもとに確立されている」をなんとかしてくれと頼むと、ひとりはこう書き直した。「われわれは年度末に、進捗具合を評価する」。もうひとりは、「どの程度成功したかを確認する」と書いた。

これこそが、生徒の親たちが望んでいる率直な物言いだ。株主が企業に、利用者が銀行に、未亡人が自分の社会保障を扱う代理店に望んでいるのも同じ。人間的な連絡を心底希望し、大言壮語を嫌っている。つい最近、私はいま使っているコンピューターに必要な部品を製造している企業から手紙をもらった。それはこう書き出されていた。「三月三十日をもちまして、エンドユーザーからの受注と補充について照会は、新テレマーケティング・センターへ移行いたします」。しばらく考えてようやく、この企業のフリーダイヤルの番号が変わったこと、エンドユーザーとは私であるのがわかった。文書に明解さや人間味を加えるために手間をかけない組織は、友人も、顧客も、お金も失うことになる。経営幹部に、ふだん私が使わない言い方でこう忠告しておこう。「予想される収益性に未達が生じるであろう」と。

企業がどんなふうに仰々しい言葉を使って人間性を放棄しているか、例をお見せしよう。大手企業が配布する「顧客向け報告書」である。これを発行する目的はただひとつ、顧客に有用な情報を提供することだ。ここにあるものは、こんなふうに始まっている。「各企業はますます、将来の処理負荷が処理機能をいつ超過するかを見きわめる能力計画技術に目を向けるようになっている」。このセンテンスは顧客にひどく不親切だ。「能力」とか「機能」といったオーウェルもどきの名詞を連ねるだけで、顧客が思い描けるような手順をまったく伝えていない。「能力計画技術」とは何なのだ？　何の「能力」が計画されているのか？　誰によって？　ふたつ目の文は、「能力計画は意思決定プロセスに目標を付加する」とある。またしても生気のない名詞の羅列だ。三番目の文はこう言っている。「マネジメントとは、所定の強化された意思決定によって情報システム資源の主要領域へ参入することである」

顧客は一文ごとに立ち止まり、翻訳しなければならない。まるでハンガリー語を読んでいるみたいだ。顧客は最初の文から始める。「能力計画技術」のくだりだ。それをこう訳す。「それはあなたがコンピューターに、処理能力以上のことを求めるときに役立つ」。ふたつ目の文、「能力計画は意思決定プロセスに目標を付加する」は、決める前に事実をよく知ること。三番目の文、強化された意思決定の部分は、「自分のシステムについて知れば知るほど、うまく機能してくれる」という意味で、それ以外の解釈もいくつか可能である。

だが顧客は、いつまでも翻訳を続けてはくれない。すぐに別の企業を探し始めるだろう。顧客はこう思うはずだ。「彼らがそれほど利口なら、なぜ自分のやっていることを語ってくれないのだろう。もしかしたら、そんなに利口ではないのかもしれない」。報告はさらにこう続く。「将来のコスト回避のために、生産性が強化されてきた」。これでは生産に金がかからないように見える。すべてのコストを回避したわけだから。次に、報告は顧客に、「システムは機能性を持ち得た」と保証する。つまり、動くということなのだろう。そうであることを願う。

この報告も、わずかとはいえ、最後になってようやく人間らしさを見せてくれる。作者が満足度の高い顧客にこのシステムを選んだ理由を尋ねると、顧客は、この会社はサービスが行き届いていると聞いたからだと答えた。それに対して、作者はこう書く。「コンピューターは高性能の鉛筆のようなものです。どう動くかは気にならないでしょうが、壊れたときは誰かに直しにきてもらいたいはずです」。それまでのゴミの山と比べて、この一文がなんと新鮮に見えるか注目してほしい。言いまわし（耳に心地よい言葉）に、目に浮かぶ細部（「鉛筆」）に、そしてその人間味に。作者は専門的な手続きの冷たさを、私たちにも視覚化できる経験と結びつけている。何かが壊れて、修理屋を待った経験は誰にもあるだろう。それで思い出したのは、ニューヨークの地下鉄で見た表示だ。巨大な市営の官僚機構でも、市民に人間味のある語りかけができる証明とも言える。「地下鉄を通勤に使っていて、それまで聞いたことのない電車へ案内する表示を見たことがあるかもしれません。でもそれは、いつもの電車に付けられた新しい名称にすぎません」

それでも、「企業国家アメリカ」で平易な語りかけをするのは容易ではない。あちこちでふくれ上がった虚栄心が危機にさらされるからだ。どんな地位にいても、管理者はおしなべて単純な文体は単純な精神の反映という考えに縛られている。ところが実際は、単純な文体は勤勉な努力と思考を反映したものである。逆にぼやけた文体は、傲慢か、鈍感か、自分の考えを整理できないほど怠惰な人間のぼやけた頭脳を反映している。あなたの書くものが、あなたの必要としている事業や資金、商品を持っている相手に自分をアピールする一度きりのチャンスである場合だって少なくない。もしあなたが仰々しく飾り立てた文章を書いたり、曖昧な表現を使ったりすれば、あなた自身がそんな人間に見られてしまうだろう。読む側にはそれしか選択肢がないのだから。

グリニッチのワークショップのあと、私は「企業国家アメリカ」を学ぶためにあえて身を投じるべきだと決断し、同じく専門用語病を治してほしいと依頼してきたいくつかの大手企業でワークショップを行った。「いまでは自分の書いたメモさえ理解できなくなった」と、出席者は言っていた。そこには、会社が社外向け・社内向けに発行する膨大な文書を書いている男女が集まっていた。社内向け文書は、従業員に彼らの「施設や設備《ファシリティ》」で起きていることを伝え、帰属意識を高めるために発行される社内報やニュースレターのたぐいである。外部向け文書には、株主に送られる豪華な雑誌や年次報告書、経営幹部のスピーチ原稿、メディア向けのリリース、商品の機能を消費者に説明するマニュアルなどがある。そのほとんどに人間的な潤いが欠けており、まったく理解不能のものも少なくなかった。ニュースレターの典型的な文章は次のようなものだ。

上記の強化とともに発表されたのが、〈システム・サポート・プログラム〉の変更で、プログラムはネットワーク制御プログラムと連繫して作動します。付加的な機能強化のなかには、ダイナミックな再構成とシステム間通信が含まれます。

こんな文章を書くのが楽しいはずがないし、読まされるほうはたまったものではない。まるで『スター・トレック』語で、いくら士気を高めようとしても、私が従業員なら喜べないし、元気づけられることもない。途中で読むのをやめるだろう。私は企業内作家たちに、そこに描かれた素晴らしい成果の裏にいる人間を見つけなければならないと言って聞かせた。「新しいシステムを開発した技術者のところへ行きなさい」と、私は言った。「あるいは設計士か、組み立て技師のところへ行き、どんなふうにそのアイデアが生まれたか、どんなふうに完成させたか、今後、現実の世界の、現実の人々にどんなふうに利用されるのかを彼らの言葉で語らせるといい」。組織に温もりを与えるには、失われた「私」を探し出すことだ。忘れてはいけない。どんなストーリーでも一番興味深いのは「私」であることを。

企業内作家たちが言うには、しょっちゅう技師にはインタビューしているのだが、彼らは通じる言葉を使ってくれないという。技師たちは頭字語を織り交ぜながら、難解な言葉をしゃべるらしい（「サブシステムのサポートは、ＶＳＧかＴＮＡのみによって可能になる」）。私は作家たちに、技術者が理解可能な言葉で自分を表現するまで何度も訪ねていくべきだと言った。すると作家たちは、技術者は理解可能な言葉を使いたがらないのだと反論した。単純な言葉でしゃべると、仲間に馬鹿にされると考えているらしい。私は彼らに、あなたが責任を負うべき対象は真実であり、読者である。技術者の虚栄心ではないと説いた。それに、作家である自分を信じ、支配権を放棄してはならない、と。彼らは、各役職をひとつひとつさかのぼってクリアしていかなければ報告書の承認を得られない階級社会の会社では、言うは易いが実行は難しいと答えた。私はその答えから、彼らの心にくすぶる不安を感じとった。行いはあくまで会社の流儀に則り、職を失うリスクを負ってまで会社を人間的にしようとは思わないと言いたいのだろう。

幹部社員もまた、自分の発言に重みを持たせたいという願望の犠牲になっている。ある会社では、中間管理職や従業員と社の関心事を共有することで「管理」を可能にするために、毎月ニュースレターを発行している。毎号、本部長（ここでは、トーマス・ベルと読んでおこう）の説教めいたメッセージが載っている。そのメッセージを読むと、どうやらミスター・ベルはやたらに誇張した冗漫な文章を書く尊大な男のようだった。

ところが企業内作家たちに訊いてみると、ミスター・ベルは内気な人物で、優秀な幹部社員だという。あのメッセージは彼が書いたのではなく、誰かに書かせたのだそうだ。それを聞いて私は、それではミスター・ベルがあまりにかわいそうだ、と言った。そして企業内作家たちに、毎月ミスター・ベルを(必要なら、テープレコーダーを持って)訪ね、彼が家に帰ってミセス・ベルと話をするときと同じ言葉で自分の関心事を語るまで居座っていろと勧めた。

この話で気づかされたのは、米国のほとんどの企業幹部は自分の署名のうえに並んでいる文章も、スピーチでしゃべる言葉も、自分では書いていないことだった。自分を人とは違う存在に見せたいという欲求に屈してしまったのだ。彼自身、そして彼の組織が冷たく見えるとしたら、それは水を汲み上げられ、干からびてしまうのを黙認したからだ。ハイテクに気をとられるあまり、自分の持っている最強の道具を忘れたのだ。最強の道具――それは良きにつけ悪しきにつけ、言葉だ。

もしあなたが組織で働いているのなら、仕事が何であれ、地位がどうあれ、書くときは自分自身でいることだ。そうすれば、ロボットのような人々のなかで際立った存在になれるし、もしかしたらミスター・ベルを自分で書く気にさせる良いお手本になるかもしれない。

# 17 スポーツ

少年時代、新聞のスポーツ欄依存症だった私は、電子回路《エレクトリカル・サーキット》より、本塁打《サーキット・クラウト》という言葉を先に覚えた。プレートを踏むとき、左を向く投手（hurler、あるいはtwirler）が左投げ（southpaw、あるいはportsider）であることも知っていた。サウスポーは常に長身痩軀（lanky）で、ポートサイダーは常にずんぐりむっくり（chunky）だ。もっとも「chunky」という形容詞はピーナッツバターに使われる以外は聞いたこともなかったし（「ふわっとしてなめらか（creamy）」の反対語（「粒が残っている」）として）、「chunky」な人間がどんな姿なのか知らなかった。投手が球（horsehide）を投げる（fire）と、打者（batsman）はそのカーブボール（slant）をなんとか捉えようとする。それがうまくいくと、右翼前に鋭い安打（bingle）を放ち、地元チーム（home contingent）が勝利を得る（garner）か、あるいは少なくとも同点に追いつく（knotting the count）。うまくいかないと、打者は内野ゴロを打って（bounce）併殺（twin killing）となり、反撃（rally）の火は消えて（snuff out）、チームのペナント争奪（flag scramble）の希望は潰える（dimming）。

こんなふうに、あらゆるスポーツから独特の言いまわしを掘り起こし、母語《マザー・タング》のほかの分野では見つからないほど彩り豊かな主脈《マザー・ロード》から抜き出していけば、いくらでも続けていくことはできる。バスケットボール選手（hoopster）やアイスホッケー選手（puckster）、レスリング選手（grappler、またはmatman）、たくましい（strapping）ボート乗り、アメリカンフットボール（gridiron）の名選手のことも書ける。昔のアメフトのボール《ピッグスキン》についてなら、どんな養豚農夫《ピッグ・ファーマー》より情熱的に語ることができるし、秋のクラシックレースの興奮に包まれる屋外席の熱狂的ファンを描写することもできる。つまり、良い英語の代わりにスポーツ英語で書けるというわけだ。まるで、そのふたつが違う言語であるかのように。だが、そうではない。科学などの分野と同じく、最高のものに代わりうるものは存在しないのだから。

どうして「サウスポー」じゃいけないんですか、と訊きたいかもしれない。これほどイメージを浮かべやすい言葉をありがたがってはいけないんでしょうか？ピッチャーやホームランという古めかしい言い方の代わりになる「twirler」や「circuit clout」があれば助かるんじゃないですか？なぜなら、そういう言葉は置き換えるつもりの硬貨よりはるかに安い価値しかないからだ。あらゆる報道記者席にいるあらゆる物書き（スポーツライター）のタイプライターから、機械的にあふれ出てくる言葉なのだ。

最初に「サウスポー」という言葉を考え出した人物は褒められてしかるべきだろう。優れた新商品を開発した人の常として、そっとほくそえんだろうと思いたい。でも、それはいったいいつの話なのか？「サウスポー」が言語に与えた色は何十年も使いまわされているうちに褪せてしまった。日々のスポーツ創作の骨組みを作り上げている数百の言葉も同じ運命をたどった。経年劣化が生じている。私たちは誰が勝者かを知るために読むのであって、楽しむために読むわけではない。

一流のスポーツライターはそれを知っている。彼らは劣化した言葉を使うのを避け、文章のどこかに新鮮な言葉を入れるように努める。レッド・スミスのコラムを見るがいい。どこにも、打者《バッツマン》が内野ゴロ《バウンス》を打って併殺《ツイン・キリング》になったなどとは書かれていない。スミスは恐れることなく、バッターが打ってダブルプレイになった、と書く。だがよく見れば、ほかの作家は使わないが、正確さと状況にふさわしいという基準で選んだ独特の言いまわしがそれこそ数百も見つかる。私たちを喜ばせるのは、競争相手が相も変わらぬ古めかしい素材に甘んじているのに対し、スミスがジャーナリスティックな形式で新鮮な描写をすることに心を砕いているからである。それが、書き始めて半世紀もたつのに、レッド・

スミスがいまだにこのジャンルの王様として君臨し、その競争相手はずっと以前に、（彼らがよく使っている表現を使えば）シャワー室行きを宣告される理由である。

私はまだ、レッド・スミスのコラムのフレーズをたくさん覚えている。読んだとき、そのユーモアと独創性にびっくりした記憶がある。スミスは根っからの釣り師で、彼が鉤《はり》に餌をつけて、空気を求めて大きな口を開けるつかみどころのない魚――スポーツ協会のコミッショナー――を釣り上げるのを見るのは痛快だった。「多くのプロ・スポーツにおいて、専制君主の事業は基盤から崩れ始めている」と、スポーツの監視人たちがいくら勇気を奮い起こして声を上げても、いつもチーム・オーナーの強欲のほうが勝ってしまう風潮を強調しながら、スミスは言う。「最初の、そして最もタフな（野球の）大君主は、一九二〇年代に権力の座につき、一九四四年に亡くなるまで強権的な支配を続けたケネソー・マウンテン・ランディスである。野球を興したのがリトル・シーザー〔ローマ帝国をモデルにマフィアの帝国を築いたサルヴァトーレ・マランツァーノのあだ名〕だったとしても、その男もやがてはエセルレッド無策王となり果てた」。レッド・スミスは、私たちをバランスのとれた見方に導く世俗の守護天使である。彼のおかげで私たちは正直でいられる。もっともそうなるのはおもに、彼が良い文章で書いているからだ。その文体は気品があるばかりか、力強い信念を伝えるだけの力強さを持っている。

多くのスポーツライターを良い文章で書くことから遠ざけているのは、それを目指すべきではないという思い違いだ。彼らは、この商売に必要な道具と考えられているたくさんの常套句のうえにキャリアを積み上げてきた。また、もし同義語が見つかるなら、読者が思い描きやすい言葉（バッター、ランナー、ゴルファー、ボクサー）を何度も繰り返してはいけないと信じこんでいる。だいたいの場合、少し努力すれば同義語は見つかるのだ。以下の大学新聞からの引用はその典型と言える。

昨日、ボブ・ホーンビーはダートマス大学のジェリー・スミザーズを六―四、六―二で倒し(topple)、連勝(skein)記録を伸ばした。このネットプレイヤー(netman)が恐るべき強敵に勝利したのだ。ひょろ長い身体つきの三年生は強烈なサーブを巧みに操り、グリーン〔ダードマス大学のスクールカラー〕のキャプテンの体勢を崩した。このメンフィス生まれの男は絶好調で、最初の四ゲームを連取し、インディアナ州出身者のサービスゲームを最初の四ゲームでふたつブレイクした。エクセター・カレッジ卒業生はそこで勢いを失い、ハノーヴァー・カレッジの大黒柱が反撃して三ゲームを奪取(cop)した。だが、ラケットの達人(racquet ace)は簡単には譲らず、第一セット(first stanza)を四―四のタイに持ちこもうとするニューイングランド住民のもくろみを、六回目のジュースポイントで、コート《クロスコート》の対角線へボレーを放って頓挫させた。赤毛の選手はきわめて決意も固く(too determined)……

いったい、ボブ・ホーンビーはどうしてしまったのか？　ジェリー・スミザーズは？　ホーンビーはひとつの段落で、「ひょろ長い身体つきの三年生」「メンフィス生まれの男」「エクセター・カレッジ卒業生」「ラケットの達人」「赤毛の選手」に、スミザーズは「グリーンのキャプテン」「インディアナ州出身者」「ハノーヴァー・カレッジの大黒柱」「ニューイングランド住民」と変身を繰り返す。読者はさまざまに姿を変えるふたりを捕まえられない。というか、どうでもよくなる。読者が欲しいのは、その場面を思い浮かべられる明解な描写である。プレイヤーの名前を繰り返すことを恐れてはならない。細かい情報はシンプルに。反復を避けたいからといって、セットを「stanza」、イニングを「frame」に改造する必要はない。治療のほうが病気より身体に悪い場合もあるのだ。

もうひとつの強迫観念は、数値だ。スポーツ依存症患者の頭のなかには統計データが詰まっており、すぐにも複数のデータを取り出すことができる。それに、学校で簡単な算数にも落第した人が、球場では速算の天才並みの計算をしてみせることもある。それでも、数値には大事なものもあれば、さほどでもないものもある。ピッチャーが二十勝上げたとか、ゴルファーが六十一のスコアでラウンドしたとか、中距離ランナーが一マイルを三分四十八秒で走ったとかであれば、どうぞ載せるがいい。だが、自制心を失くしてはならない。

アラバマ州オーバーン、十一月一日（ＵＰＩ）――オーバーン大学の二年生クォーターバック、パット・サリヴァンは今日だけでふたつのタッチダウン、ふたつのタッチダウンパスを成功させて、フロリダ大学ゲイターズを三十八対十二で打ち破った。現在九位のフロリダ大学は、今シーズン初の黒星となった

フロリダ大学のジョン・リーヴスはサウスイースタン・カンファレンス（ＳＥＣ）の記録をふたつ破り、ふたつタイ記録を達成した。フロリダ州タンパ出身の長身の二年生はこの試合で三百六十九ヤードのパスを投げ、シーズンの獲得ヤードを六試合で二千百十五ヤードとした。これは、一九六六年にハイズマン賞受賞者が十試合でたたき出した二千十二ヤードを破るものである。リーヴスは六十六回パスを投げ、ＳＥＣ記録を破り、そのうち三十三回を成功させて、ミシシッピ大学のアーチー・マニングがこの秋に作った記録に並んだ。

アラバマ大学には幸いなことに、リーヴズのパスは九回インターセプトされた。これは一九五一年にジョージア工科大学のジーク・ブラトコフスキーの被インターセプト八回の記録を破るものである。

リーヴズはこの試合の実績で、一九四二年にジョージア工科大学のフランク・シンクウィッチが

十一試合で作ったオフェンスのシーズン通算記録二千百八十七ヤードにあと数ヤードと迫った。また、オーバーン大学に対して成功させたふたつのタッチダウンパスによって、一九五〇年にケンタッキー大学のベイブ・パリリが達成したＳＥＣ通算記録まであとひとつとなった……

これが、オーバーンからはるかに離れた私の愛読するニューヨークの新聞に大きく取り上げられた、全部で段落六つの記事の初めの五段落である。どことなく、浮かれ気分がどんどん高まっているふうがある。タイプライターを前にして、われを忘れた数字狂といった態だ。だが、こんなものは誰にも読めはしない。誰も関心を持たない。たぶん、ジーク・ブラトコフスキーだけだろう。汚名が消えるのだから。

いまやスポーツ・ライティングは、ノンフィクション作家の前に広がる豊かな耕地のひとつになっている。「シリアス」な著作で知られる多くの作家が、運動選手の戦いの観察者として、自作のなかでもきわめて密度の濃い作品をいくつか書いている。ジョン・マクフィーの『ゲームのレベル』、ジョージ・プリンプトンの『紙のライオン』、ジョージ・Ｆ・ウィルの『野球術』――それぞれテニス、プロ・フットボール、野球を描いた本だ――などは、プレイヤーの人生の奥深くへ私たちを連れて行ってくれる。ただの細かい事実のなかにも、ファンを幸せな気分にしてくれる十分な情報が盛りこまれている。もっとも、こういった作家を特別な存在にしたのはその人間性である。この変人はいったい誰なのだ、試合に勝ったこのアスリートは？　彼をここまで駆り立てたのはどんな原動力なのか？　野球文学の古典のひとつに、ジョン・アップダイクがテッド・ウィリアムズの引退試合を描いた「ボストンファン、キッドにさよなら」がある。一九六〇年九月二十八日、四十二歳の「キッド」はフェンウェイ・パークで最後の打席につき、フェンス越しの一発を放った。だが、それを語る前に、アップダイクは「この傷つきやすく気難しいプレイヤー」の本質をこう描き出している。

……だが数あるチーム・スポーツの中でも、野球こそは、その優美な間断ある動き、白い姿で佇む男たちをまばらに配した広大で静かなグラウンド、そしてその冷ややかな数学的側面も含めて、一匹狼を受け入れ、一匹狼という花を添えられるのに最も適しているように思える。それは本質的に孤独なゲームなのだ。我々の世代が目にした中で、かくも濃密にこのスポーツの痛切さを抱えこみ、かくもたゆみなく天性の技術を磨き続け、見ていて喜びに詰まるほどの集中力をもって、一打席一打席に持てる能力のすべてを注いだ選手は他にいない。（森慎一郎訳）

（『アップダイクと私』所収、河出書房新社、二〇一三年）

このエッセイに深みを与えているのは、それがスポーツライターの仕事ではなく、作家の仕事だからだ。アップダイクは、バッターボックスに立つテッド・ウィリアムズの比類なき能力については、すでに言い尽くされているのを知っている。定評のあるスウィング、百六十キロの速球でもボールの縫い目が見える視力。それでも、この男の謎はキャリアを終えるその日になってもまだ解明されていなかった。アップダイクは私たちの関心の方向を転換させ、隠遁者のようなスターが野球に向いているのは、このスポーツが孤独なゲームだからだと示唆する。野球が孤独？　われらが偉大なる米国の部族儀式が？　よく考えてみろ、とアップダイクは言う。

アップダイクの内面には、どこかウィリアムズと通じ合うものがある。ふたりとも、大衆の注目を浴びながら仕事を続ける孤独な職人だ。あなたも、こんな人間的なつながりを探してみよう。アスリートは、シーズン中は私たちの生活の一部になり、私たちの夢を実現するか、あるいは別の欲求を満たしてくれる存在であるのを思い出してほしい。彼らとそんなふうなつながりを持てたら誇らしい。誇張を避け、信頼できるヒーローを自分のものにしよう。

ベーブ・ルースでさえ、ロバート・クリーマーの秀作伝記『英雄ベーブ・ルースの内幕』のなかで、オリンポス山の殺菌消毒された斜面から下りるように促され、生身の人間に転換された。同じ特徴が、クリーマーの最近作『ステンゲル』でも見られる。それ以前は読者も、めちゃくちゃな言葉を使うだぶだぶズボンの年寄りで、なぜか十回もリーグ優勝した監督というケーシー・ステンゲルの標準版人物像に満足していた。だが、クリーマーのステンゲルはそれよりはるかに面白い。ステンゲルは抜け目のない人物で、その物語は一九世紀の田舎じみた米国までさかのぼる野球そのものの歴史と重なり合うところがきわめて多い。

ありのままの人物描写は、かつてはお伽噺の世界のものだったのに、いまは現実となったたくさんのもののひとつにすぎない。スポーツは現在、社会変動の主要な未開拓領域になっており、国民がひどく頭を悩ませている数々の問題——ドラッグ依存症、筋肉増強剤、観客の暴力沙汰、女性の権利、マイノリティの経営者、テレビ放送権契約——が、球場や特別観覧席、ロッカールームで生じている。もし米国について書きたいのなら、このジャンルに腰を据えてみるのもいいだろう。高校や大学のアスリートに対する札束の誘惑といった問題を詳しく調査してみてもいい。それは単なるスポーツ物語にとどまらなくなるはずだ。自分の子供の教育に関する価値観や優先順位の物語になるだろう。キング・フットボールとキング・バスケットボールがどっかりと玉座に腰をおろしている世界だ。大学の学長や高校の校長、教師より高い収入を得ているコーチが、いったい何人いることか。

金《かね》が米国のスポーツ界にのしかかる怪物であり、その黒い影がいたるところに顔を覗かせている。腹立たしいほど高額の給料の数字が新聞のスポーツ面をわが物顔で歩きまわり、いまや経済面に負けないほどの数の財務関連ニュースが並んでいる。記事はゴルフやテニスのトーナメントに勝った選手の獲得賞金から書き出され、スコアは二の次だ。莫大な金は感情面のトラブルを引き起こす。現在のスポーツ報道はスポーツとは何の関係もない。最初に読まされるのは、千二百万ドル・プレイヤーは二割二分五厘以上の打率で、飛んできたフライは追いかけて取るものだと考えるファンのブーイングを浴びて傷ついた選手のことだ。テニス界の金の壺は巨大で、選手の神経は愛用のハイテク・ラケットのガットと同じくらいピンと張り詰めており、百万長者がたちまち豹変して審判やラインズマンに罵声を浴びせかける。アメフトやバスケットボールの選手報酬も天井知らずで、選手の不機嫌さもまた天井知らずである。

　現代のスポーツ選手の自己中心癖は、現代のスポーツライターにも感染するらしい。驚いたことに、多くのスポーツライターが記事の主役は自分であり、自分の考えていることは取材しているゲーム以上に面白いと思いこんでいる。リポーターが節度を保ち、単刀直入にどちらが勝ったかを伝えていた時代がなつかしい。いまではニュースが伝わってくるのにひどく時間がかかる。スポーツライターの半分は、読者の気をもたせる見事な書き出しで名高いギ・ド・モーパッサンを気どっている。残りの半分はジークムント・フロイト気どりで、選手の内的欲求や傷ついた感受性に詳しい。なかには勝手に、チーム・ドクターより早くＭＲＩで見つかった、あるいは見つからなかった投手の肩の回旋腱板の損傷、または未損傷を見きわめて、整形外科手術や関節検査までやってしまう者もいる。「彼の体調は日によって変わる」と、彼らは結論する。誰の体調だってそうじゃないの？

　自称モーパッサンの専売特許は、記事の冒頭、または前半部で使う、「背景説明《カラー》」に加えようとクラブハウスをうろついて集めたエピソードである。面白い情報なら、堂々たるバロック建築のような書き出しに盛りこめば、読者を退屈させることはない。以下の例は、私がでっち上げたものだが、ファンであれば誰でもこの形式に見覚えがあるはずだ。

二週間前、アレックス・ロドリゲスの祖母は夢を見た。孫に語ったところによれば、夢のなかでAロッド〔ロドリゲスの愛称〕はヤンキースのチームメイト数人と中華料理店に行った。デザートの時間になると、Aロッドはウェイターに、フォーチュンクッキーを持ってくるように頼んだ。「ときには、こういうものがずばりと言い当てることがあるんだよ」と、Aロッドはデレク・ジーターに言った。折り畳んだ紙を開いてみると、こう書かれていた。「あなたはまもなく、敵を驚かせる強烈なことをやるだろう」

おそらくAロッドは、昨夜ヤンキー・スタジアムで打席に立ち、レッドソックスのエース・ピッチャー、カート・シリングと相対したとき、祖母の夢のことを思い出していたはずだ。二〇〇四年はシリングに対して二十七打数三安打という成績で、その時点ではシーズンで一番長いスランプにはまりこんでいた。ファンが自分に腹を立てているのは教えられなくてもわかった。ブーイングが聞こえていた。いまは敵を驚かせるには絶好の瞬間だった。八回裏、塁上には走者ふたり、レッドソックスが三対一でリードしていた。残された機会はわずかしかない。

フルカウントになって、Aロッドはシリングが投げた腰の高さのスライダーを強打した。ボールは高く弧を描き、左翼席に飛びこむのをAロッドが確信したのが、見ている者にもすぐにわかった。強風がスタジアムを吹き荒れていたが、フォーチュンクッキーが予言した「強烈なこと」がそれで邪魔されることはなかった。マリアーノ・リベラが九回表のレッドソックスの攻撃を封じ、スコアボードにヤンキースの四点、レッドソックスの三点が表示された。ありがとう、おばあちゃん。

一方、自称フロイトたちは、結論に至るまではさほど自慢話に執着しない。「アンドレ・アガシには、昨日、二十歳も若い相手と対戦するためにコートに立つ前に、誰かがきみは死すべき運命を拒絶する境地にいるのだと忠告すべきだった」。彼ら、人間の動機の専門家は、「予想されたとおりむなしい」といった言葉を使って（リポーター用語彙リストに載せるべき表現ではない）、不調な日のアスリートを見下す態度を示す。「昨夜のメッツは、これまでとは違う無様な負け方をしようと決意して球場に現れた」。私の地元で発行される新聞のメッツ担当記者は、最近のチーム低調のシーズンのあいだずっと、こんなふうに事実を皮肉に置き換える書き方をしていた。メッツがそんなことをするわけがない。負けるために試合をするアスリートなどいるはずがない。スポーツに関する作品を書くときに忘れてならないのは、自分が書こうとしている人々は男であれ女であれ、みな大変困難なことをやろうとしており、しかもプライドを持ってそれをやっている点である。記者たちの仕事にも行動規範というものがある。その規範には、作品の主役は自分ではないという項目も含まれる。

　高速度は多くのスポーツに欠かせないスリルだが、並みの人間には想像するしかない代表的な感覚のひとつである。六十五マイル出すとぶるぶる震え出す車に乗っている身としては、レーシングカーを運転するときの感じなど知りようがない。だからこそ、私をフォーミュラ・ワン車のシートに縛りつけてくれるレズリー・ヘイズルトンのような作家が必要になる。「高速で走るときはいつも」と、ヘイズルトンは書いている。「肉体を動かすための設計を超える速度で動いている自分は、自然の法則に背いているのだと気づかされる」。だがその気づきも、ドライバーが重力《Gフォース》を実体験するまでは本物とは言えない、とヘイズルトンは言う。その外力は、「身体が前を行き、身体の内部があとからついていくように感じるほどの圧力をかけてくる」

　　レーシング・ドライバーは通常の重力の三倍から四倍からの力をかけてくるGフォースと戦って

いる。静止した状態でスタートしたフォーミュラ・ワンは三秒足らずで時速百マイルに達する。最初の一秒、ドライバーの頭は乱暴にシートに押し戻され、顔がふくらんでかすかな笑みを浮かべる。次の一秒でドライバーは二度ギア・チェンジを行うが、そのたびに加速力がまた彼の身体をシートにたたきつける。三秒が過ぎ、時速百マイルから二百マイルへとさらに加速すると、ドライバーの周辺視野が完全にぼやけてくる。まっすぐ前を見るしかない。八百馬力のエンジンは百三十デシベルの轟音を響かせ、各ピストンは一分間に一万回、四燃焼サイクルを完了させるので、それと同じ回数、ドライバーは振動を感じることになる。

首と肩の筋肉に途方もない圧力がかかるなか、コーナーを曲がるたびに顔を左右へ押しやろうとするGフォースにさからって、目の高さを維持しなければならない。アクセルを力いっぱい踏む足が鬱血し、その分、心臓に送られる血液が減少する。そのために心臓の拍出量も減り、心拍数が上がる。フォーミュラ・ワンのドライバーの心拍数は百八十から二百まで上がることもあり、二時間のレースではそのほとんどの時間、最大心拍数の八五パーセントのままで走り続ける。

血液を要求する筋肉に応えて呼吸も速まり――文字どおり、スピードに呼吸を奪われるわけだ――全身が危機的状況に置かれる。二時間の危機的状況だ。車がフットボール場の縦の長さを正常な鼓動ひとつの瞬間に駆け抜けるあいだ、口は乾き、目は見開かれている。速度が上がれば上がるだけ、反応時間も短くなるから、脳は驚くほどの速さで情報を処理していく。どれほど身体への圧力が大きくても、反応は速いだけでなく、正確無比でなければならない。一瞬一瞬は目にも止まらぬ速さで過ぎていくが、その一瞬がレースの勝敗の分かれ目であり、事故を起こすか避けられるかの境目になる。

要するに、フォーミュラ・ワンのドライバーは最大級の圧力を身に受けながら、尋常ならざる機敏さで対応する必要がある。当然、アドレナリンはポンプのように噴き出している。……だが、トップ・アスリート並みの体力のほかに、チェス・プレイヤーの知性も併せ持たねばならない。遠隔測定で得たデータを頭にたたきこみ、追い越しをかける地点を計算し、レーシング戦略を実行する。こうしたことすべてが、私たち一般人にとってなぜスピードがそれほど危険であるかを説明している。私たちは身体的にも精神的にも耐えられるだけのスタミナを持ってない。

心理学的に言えば、レースの最中に起きることはこれよりもっと複雑である。筋肉、脳内化学物質、物理の法則、振動、レースの条件――これらがすべて合わさって、身体の興奮度と緊張度を極度に高め、ドライバーの頭脳を限りなく明晰にし、機敏にする。そして、陶酔感をもたらす。

(Confessions of a Fast Woman)

ヘイズルトンはずっと「彼の（his）」で押し通しているが（「彼の身体」「彼の首」）、彼女の記事を指す代名詞は「彼女の（her）」にすべきだ。今日、スポーツとスポーツ・ジャーナリズムに起きているさまざまな浸食作用――これまでほとんど男性の独壇場であった領域に優れた女性アスリートが次々と現れたこと、女性リポーターが男性用ロッカールームに平等に入れるなどのジャーナリズムの特権を手に入れたこと――のなかで、ヘイズルトンは大いなる前進を象徴している。次に紹介するのは、同じ立場にあるジャーナリストのひとり、ジャニス・カプランが、行動面でも心構えの面でも数多くの進歩があったのを具体的に示した記事である。

女性がどれくらい優れたスポーツ選手になれるかを理解するためには、十年ほど前にどれくらいひどかったかを知る必要がある。一九七〇年代の初めに議論されたのは、女性にどれぐらい運動能力があるかではなく、そもそもまともな女性が運動選手になるのはいかがなものかという点だった。

マラソンを例にとると、子供にも老齢の女性にも、それに女性一般にも良くないものとされていた。手ごわいボストン・マラソンは、一九七二年まで女性の参加を公式に禁じていた。その年、ニーナ・クーシチュクが性差別と戦って出場し、レース途中で下痢になったにもかかわらず、女性部門の最初の優勝者に輝いた。その事実を知ると、誇らしい思いがわき上がると同時に、いくらかの戸惑いも感じる。誇らしいのは、クーシチュクの勝利が女性も四十二・一九五キロを走れるのを証明したからだが、戸惑いのほうはそのタイムが三時間十分で、男性選手の優勝タイムより五十分も遅かったためである。五十分だ。マラソン競技の専門用語では、永遠を意味する。すぐに思いつくのは、女性がそれまでほとんどマラソンを走ったことがなく、トレーニングと経験が不足していたという説明である。すぐに思いつく説明――いったい誰がそれを信じるだろう？

つい先頃、初めて女性のマラソンが正式種目に採用された。トップ選手のなかには、二時間二十二分の世界記録を持つジョーン・ベノイトがいる。ボストンで初めて女性が走って以来二十年、女性の世界記録は五十分縮まった。もうひとつの永遠だ。

その間、男性のマラソン世界記録はわずか数分しか縮まっていない。このドラマチックな進歩によって、トレーニング対ホルモン論争の正解がほの見えてきた。女性が男性より遅くて弱いのは、もともとの生物学的違いのためなのか？　あるいは、文化的偏向と、私たちにもできるのを証明する機会を与えられなかった現実のせいなのか？　今後、男女間のギャップは完全に埋まるのかと問うのは、ここでは的外れだ。大切なのは、女性がこれまでやってみたいと願っていたことを実際にやっている点だ。自分自身のことを、そして自分の身体のことを真剣に考え始めたのだ。

(Breaking Away)

この意識革命の軸となる出来事は、一九七〇年代なかばに行われたビリー・ジーン・キングとボビー・リッグスのテニス試合だった。「それは男と女の戦いと宣伝された」と、ジャニス・カプランは別の記事で回想する。「そして、そのとおりだった」

おそらく、スポーツより社会問題の側面のほうが大きいスポーツ・イベントはこれまでなかったはずだ。この試合の重大案件は「女性」である。私たちはどこに属し、何ができるか？　この際、最高裁判所の判断や男女平等憲法修正条項のことは忘れよう。私たちが見ているのは、ふたりのアスリートが女性の平等という問題に、きわめて重要な手段で決着をつけようとした場面だ。スポーツともなれば、すべてのことが大きく扱われ、具体的に報じられる。いるのは勝者と敗者だけで、議論の必要はない。

多くの女性が、ビリー・ジーン・キングの勝利を自分の勝利と感じたはずだ。全米で女性のエネルギーが解き放たれたようにさえ思える。若い女性は学生スポーツ界で重要な役割を要求し、それを手に入れた。ほとんどのスポーツで、女性の獲得する賞金額が急騰している。少女が男の子ばかりのチームに入ってリトル・リーグでプレイし、男と女の心理学的違いは想像していたほど大きくないのを証明した。

(Politics of Sports)

米国のスポーツは常に社会史と混然一体の関係にあり、それを関連づけた者が優れた作家になる。「バスケットボールが税金逃れのショービジネスになったと言い出したのは私ではない」と、ニューヨーク・ニックスの年代記『逃亡生活』のなかで、ビル・ブラッドリーは書いている。元上院議員ブラッドリーの本が現代スポーツ・ライティングの優れた例であるのは、米国のスポーツを変質させている破壊的な力――オーナーの強欲、スター崇拝、敗戦を受け入れる能力の欠如――を深く考察しているからだ。

ヴァンが去ったあと、いくらオーナーに思いやりがあり、友好的で、心から関心を寄せていても、結局のところ選手は彼らにとって減価償却の対象となる資産にすぎないことに、私は気づいた。自己認識は外部の情報源からではなく、自分の内からもたらされる。プロのアスリートは、身体的スキルが続くかぎり有名人でいられる。愛され、大目に見られ、賞賛され、信頼される。キャリアが終わりに近づくとようやく、彼らは自己認識が不十分であったのに気づく。

勝ち戦をした軍隊と同じく、勝利チームは自分の進む道にあるものをすべて要求し、勝利だけが重要だと主張しているように見える。だが勝利にはもっと狭い意味があり、破壊的な力になる可能性がある。敗戦には、そこからしか得られない経験の滋味がある。

ブラッドリーの本は優れた旅行日記でもあり、プロのアスリートの移動生活の疲労と孤独感を見事に捉えている。数知れず繰り返す飛行機とバスによる夜間の移動、退屈な日々とモーテルやターミナルでの長い待機の時間。「もはや通勤駅同然になった空港で、私たちはそれこそタコができるほど何度も人間の生活のドラマチックな場面を目にする。ある者にとっては、ロマンチックな暮らしかもしれない。だが私にすれば、人生の機微と接触を保つために苦闘する毎日だった」

こういったことが、スポーツをテーマに書くときに探す価値のあるものだ。人間と場所、時間と変化。以下に紹介するのは、どんなスポーツにも付き物の、ある種の人々の楽しいリストだ。これはニューヨーカー誌でサラブレッドの競馬の記事を書いていたG・F・T・ライアルの追悼記事から引用したものである。ライアルはアデックス・マイナーというペンネームを使い、九十二歳で亡くなる数カ月前まで、半世紀にわたって記事を書き続けた。追悼記事には、ライアルは「競馬に関わる人全員――馬主、生産者、幹事、審判員、計測員、賭け金・配当金取り扱い係、探偵、調教師、料理人、飼育員、ハンディキャップ作成委員、厩務員、スターター、楽師、騎手とその代理人、予想屋、大金を賭けるギャンブラーやけちな賭博師と知り合いになった」とある。

走路と厩舎、スタジアムとリンクを歩きまわるのが肝心だ。じっくり観察せよ。突っこんだインタビューを行え。古老の話に耳を傾けろ。変化について考えろ。そして、うまく書くことだ。

# 18　アートを書く　批評家とコラムニスト

アートは私たちのまわりのいたるところにある。演技、ダンス、絵画、詩作、楽器演奏――自分で演じるにしろ、コンサート・ホールや劇場、博物館、ギャラリーで鑑賞するにしろ、日々の暮らしを豊かにしてくれる。それと同時に、私たちはアートについて書かれたものを読みたがっている。創られた場所に関係なく、文化の現在の動向に遅れずついていきたいからだ。

その仕事をするのがジャーナリズムだ。新任の交響楽団指揮者へのインタビュー、建築家かキュレーターと共にする新美術館探訪など、この手の記事を書くには本書で語ってきたほかのジャンルと同じ手法が必要になる。新しい美術館が設計され、資金調達され、建てられるまでを描くのは、イラクが原爆を作りかけた経緯を解説するのと基本的に変わりはない。

とはいえ、アートを内側から描くのには――新作を褒めたり、演技を評価したり、何が良くて何が悪いかを見きわめるのには、いくつかの専門的なスキルと専門知識が要求される。つまり、批評家になる必要があるわけだ。それはほぼすべての作家が、キャリアのどこかの時点でなりたいと願う立場である。たとえば小さな町の報道記者は、地元の公会堂で公演を行う予定のピアニストか、バレエ団か、レパートリー劇団を取材するよう編集長に命じられる日を夢見ている。それが実現すれば、彼は学校で苦労して覚えた言葉――「直観する」とか「感性」とか「カフカ的な」などを持ち出してきて、地元の人々に自分がピアノの「グリッサンド奏法」もバレエの跳躍法「アントルシャ」も知っていることを見せびらかそうとするだろう。イプセン本人が考えていた以上の象徴性をイプセン劇に見いだすかもしれない。

これが衝動というものらしい。批評は、ジャーナリストがこれみよがしに最高の自己顕示をしてみせる舞台なのだ。米国の土着語にはドロシー・パーカーやジョージ・S・カウフマンなどが作り出した(彼らの名声の一部はそういう言葉を作り出したことに負っている) 風刺詩向きの豊かな語彙があるし(「彼女はAからBまで、ありとあらゆる感情を持っている (run the gamut of emotions)」)、大根役者や大根作者をだしにして名を上げたいという衝動には、聖人を除けば誰にも打ち勝てない。私が特に好きなのは、映画『エイブ・リンカーン』で主役を演じたレイモンド・マッセイの演技が大げさすぎるのを指摘したカウフマンの言葉だ。「マッセイは暗殺されるまで満足しないだろう」

とはいえ、本物のウィットにお目にかかるのはまれで、棘のついた矢を千本放っても、ことごとく射手の足もとに落ちてくる。それに、真面目な批評を書こうとしているのなら、アプローチとしては安易すぎる。事実、いまでも読まれている風刺詩は残酷なものだけである。シーザーを褒めたたえるより、埋めてしまうほうがはるかに楽なのだ。クレオパトラもまた然り。だが、その芝居が優れている理由を陳腐にならない言葉で語るのは、この職業で最も困難な作業のひとつである。

批評が栄光への安楽な道だという説にまどわされてはならない。この仕事は世間で思うほど力を持っていない。たぶん、製作決定に影響を与えられるのはニューヨーク・タイムズ紙の連続テレビドラマ評論家くらいだろう。音楽評論家はほとんど無力と言っていい。なにしろ書いているのは、あっという間に空中にかき消えてしまう音のかたまりであり、もう一度同じように聞こえることはありえないのだから。文芸評論家もまた、ダニエル・スティールのような、とてもその「感性」を「直観する」ことなどできない作家たちがベストセラー・リストを営巣地にするのを阻止できない。

となれば、「批評家」と「レヴューアー」を区別する必要が出てくる。レヴューアーは、新聞や大衆向け雑誌に記事を書き、業界がおもな取材対象になる。たとえば、テレビ業界や映画産業、それに最近ますます増えている料理本や健康本、ハウツー本、「聞き書き」本、「進物用《ギフト・ブック》」の本などの商品であふれかえる出版業界の生産物を取り上げる。その仕事は美的判断より、リポートが主体になる。レヴューアーは、「今度のシリーズ・ドラマはどんな内容なんだろう?」「この映画は、子供には低俗すぎるでしょうか?」「この本は本当に私の性生活を改善してくれるのかしら?　それともチョコレート・ムースの作り方を教えてくれるの?」と、いろいろ知りたがる男女の代理役になる。映画や、ベビーシッターや、良いレストランでの待ちに待ったディナーに金を払うなら、何を知りたいかを考えてみよう。言うまでもなく、あなたが書くレヴューはチェーホフ劇の新演出よりは、平明で素朴なものになるはずだ。

それはそれとして、ここでは良いレヴューと良い批評の両方に適用されるいくつかの条件を示しておこう。

まず何より、批評家は自分がレヴューする対象を好きにならなければ——できれば、愛するようにならなければならない。もしくだらない映画だと思ったら、それについては書かないようにしよう。読者は、知識と情熱と偏見を貯めこんで映画館へ行く映画ファンだと想定すべきだ。批評家はすべての映画を好きになる必要はない。批評は、あくまでひとりの人間の意見にすぎないのだから。だが、観に行くときは好きになりたいと思って行くべきだ。もし満足するより失望するほうが多ければ、それは観た映画が到達できたはずのレベルまで達していなかったからだ。と言っても、あらゆるものをけなすことで自分を誇示する批評家は論外だ。そういう批評家は「カフカ的」でも何でもなく、ただ退屈なだけの人間だ。

もうひとつのルールは、筋をあまりばらさないこと。読者が楽しめそうかどうか判断できる程度にとどめて、彼らの楽しみを奪ってはならない。たったひとつの文がよからぬ効果を生み出すことも少なくない。「これはアイルランドの気まぐれな牧師が、金時計を隠し持つ吝嗇な未亡人が住む村に小妖精レプレホーンの姿で出没する三人の孤児の少年に助けを求める映画である」。私はとうていこの映画を観に行く気にはなれなかった。スクリーンや舞台に出てくる「小さな人々」には食傷していたからだ。だが、むろん私の偏向した好みとは縁のない人もたくさんいて、大挙して映画館に押し寄せることもある。ストーリーの意外な展開をばらして、観る人の楽しみを台無しにしてはいけない。特に、橋の下に住んでいるトロルの愉快な場面などは御法度だ。

三つ目の原則は、特徴的な細部《ディテール》を活用すること。そうすることで一般論に陥るのを避けられる。一般論は無用の長物だ。「この芝居にはいつもうっとりさせられる」は、劇評家の常套句だ。だが、どんなふうに「うっとりさせられる」のか？「うっとりするもの」は人によって千差万別だ。いくつか例を出して、読者にその人の「うっとりする」基準で判断させたほうがいい。ここに挙げるのは、ジョセフ・ロージー監督の映画を取り上げたふたつの映画評の抜き書きだ。(1)「洗練と抑制を目指すことで、俗悪に陥る可能性を否定し、非情さを分別と取り違えている」。曖昧な文章で、作品の雰囲気の一片は感じさせるものの、読者はまったく場面を思い浮かべられない。(2)「ロージーはランプシェードに前兆を、テーブルの食器に意味を見いだすスタイルを追求している」。この文章は正確であり、私たちにも芸術映画の製作がこんなふうであるのがわかる。カメラが十分練られた緩慢な動きで、一族伝来のガラス食器のうえをさまようのが目に浮かぶではないか。

書評においては、著者自身の文章で評価の裏付けができる。トム・ウルフの文体は装飾過多で風変わりだ、などとは書かないでほしい。彼の装飾過多で風変わりな文章を二、三引用し、それがどんなふうに風変わりかを読者に示すべきだ。劇評で、舞台装置が「印象的だ」と書いてくれる必要はない。各部分を描写するか、あるいはどれほど照明が独創的かとか、これまでなかった装置のおかげで俳優の登場と退場がどれほど助けられているかを説明するのがよい。読者を劇場の座席に座らせるのだ。あなたが観たものを観る手助けをしよう。

最後の助言は、あらゆる批評家の手持ちの矢筒のなかで不釣り合いなスペースを占めている自己陶酔型形容詞をできるだけ使わないことである。「心を奪われる」とか、「輝くばかりの」などといったやつだ。良い批評には、自分の観たもの、考えたことを表現する簡潔できびきびした文体が不可欠だ。きらびやかな形容詞は、ヴォーグ誌が最新の発見を報じる息せききったような文章にまかせよう。「つい先頃、コスメル島に息を呑むほど魅力的なビーチを発見！」

レヴューとそのシンプルなルールについてはこれくらいにしておこう。では、批評はどうなのだろう？

批評は深い思考を要求される知的営為である。芸術に正面から向き合った作品を評価し、それが同じメディアや作者の過去の作品のなかにどう位置づけられるかを判断する必要がある。だからと言って、批評家は目標を高く設定した仕事だけしなければならないわけではない。たとえば『ロー＆オーダー』のようなコマーシャルな作品を取り上げ、米国社会とその価値観について語る場合もある。もっとも、たいがいの批評家はそういった脇道に入って時間をつぶしたがらない。彼らは自分を学者と見なしており、自分の分野で思考を自由に働かせることしか関心がない。

だから、もし批評家になりたければ、自分の専門分野にしたいメディアに浸りきる必要がある。演劇評論家になりたいのなら、観られる芝居を片端から観ることだ。良い芝居も悪い芝居も、古いものも新しいものも。古典を読み、再演を観て、過去に追いつかなければならない。シェイクスピアやバーナード・ショーが、チェーホフやモリエールが、アーサー・ミラーやテネシー・ウィリアムズがどうやって新境地を切り開いたかを知らなければならない。一流の俳優や演出家のことを学び、それぞれの手法の違いを知る必要がある。米国のミュージカルの歴史もおさえておくべきだ。ジェローム・カーンやガーシュイン兄弟、コール・ポーター、ロジャーズとハートとハマースタイン、フランク・レッサーとスティーヴン・ソンドハイム、アグネス・デ＝ミルとジェローム・ロビンズが果たした貢献について学ぼう。それができて初めて、芝居とミュージカルの新作を古い伝統のなかに位置づけられ、先駆者と模倣者を見分けられるようになる。

すべてのアートに関して、私は同じようなリストを作ることができる。ロバート・アルトマン監督の旧作を観ていなければ、新作のレヴューをしても映画ファンにはあまり役立たない。音楽評論家はバッハやパレストリーナ、モーツァルト、ベートーヴェンだけでなく、シェーンベルクやチャールズ・アイヴズ、フィリップ・グラスを知っておくべきだ。三人とも理論家であり、異端者であり、実験者である。

当然のことながら、私はいま読者として都会風の洗練された人々を想定している。批評家は、対象となる読者と知識をある程度共有する領域を予想できる。だから、ウィリアム・フォークナーは南部の小説家だとわざわざ教えてやる必要はない。やらなければならないのは、南部の新人作家の処女作を評価して、フォークナーの影響を探ろうとしているのなら、刺激的な発想を生み出して、読者がそれを賞味できるようにページに放りこんでやることだ。読者はあなたの意見に反対するかもしれない。それが彼らの知的楽しみなのだから。だが彼らは、あなたの考えの方向性と、結論に至るまでの旅を楽しんでくれるはずだ。私たちが優れた批評家を好きになる理由は、その人の考え方もさることながら、個性によるところが大きい。

映画ほど良い批評家とともに旅する楽しみを与えてくれるメディアはほかにない。共有できる領域は広大だ。映画は私たちの日常生活や生き方、記憶や神話と密接に結びついており（『カサブランカ』の台詞が四つ、『バートレットの常用引用句辞典』に載っている）、そういう結びつきを教えてくれる批評家は信頼される。批評家が提供する典型的なサービスのひとつに、次々と違う作品に出演し、ときにはそれまで天文学者も知らなかった銀河から来たかのようにスクリーンを横切って行くスターの動きを止め、私たちにじっくり観察させてくれることがある。モリー・ハスケルは『闇のなかの叫び』の映画評のなかで、キャンプ旅行中に乳児を殺した罪で有罪になったオーストラリア人女性を演じたメリル・ストリープの「擬態の喜び」を考察している。この映画のストリープは、「不格好なかつら、まともとはとうてい言えない服装、外国人風の訛り――つまり、観客から同情を得る正常な範囲から逸脱した女性を演じている」。優れた批評家ならそうあるべきだが、ハスケルはきちんと歴史的な文脈のなかで批評を書いている。

昔のスターのオーラは自意識から、あらゆる役に投影される個性の核心から発していた。ベティ・デイヴィスにせよ、キャサリン・ヘプバーンにせよ、マーガレット・サラヴァンにせよ、演じる役がどれだけ多岐にわたっても、どこか見慣れた、親しみ深い、常に変わらぬものを感じさせた。すぐに聞き分けられる声、台詞まわし、それにある種の表情さえ、どの作品でもそのまま変わらずに残っている。コメディアンならそれを真似できるが、一般の人間はすぐにピンと来るか、あるいはまったく気づかないかのどちらかだろう。カメレオンを思わせるメリル・ストリープの場合は、特徴を捉えられるほど一カ所にとどまっていないので、その分そうした反応は弱まることになる。ベティ・デイヴィスは個性の限界を押し広げることで、衣装（『ヴァージン・クイーン』）や時代（『オールドミス』）に対応したが、彼女は常にベティ・デイヴィスであり、誰もそれ以外であってほしいとは願わなかった。彼女はストリープと同じく、道徳的に見て疑問符のつく、好感を抱きにくい人物の役にもあえて挑戦した。『月光の女』では、自分を裏切った男を冷酷に殺害しながら悔いることを拒絶したプランテーション所有者の妻を演じている。デイヴィスがストリープと違うのは、役と一体化して、情熱と激情をすべて注ぎこんでいる点だ。彼女の演じるヒロインは冷淡で誇り高く、王女メディアのごとく無慈悲である。おそらくそこがアカデミー会員の不興を買ったのだろう。デイヴィスがもらって然るべきオスカーは、もっと甘くて従順な『恋愛手帖』のジンジャー・ロジャースに与えられた。それでもデイヴィスは、心で燃える火に私たちを反応させた。演じる役と安全な距離を保っているストリープのような女優がそれほどの高みに上っていくとは……あるいは、そこまで深く落ちていくとは想像できない。

(Deep Streep)

この巧みな一節は、ハリウッドの過去と現在をつなぎ、メリル・ストリープのポストモダン的クールさを探求すると同時に、ベティ・デイヴィスについて知らなければならないことすべてを語ってくれている。さらに言うと、スター・システムの黄金時代にデイヴィスとともに君臨した大物たち――ジョーン・クロフォードやバーバラ・スタンウィックらの名が挙がる――の全世代についても教えてくれる。大スターはスクリーン上で憎まれても気にしなかった。チケット売り場で愛されているかぎりは。

別のメディアに目を移して、マイケル・J・アーレンの『戦場からリビングルームへ――マイケル・アーレン集』を見てみよう。これは一九六〇年代のなかばに書かれたアーレンのテレビ批評を集めた本である。

ベトナム戦争がよく「テレビの戦争」と言われるのは、テレビによって圧倒的な勢いで人々のもとへ持ちこまれた最初の戦争であるからだ。人々は確かにテレビを観た。本当にテレビを観た。ディック・ヴァン・ダイク〔一九六一年から六六年まで放送されたCBSのシチュエーション・コメディ『ディック・ヴァン・ダイク・ショー』の主役〕を観て、友だちになった。思慮深いチェット・ハントリー〔デイヴィッド・ブリンクリーとともに一九五六年から十四年間、NBCのニュースショー『ハントリー・ブリンクリー・リポート』の共同アンカーを務める〕を観て、彼が思慮深いのを知った。機知に富んだデイヴィッド・ブリンクリーを観て、彼が機知に富んでいるのを知った。人々はベトナムを観た。彼らはベトナムを観た。だがそれは、子供が廊下にひざまずき、鍵穴に目を当てて、ロッカールームで言い争っているふたりの大人を見ているようなものだった。鍵穴のすき間は細く、人影はぼんやりし、大部分が視野の外にある。声は不明瞭で、意味不明の脅し文句が聞こえるだけ。場面も断片的に見えるだけで、肘の一部、男の上着（この男は誰なんだ？）、顔の一部しか――女の顔だ――見分けられない。なんと、女は泣いている。涙が見える（声は不明瞭なままだ）。涙がひとしずく。ふたしずく。三しずく。二度の空爆。四度の索敵殲滅任務。六度の当局発表。あんなに美しい女性が。なんとかもうひとりの大人を見ようとするが、鍵穴が小さすぎるし、なぜか男は視線に入ってこない。見ろ！　グエン・カオ・キ将軍がいる！　数機が空母タイコンデロガに無事に帰投した。私は（ときおり）テレビ放送を運営している人々は戦争のことをどう思っているのだろうと首をかしげる。なぜなら、「彼ら」は鍵穴を通した視野しか提供しないからだ。私たちが彼らに周波数を割り当てたのに、この肝心なときに、彼らが私たちに与えたのは鍵穴の視野だった。彼らは本当に、肘と顔とはためくドレス（そう言えば、もうひとりの人物は誰なんだろう？）を見せるだけで、私たち子供が部屋のなかで行われていることを理解できると考えているのだろうか？

これこそ一級品の批評だ。スタイリッシュで、さりげないほのめかしを織り交ぜ、不穏な雰囲気をたたえている。読者を不安にさせるのは――批評はそうであるべき場合が多い――確信に揺さぶりをかけて、もう一度検討するように促すからである。読者の関心をつなぎとめるのは鍵穴の隠喩だ。実に正確で、実に謎めいている。だが、この国の最強のメディアが自分たちの戦っている、そして拡大している戦争を国民にどう伝えたかという根本的な疑問は残されたままだ。このコラムは一九六六年、米国人がまだベトナム戦争を支持していたときに掲載された。もしテレビが鍵穴を押し広げて、「はためくドレス」だけでなく、切り落とされた首や燃える子供を見せたら、世論はたちまち戦争反対に変わっただろうか？　いまはもうそれを知るすべはない。だが、少なくともひとりの批評家は観察を続けていた。私たちが自明のこととしていた事実が真実でないとわかったとき、それを真っ先に知らせてくれるのが批評家の役割なのだ。

　アートの種類によっては、印刷物としてとどめ置くのが難しいものもある。たとえばダンスは動きで構成される。優雅な跳躍や爪先旋回《ピルエット》のひとつひとつを、どうすれば静止させられるだろう？　もうひとつが、音楽である。それは耳で聞く芸術だが、作家は私たちの目に見える文字で描写しなければならない。どう頑張っても全部を捕捉するのは不可能だから、音楽評論家たちはこの仕事を長く続けるために、イタリア産の音楽用語という防御手段の陰に身を隠すことになる。ピアニストの「ルバート奏法」がほんの少し多すぎると評したり、ソプラノ歌手の「声域《テッシトゥーラ》」にかすかな甲高さを聞き取ったりする。

　だが、そうしたはかない音色の世界でも、優秀な批評家は良い文章で対象を正確に解明する。一九四〇年から五〇年にかけてニューヨーク・ヘラルド・トリビューン紙に音楽評を書いていた評論家ヴァージル・トムソンは、優雅にそれを実践した。自身、作曲家であり、学識豊かな教養人でもある彼は、読者が生身の人間であることを忘れず、読者を巻きこむ熱意と、うれしい驚きを交えた生き生きした文体で執筆した。彼には怖いもの知らずの面もあり、執筆していた期間は、どんなに神聖視《セイクリッド・カウ》された人々も安閑と草を食んではいられなかった。トムソンは音楽家も人間であることを忘れず、巨人を人間のサイズまで縮めることをためらわなかった。

演奏の速度やリズム、全体的な好感度について、トスカニーニの良いところ悪いところを音楽家同士でほとんど議論しないのは異常である。ほかの演奏家と同じで、トスカニーニもそうしたことに長けている反面、同じくらいミスを犯すこともある。それ以上に大切なのは、作品を巧みに聴衆に伝える彼の常に変わらぬ能力ではないだろうか。トスカニーニは聴衆の関心が散漫になるのに気づくと、臆面もなくテンポを上げたり、明瞭さを放棄したり、基本リズムを無視したりして、自分の指揮棒のように曲をひたすらぐるぐると回していく。曲それぞれに特定の意味があるわけではなく、どんな曲であれ、聴衆が自発的に支持票を投ずるように仕向けなければならない。私はこれを「ワーオ！・テクニック」と呼んでいる。

(The Musical Scene)

ここには「ルバート奏法」も「テッシトゥーラ」も出てこないし、盲目的英雄崇拝もない。それでいながら、この段落はトスカニーニを偉大な存在にしているものの本質を、ショービジネス界への格別の寄与を見事に捉えている。もし彼のファンがこの本質に含まれる下品な要素を不快に思ったなら、これまでどおり「叙情的音色」や「オーケストラの総奏《トゥッティ》」のマエストロとして賛美していればいい。私はトムソンの見立てを支持する。もしかしたら、マエストロも同意するかもしれない。

批評における潤滑剤はユーモアである。これを用いれば、作家は少し斜に構えて仕事をできるし、批評自体がエンターテインメントにもなる。とはいえコラムは系統だった創作であるべきで、二、三発ウィットのラビットパンチを放つだけでは不十分だ。ジェームズ・ミッチェナーの作品は、これまでずっと悪口を言う書評家をはねつけてきた。その真摯さゆえに、攻撃が難しいのだ。だが『約束』の書評で、ジョン・レナードは隠喩という遠まわりのルートでミッチェナーに待ち伏せ攻撃をかけた。

ジェームズ・ミッチェナーについて言わなければならないのは、彼があなたをすり減らすことである。あなたを麻痺させて、黙認に追いこむ。何ページも何ページも、まるで敗軍の兵隊のように、単調な文章が視神経経路を行進していく。それは陳腐さから敬虔さへ至るグレート・トレック〔十九世紀前半、英領ケープ植民地を逃れたボーア人の大陸移動の旅〕だ。ふたつの耳のあいだにある精神は、さながらムジリカジ王による破壊か、あるいはボーア戦争で英国が行った「焦土」政策完了後の南アフリカの草原同然になる。鳥は歌わず、アンテロープは渇き死にする。

ところが、ミスター・ミッチェナーは靴のごとく真摯である。『約束』では、『ハワイ』や『センテニアル』や『チェサピーク物語』と同様、彼は長期的な視点を採用する。一万五千年前から始め、一九七九年末で終止符を打つ。私たちが望んでいようがいまいが関係なく、南アフリカを理解させようとする。厳格なフェアプレイ精神とともに彼が繰り返し示してみせる考え方はオランダ人さながらで、頑固にその姿勢を崩さない。どんな悪天候になっても耐え抜き、事実という牛たちをそれが落後するまで追い立てる。

三百ページかそこらまで来ると、読者は――少なくとも私という読者は――ため息をもらさずにはいられなくなる。言うまでもなく、一冊の本を一週間かけて読むのであれば、プルーストかドストエフスキーにすべきであり、ミスター・ミッチェナーが整理カードを綴じて作ったような本ではない。だが、もう引き返せない。これはフィクションというより、退屈な重労働と言ったほうが当たっている。私たちは肩にのっかった教師の鞭で先へ先へと駆り立てられる。学べばきっといいこともあるのだろう。

私たちがやっているのは学習だ。ミスター・ミッチェナーはごまかしたりはしない。彼は神とではなく、百科事典と「契約」したのだ。もし一万五千年前のアフリカの奥地でサン族が毒矢を使っていたとしたら、彼はその矢の形を描写し、毒の出所を名指ししたにちがいない。

優れた批評作品はどのように書き出したらいいのだろう？　まずは何より、読者がこれから足を踏み入れようとしている特殊な世界で迷わないように、道案内に尽力すべきである。たとえ相手が広い知識を持った男女であっても、一定の情報を教えるか思い出させるかする必要がある。ただ読者を水のなかに放りこんで、すいすいと泳ぐのを期待してはならない。水も温めてやるべきだ。

文学批評には特にそれが当てはまる。多くが遠い昔に起きたことなのだから。あらゆる作家が、棹さすか抵抗するかは別にして、長い流れのどこかにいる。この百年、T・S・エリオットほど革新的で、影響力のある詩人はひとりもいなかった。ところが生誕百年にあたる一九八八年には、驚くほどわずかな関心しか寄せられなかった。シンシア・オジックはニューヨーカー誌に掲載した批評的エッセイの書き出しでそのことを指摘し、エリオットが自分たちの世代には「巨大な予言者的存在」だったことをいまの大学生はほとんど知らないと書いている。「永遠とよく似た文学的時代において……（私たちにとって）T・S・エリオットはまさに極致であり、巨像であり、太陽や月のように天空に浮かぶ永遠の輝きだった」

オジックは機敏に水を温め、私たちを自分の大学時代の文学的風景へと招き寄せる。そのおかげで、これからオジックが明らかにしようとしている、エリオットがほとんど忘れられている現状に対する彼女の驚きを理解できる。

> エリオットの詩に通じる扉は、容易には開かない。彼の詩行とテーマはそうたやすく理解できないからだ。だが若者は、見慣れぬ魅力に引き寄せられ、倦怠《アンニュイ》の心地よいリボンに縛られて、その門に身を投じる。「四月は最も残酷な季節」。低くこもった抑揚のエリオットの声が、学生の蓄音機から渦巻くように立ち上る。「死んだ土地から／リラの花を咲かせ、記憶と欲望を／混ぜ合わせる」。上品な英国風のアクセント――平板で、明確で、安定し、非情緒的で、意外に甲高く、冷ややかな慎み深さ――が、畏れ多い英文学部、名誉ある寄宿舎、壁にピカソがピンアップされた部屋に渦巻いて広がっていく。そこでは、思春期後期の熱に浮かされた胸の内で、エズラ・パウンドとエリオットと『ユリシーズ』とプルーストがごた混ぜになってひしめきあっている。詩人本人と同様、聖職者にふさわしい声は温かみに欠け、うつろなロボットの嘆きのようにこの国のキャンパスを次々と伝っていく。「寂静《シャンティ》、寂静《シャンティ》、寂静《シャンティ》」「轟音ではなくささやき声で」「乾いた月の老人」「私は裾をまくったズボンをはくだろう」――こうした詩句が四〇年代、五〇年代に文学に情熱を傾けた人々の敬虔な聖歌となり、彼らが初めて詩を書くときには信心深くエリオットの音調――その抑制と荘重さと謎、その侵襲的なよそよそしさと、いつに変わらぬ一貫性のない絶望――を模倣することになる。
>
> (T. S. Eliot at 101)

この段落は、よみがえった記憶の細部、学者らしい綿密さ、米国中のキャンパスにおけるエリオットの大きな存在感の再現といった点で異彩を放っている。私たち読者は高僧の絶頂期に引き戻される。その後の衰退を描くための完璧な出発点だ。学者のなかには、オジックのエッセイを嫌う者が少なからずいて、詩人の名声からの転落を誇張していると主張する。だが私は、それがオジックの作品の真実味を増していると思う。文学評論は、闘争本能を呼びさます要素をいくらか含んでいなければ書く価値はない。学問上の上質な喧嘩騒ぎほど楽しめるものは、スポーツ観戦にもそうあるわけではない。

今日、批評はジャーナリズムの世界に多くの縁者を持っている。新聞や雑誌のコラム、個人のエッセイ、論説、批評的エッセイなどで、批評家は本や文化現象の話題から逸れて、もっと大きな論点を語るようになった（ゴア・ヴィダルはこの形式に厚かましさとユーモアを持ちこんだ）。優れた批評の基準となる原則の多くが、そうしたコラムにも当てはまる。たとえば政治コラムニストは政治と、大昔からつながる絡み合った糸を愛さなければならない。

とはいえ、どんな形式にも共通するのは、個人的な見解で組み立てられる点だ。論説でさえ、「われわれ（We）」を使ってはいても、当然それは「私（I）」が書いたものである。作家に必要なのは、自分の意見を毅然と表現することだ。最後の最後にひよって、逃げ腰になり、その力を帳消しにしてはならない。日刊紙のなかで一番退屈なのは、論説の次のような締めの一文だ。「新政策がうまく機能するかどうかを判断するのはもう少し先になるだろう」。あるいは、「この決定の効果はいまのところ何とも言えない」。「まだ先の話」なら、わざわざ伝えてくれることはないし、「いまのところ何とも言えない」のは、すべてのことがそうだとも言える。確信を持って、自分の姿勢を示すべきだ。

ずいぶん昔の話だが、私はニューヨーク・ヘラルド・トリビューン紙の論説を書いていたことがあり、当時の編集長はL・L・エンゲルキングという大柄で短気なテキサス男だった。私が彼を尊敬していたのは、てらいがなく、不必要に主題のまわりをぐるぐる回るような書き方を嫌っていたからだ。私たちは毎朝会議を開いて、翌日の論説に何を書くか、どんな立場をとるかを話し合っていた。方針を決めかねることもたびたびあり、特に執筆者が南アメリカの専門家であるときにそれが多かった。

「ウルグアイのクーデターについて書いたらどうなんだ？」と、編集長が尋ねる。

「それは経済発展の証である可能性もあります」と、担当執筆者が答える。「あるいは、また政治状況全体が不安定化することになるかも。どうでしょう、そこから得られるかもしれない利益を挙げてから……」

「なあ」と、テキサス男が口をはさむ。「両脚にしょんべんを垂らすのはやめようじゃないか」

それは彼が抗弁するときによく用いる言いまわしで、私はあとにも先にもそれほど趣味の悪いアドバイスをもらったことはない。だが、レヴューとコラムを長年書き続け、自分の強く感じていることをなんとか伝えようとしていると、もしかしたらそれが最高のアドバイスだったのかもしれないと思えてきた。

# 19　ユーモア

ユーモアはノンフィクション作家の秘密兵器である。なぜ「秘密」かと言えば、何か重要な主張をしたいときに、ユーモアが最高の道具、ときには唯一の道具になるのに気づく作家があまりにも少ないからだ。

それは矛盾してるのではないかと思っても、そう思うのはあなたひとりではないからご心配なく。ユーモア作家は、自分たちが何をしようとしているかをほとんどの読者が知らないことを承知で書いている。以前電話で、どういう経緯でライフ誌にパロディを書くようになったのかと訊いてきた記者のことを思い出す。最後に、その記者はこう言った。「あなたをユーモア作家と呼んでいいんでしょうか？　それとも、これまでシリアスな作品を書いたこともあるんですか？」

その答えはこうなる。もしあなたがユーモアを書こうとしているのなら、あなたのやっていることの大半はシリアスなものだ、と。米国人のほとんどはこのことを理解していない。ユーモア作家は「本物の」仕事に真剣に取り組んでいないから、取るに足りない存在と片づけてしまう。ピューリッツァー賞はアーネスト・ヘミングウェイやウィリアム・フォークナーなどのシリアスな（かどうかは神のみぞ知る）作家に与えられ、その結果、立派な文学者と認定される。ジョージ・アデやH・L・メンケン、リング・ラードナー、S・J・ペレルマン、アート・バックウォルド、ジュールズ・ファイファー、ウディ・アレン、ギャリソン・キーラといった人々が受賞することはめったにない。おふざけをしているだけだからだ。

彼らはおふざけをしているだけではない。目指しているのは、ヘミングウェイやフォークナーと同様、シリアスである。国にみずからの姿をはっきり見るように迫る国家資産とも言える存在だ。彼らにとって、ユーモアは喫緊の仕事である。普通の作家が普通のやり方で伝えない重要なことを、特別なやり方で伝えようとする試みなのだ。たとえ普通の作家が伝えても、あまりに普通すぎて誰も読もうとはしないだろうから。

一枚の時事漫画が、百本のまじめくさった論説に匹敵する。ギャリー・トルドーの連載漫画『ドゥーンズベリー』一本には、一千語を費やした教訓話と同じ価値がある。『キャッチ22』や『博士の異常な愛情』は、戦争を「そのままに」見せようとする小説や映画を全部合わせたものより強力だ。軍隊心理が明日にでも私たちを十把一絡げに破滅させかねないことを警告しようとしている者にとって、新しい喜劇を創出したこのふたつの作品はいまだに標準的な参考資料となっている。ジョセフ・ヘラーとスタンリー・キューブリックは戦争の真実を誇張して、そこに潜んでいる愚行を私たちにも見えるように暴き出した。ここで語られている冗談は、実は冗談ではないのだ。

狂気の真実を（それが狂気であるとわかるレベルまで）誇張することが、シリアスなユーモア作家のやろうとしていることの要諦である。彼らのミステリアスな仕事がどのように行われるか、一例をご覧に入れよう。

一九六〇年代のある日、私は米国の女性の半分が突然、老いも若きもヘアカーラーをつけているのに気づいた。これは不気味な疫病とも言えるもので、女性たちがいつカーラーを外すのかわからないので、いっそう謎めいている。カーラーを外した証拠はまだ見つかっていない。スーパーマーケットでも教会でもデートのときも外さないのだから。じゃあ、素敵な髪型にするのは、どんな素敵なイベントのためなのだろう？

私は一年ほどかけて、この現象をどう書いたらいいかを考えた。「実に嘆かわしい」とか「女たちにプライドはないのか？」などと書くこともできる。だが、それではまるでお説教で、お説教はユーモアの死だ。作家なら、人を笑わせる趣向を見つけ出さなければならない。皮肉、パロディ、当てこすり、風刺、ナンセンス等々、真面目な主張をカムフラージュする手段を。ただし、うまく見つからず、言いたいことを言えない場合のほうが多いかもしれない。

幸い、夜を徹して考えたのが功を奏した。新聞・雑誌売り場をうろついて、四つの雑誌――『ヘアドゥ（髪型）』『セレブリティ・ヘアドゥ（セレブの髪型）』『コームアウト（髪をすく）』『プーフ（そびえ立つ髪型）』――が肩を並べて置かれているのを見つけた。私はびっくりする売り子を尻目に、四誌全部を買って帰った。目を通すと、なんとジャーナリズムの全世界が髪に――首からうえの生命（ただし脳は含まれない）に全精力を注ぎこんでいるのがわかった。カーラーを留める位置の複雑な図解や、カーラーに関する悩みを編集者に相談する若い女性の投書などが載っている。これこそ求めていたものだ。私は『ヘアカール』なる雑誌をでっち上げ、架空の投書とその回答を何本も書いた。ライフ誌に載った記事はこう書き出されている。

ヘアカール御中

私は十五歳で、仲の良い友だちにはきれいだと言われています。ジャンボサイズのベイビーピンクのカーラーを使ってます。二年半前から付き合っている恋人がいるのだけど、彼はカーラーを付けていない私を見たことがありません。この前の夜、私がカーラーを取ってみせると、言い争いになりました。彼は、「きみの頭が小さく見える」、ぼくはだまされていたと言うのです。どうしたら彼の愛を取り戻せるでしょう？

心の痛み
ニューヨーク州スピオンク

心の痛み様
そんな愚かなことをした自分を責めるしかありません。『ヘアカール』の最新調査によれば、米国人女子の九四パーセントが、一日平均二十一・六時間、年平均三百五十九日カーラーを付けています。あなたは例外になろうとして、ボーイフレンドを失ったのです。私たちのアドバイスどおりにスーパージャンボのカーラー（お好みのベイビーピンクのものもあります）を付ければ、頭はこれまでより大きく見えるし、かわいさも二倍になります。二度と外そうなどと思わないように。

ヘアカール御中
ボーイフレンドは指を私の髪にすべらせるのが大好きです。問題は、カーラーが邪魔してしょっちゅう指が挟まってしまうことです。この前の夜、とてもばつの悪いことが起きました。ふたりで映画に行ったのだけど、なぜか彼の指が二本、引っかかって（中型カーラーの留め金のところです）抜けなくなったのです。彼の指が頭にくっついたまま映画館を出るときは、人にじろじろ見られているような気分でした。帰りのバスの乗客にも「おかしな目で」見られました。幸い、自宅にいたスタイリストと連絡がとれ、道具を持って駆けつけてくれたので、かわいそうなジェリーは解放されました。ジェリーは怒り狂って、こんな変な癖のないカーラーを付けるまで、私とはデートしないと言っています。無茶な言い分だとは思うのですが、彼は「本気」です。助けてもらえない

死に物狂い
バッファロー

でしょうか？

死に物狂い様
　残念ながら、髪をかき乱す男の子の指をたまに挟んだりしないカーラーはまだ開発されていないのをお伝えしなければなりません。ですが、そういった苦情がしょっちゅう寄せられているので、カーラー業界は懸命にこの問題に取り組んでいます。しばらくのあいだ、ジェリーにミトンをはめるよう頼めませんか？　そうすれば、あなたはハッピーになり、ジェリーは安全でいられます。

（The Haircurl Papers）

　こういったものをたくさん書いたので、もしかしたらジョンソン大統領夫人の「美化プロジェクト」になにがしかの貢献ができたかもしれない。だが肝心なのは、この記事を一度読めば、次にヘアカーラーを見てもこれまでと同じ見方ができなくなる点だ。ユーモアのパンチを受けたことで、それまで当たり前に思っていた日々の暮らしの突飛な出来事を新鮮な視点で見られるようになる。いま取り上げたテーマはさほど重要なものではない。ヘアカーラーは私たちの社会を破壊しないからだ。それでもこの手法は、「本当に」重要なテーマにも有効である。というより、人を笑わせる正しい枠組みさえ作れば、ほとんどどんなテーマにも有効な働きをする。
　旧ライフ誌が休刊するまでの五年間（一九六八年から七二年まで）、私はユーモアを使って、過度の軍事力や核実験といった一見縁のなさそうな数多くのテーマを取り上げた。コラムのひとつでは、パリで開かれたベトナム和平会談のテーブルの形に関するつまらぬ言い争いをテーマにした。九週間過ぎても状況は異常さを増すばかりで、もはやからかいの対象にするしかその実態に迫る手立てがなかった。私は毎晩、自宅の食卓で和平を成立させるために、食卓の形を変えたり、椅子を低くして相手側の人間の「地位」を落としたり、相手を「認識」せずにすむように椅子をあらぬほうに向けたりする場面を描写した。パリで起きていたのは、まさにそういうことだったのだ。

　そうした作品が効果を発揮するのは、もじった元ネタの形式を正確になぞっているからだ。ユーモアとは、何かをはなはだしく誇張する行為に思えるかもしれない。だがヘアカーラーの手紙は、それが文体と心理の両面で、ジャーナリズムの一形式であると認識されなければ成功しなかった。抑制がユーモアには不可欠だ。「スロットルボトム」などという滑稽な名前を用いてはいけない。似たようなジョークを二度三度と使ってはならない。一度だけ使うからこそ、読者は楽しんでくれるのだ。あなたがやろうとしていることがわかっている読者の賢さを信頼しよう。あとは何も心配する必要はない。

　ライフ誌に書いた私のコラムは人々を笑わせた。だが、そこには真剣な目的があり、こう訴えているのだ。「いま何かおかしなことが起きている。人間らしい生活を侵食するもの、生活そのものの脅威となるものがはびこっているのに、みんな、それが正常だと思っている」。いまの時代、異様としか言えないものが、たちまち平凡なものに変わってしまう。ユーモア作家が伝えようとしているのは、それでもまだ異様なものは異様だということなのだ。

　一九六〇年代末の大学紛争の最中に読んだビル・モールディンの漫画がいまだに記憶に残っている。ノースカロライナ州の大学に治安維持のために歩兵と戦車が派遣され、バークリーではヘリコプターから撒かれた神経麻痺剤《メース》で学生が追い散らされた頃のことだ。漫画では、息子を呼び出した徴兵委員会に母親がこう訴え出る。「あの子はまだ子供なんです。どうか大学のキャンパスから救い出してください」。

それがある種の狂気を暴き出すモールディンのやり方で、彼は間違いなく的を射ていた。その証拠に、漫画が発表されてまもなく、ケント州立大学で四人の学生が殺される事件が起きた。

　標的は週ごとに変わるが、ユーモア作家が戦いを挑む愚行や危険が足りなくなることはない。リンドン・ジョンソン大統領は、彼の遂行した悲惨な戦争のあいだに、ジュールズ・ファイファーとアート・バックウォルドになかば破滅させられた。ジョセフ・マッカーシー上院議員とスピロ・アグニュー副大統領は、ウォルト・ケリーの連載漫画『ポゴ』のためになかば引きずり下ろされた。H・L・メンケンは高位にいる偽善者の銀河全体を引きずり下ろし、ニューヨーク市政を牛耳ったタマニー・ホールの「ボス」トゥイードをなかば倒したのはトマス・ネストの漫画だった。コメディアン、モート・サルは米国が鎮静状態にあって、起こされるのを嫌がっていたアイゼンハワー大統領時代に、ただひとり目覚めていた人物だった。彼を皮肉屋と思う人は多いが、本人は自分を理想主義者と考えていた。「私が誰かを批判するのは」と、彼は語っている。「世界に大きな希望を持っていて、善いものが悪いものに取って代わると信じているからだ。私はビート世代のように、「あっちへ行ってくれ、おれは参加してないんだから」とは言わない。私はここにいて、参加しているんだ」

「私はここにいて、参加している」――もし真剣なユーモアを書きたいなら、それを信条にすべきだろう。ユーモア作家は世間が思っている以上に深い流れのなかで仕事をしている。彼らは進んで性に合わないことをして、大衆も大統領も聞きたがらないことを言わなければならない。アート・バックウォルドとギャリー・トルドーは毎週、勇気ある行動をとっていた。連載コラムニストが避けては通れない、言わなければならないことを言っていたのだ。彼らの救いになったのは、政治家はユーモアを解さないので、一般大衆以上にどう対応してよいかわからなかったことだ。

もっとも、ユーモアは時事的なもの以外にもたくさんの使い道がある。緊急ではないけれど、大昔からあって、日々不満の種になる心や家庭、家族、仕事などの問題に目を向ける助けをしてくれる。私は前に一度、『ブロンディ』の原作者であるチック・ヤングにインタビューしたことがある。当時の彼は四十年にわたって日刊と日曜版に総計一万四千五百本の連載漫画を書き続けていた。連載漫画のなかでも最も人気のあるシリーズで、世界の隅々まで行き渡って、六千万もの読者がいた。私は彼にそこまで続いた理由を尋ねた。

「長持ちしたのは、シンプルだからだ」と、彼は答えた。「みんながやっている四つのことをもとに作られている。睡眠、食事、子育て、金儲けの四つだ」。この四つのテーマをさまざまに変形した漫画は、現在連載中のものも含めて数えきれぬほどある。ダグウッドが上司のミスター・ディザーズから昇給を勝ち取ろうとする行為は、金遣いの荒いブロンディの行為とバランスをとるように延々と繰り返される。「ダグウッドを、昔、人々がそうだった世界にとどめたいと思った」と、ヤングは私に語った。「彼はゴルフをするぐらいで特別なことはしていないし、訪ねてくるのも普通の家庭なら相手をしなければならない人々にすぎない」

ここでヤングの四つのテーマを挙げてみせたのは、ほとんどのユーモアはたとえどんなに奇妙に見えても、根本的真理にもとづいているのを示すためだ。ユーモアは、脆弱な代謝作用に頼って生き延びている個別の有機体ではない。それは良い文章を書いている作家だけに許される特別な物の見方なのだ。そうした作家たちはもともと滑稽な実生活を書こうとしているのではなく、もともと真剣な実生活を書こうとしているのだが、その目は真剣な希望が運命のいたずらで挫かれてしまう領域に向いている。スティーヴン・リーコックの言を借りれば、「私たちの願うことと実現したことが不思議に一致しない」領域である。E・B・ホワイトも同じ意味のことを言っている。「私は〝ユーモア作家〟という言葉が嫌いだ。誤解を招くように思える。ユーモアは真剣な仕事の副産物であって、それ以外ではない。私自身、アーネスト・ヘミングウェイよりもドン・マーキス、シオドア・ドライサーよりS・J・ペレルマンの影響を受けている」

となると、ここでユーモア作家になるための原則をいくつか提示しておいたほうがよさそうだ。まずは、「率直な」良い文章を書く技巧をマスターすること。マーク・トウェインからラッセル・ベイカーまで、ユーモア作家は何より文章の達人だ。次に、滑稽なものを探そうとしないこと、それにありきたりに見えるものを馬鹿にしないこと。それが真実であるとわかっていることのなかに愉快なものを見つけられれば、多くの人の心を揺さぶることができる。最後に、笑わせようと力まないこと。ユーモアは驚きという土台のうえに築かれる。あなたにも、たまには読者を驚かせられるのだ。

作家にはあいにくだが、ユーモアは主観的で捉えどころがない。ひとりが愉快だと思っても、別のひとりはそう感じないかもしれないし、ひとつの雑誌が駄作としてボツにした作品を、別の雑誌が傑作と認めて掲載することもめずらしくない。ボツにした理由も捉えどころがない。「出来がよくない」と編集者は言うが、それ以上の説明はできないでいる。ときには、そうした作品の「出来」がよくなる場合もある。修理可能の欠陥もあるからだ。それでも、失敗率はかなり高い。「ユーモアは解剖して分析できる。蛙みたいに」と、E・B・ホワイトは言う。「だが、それをやっているうちに相手は死んでしまうし、よほど純粋な科学的精神がないかぎり、内臓を見ればやる気を失ってしまう」

私は死んだ蛙の愛好家ではないが、内臓を突っつくことでなにがしかの教訓を得られるのならやってみたかった。そこで、イェール大学で教えていた頃、一年間、ユーモア創作の講座を持つことにした。学生には、この講座はうまくいかない可能性もあるし、きみたちが愛しているものを壊してしまう場合もあると警告した。幸い、ユーモアは死ななかったばかりか、まじめくさった期末レポートという砂漠にも花を咲かせたので、翌年も講座を続けた。その過程を簡単に振り返らせてもらおう。

「米国のユーモアが立派な文学であることを伝えていきたい」と、私は講座に申し込んだ学生に向けて書いた。「それに、何人かの先駆者がその後継者に与えた影響も考察していく。ユーモアにおいては〝フィクション〟と〝ノンフィクション〟のあいだに明確な線を引けないが、私はこれをノンフィクションの講座と考えている。あなたがたが書くのは、現実の出来事をベースにしたものだ。想像力を勝手に羽ばたかせ、無意味に奇を衒う〝クリエイティブ・ライティング〟には興味がない」

まずは先達の作品の抜粋を読むことから始めて、彼らが幅広い文学形式を採用し、ときによっては新たな形式を生み出したことを明らかにした。最初に、ジョージ・アデが一八九七年に発表した『スラングの寓話』を取り上げた。これは、アデが記者をしていたシカゴ・レコード紙に掲載された作品だ。「彼は少しも動じることなく、一枚の紙の前に座っていた」と、アンソロジー『ジョージ・アデの米国』の編者であるジーン・シェパードは、見事な序文のなかでこう書いている。「そのとき彼の頭に、寓話の形式にして、当時の言いまわしや常套句を使って書くというアイデアが浮かんだ。つまり、スラングである。読者に、スラングを使って書くしか能がないと思われるのを避けるために、彼は怪しげな単語やフレーズ全部を大文字にすることにした。無学だと思われるのをひどく心配したのだ」

それは要らぬ心配だった。この本は一九〇〇年に大ヒットし、アデは毎週千ドルを稼ぐようになった。以下はそのなかの「強い光を見た下級社員の寓話」からの引用である〔太字は大文字にした部分〕。

**昔々、損な役まわりに首までどっぷり浸かった**社員がいました。長い**就業時間**をせっせと働いても、**給料**はほんのちょっぴりで、彼は**事務員保護協会**の結成を手助けしました。**賃金労働者**に味方して、**ボス**に逆らったのです。

そんな彼をおとなしくさせておくために、社主は**余録**を与えました。その後の彼は、**給料袋**を見るたびにひや汗をかくようになり、どうやら身体のでかいぐうたらな**でくのぼう**が大勢、会社にいて**荒仕事**をしているのに気づきました。彼は、**雑用係**がくすくす笑うたびに、**指**をパチンと鳴らすことを覚えました。この忠実な老**会計係**は九ドルの昇給と**夏期休暇**を望んでいましたが、彼が得たのは、自分が重要人物であることに満足しろという**空疎な言葉**だけでした。

　**一日で**最も悲しい時間は、夜の六時になって**社員一同がぞろぞろと**帰ってしまうときです。**一日十時間労働**などとは、とても**恥ずかしくて**言えないように思えました。**土曜半ドン制実現運動**などは、**追い剥ぎもいいところです**。かつては**ガレー船**で並んで漕いでいた奴隷たちも、いまはミスターを付けて彼を呼ばなければならず、彼のほうはみんなを**囚人**のように数字で呼びました。

　ある日、部下のひとりが意を決して、この奴隷監督にかつては彼も**給金をもらう小物たちの味方**だったことを思い出させました。

「確かにそのとおりだ」と、**ボス**は言いました。「だが、俺が**低賃金労働者**のために働くときは、一度だって、**取締役室**に掛けてある〝**年間配当**の約束を逃れる美徳〟なんて題のきれいな絵を見に行ったことはない。どうやらいまの状況をきみにわかってもらうのは難しそうだから、これだけ言っておく。**フェンス**のこちら側にいる者は全員、いずれこの**給料問題**に関して新たな**見方**ができるようになるだろう、と」

教訓……雇用人はみんな、教育的な目的でこの会社で働くことを考えたほうがよろしい。

　ほぼすべての寓話に共通することだが、この作品にある普遍的真実はいまでも真実のままだ。「アデは、私が最初に影響を受けたユーモア作家だった」と、ペレルマンは書いている。「彼は社会史的感覚を持っていた。世紀の変わり目のインディアナ州民を描いた彼の作品は、人々がいくらで石炭を買っていたかを調べた研究などより正確に現実を反映している。彼のユーモアは、人間と場所の理解に根ざしている。それまでの米国のユーモア作家にはなかった切れ味鋭い、辛辣なウィットを持っていた」

アデを起点に、次はリング・ラードナーに進もう。古典的一行「黙れ、と彼は説明した」を書いた人で、芝居がかった台詞がユーモア作家に役立つもうひとつの形式であるのを実証した。私はラードナーのナンセンス劇にはメロメロなのだが、おそらく彼はそれを自分の楽しみだけに書いていたのだろう。それでも一方で、舞台で起きていることを明らかにする長尺のイタリック体のト書きを書いて、劇作の聖なるしきたりを風刺した。ラードナー作の『私、ガスピリ』の第一幕は十行の台詞で構成されているが、どの台詞もリストに出ている登場人物とは関係のないもので、イタリック体の九行のト書きも芝居の進行とは関連がなく、最後に、「一週間が経過したことを示すために七日間カーテンが下ろされる」と書かれている。現役時代、ラードナーは野球小説『メジャー・リーグのうぬぼれルーキー』などさまざまな文学形式でユーモアを力強く活用した。彼の耳は、米国人の信仰深さや自己欺瞞の周波数にぴったりと合っていた。

次に復活させたいのは、ドン・マーキスの手になる『アーチーとメヒタベル』で、この影響力のあるユーモア作家は非正統的なメディア――滑稽詩を用いてメッセージを発信した。ニューヨーク・サン紙のコラムニストだったマーキスは、新聞記者には過酷な問題である締切りに対処し、自分のテーマをきちんとした散文で提示するために、ジョージ・アデが寓話を見つけたように、新しい解決策を発見した。一九一六年のある夜、自由詩を書いていたマーキスのタイプライターからゴキブリのアーチーがたたき出された。大文字がないのは、シフトキーを押す力がなかったからだ。友だちの猫、メヒタベルとの友情を描いたアーチーの詩は、その荒削りな見かけからは推し量れない哲学的傾向を持っている。

型どおりのエッセイでは、マーキスの「老劇団員」という長い詩に出てくる、劇場の現状を嘆く老俳優のしおれた姿をこれほど徹底して描き出せなかっただろう。この詩で、アーチーはトムという名の老優とメヒターベルの出会いをこう描く。

おれの家系は
ずっと前から俳優猫
祖父《じい》さんは
エドウィン・フォレストと共演し
自分が本物の俳優だと言い張った

マーキスは猫を使って、自分のよく知っている厭わしさへのいらだちにめりはりを付けている。それはあらゆる分野の古顔に共通するいらだちで、自分の生きてきた世界が堕落してしまったと嘆く古顔はどんな世界にもいる。マーキスはユーモアの基本的機能のひとつを駆使して怒りをそらし、罵る代わりに人間の弱さを笑うほうに方向転換させる。

私のツアーが次に訪れる先は、「自由連想」のユーモアの可能性を大きく押し広げた作家たち――ドナルド・オグデン・スチュアート、ロバート・ベンチリー、フランク・サリヴァンだ。ベンチリーは、身の隠し場所として、寓話や滑稽詩といった非人格的形式にもぐりこんだアデやマーキスとは違い、ユーモアに温もりと傷つきやすさという特質を加えた。ベンチリーほど、自分のテーマのなかに向こう見ずに身を投じる者はほかにいない。

アッシジの聖フランチェスコ（私はずっと登塔者・聖シメオンと混同していた。どちらも名前の前に「聖」がつくので実に間違えやすい）は鳥がとても好きで、肩に止まらせたり、手首を突っつかせているところを絵に描かれている。聖フランチェスコが好きなのなら、それは一向にかまわない。誰にでも好き嫌いはある。私は犬のほうに心が動くのだが。

(Benchley—or Else!)

もしかしたらこうした作家たちはみんな、S・J・ペレルマンのために道を開いてやっただけなのかもしれない。ペレルマン本人もその恩義を喜んで認めている。「誰だって、真似をして学ぶしかない」と、彼は書いている。「一九二〇年代後半の私の作品は、ラードナーの模倣だとして逮捕されてもおかしくなかった。内容ではなく、書き方を真似たのだ。その影響は少しずつ消えていったが」

ペレルマン自身の影響力はそう簡単には消えなかった。一九七九年に亡くなるまで、彼は半世紀以上、息を呑むような言葉の宙返りを見せながら着実に書き続け、いまでも彼の文体の引力に引き寄せられ、抜け出せないでいるユーモア作家やコミック作家がそれこそ山をなしている。ウディ・アレンのような作家ばかりでなく、BBCラジオの『ザ・グーン・ショー』や『モンティ・パイソン』、お笑いコンビ「ボブとレイ」のラジオ寸劇、グルーチョ・マルクスのさりげないウィットなどにペレルマンの影響があるかどうかを調べるのに探偵を雇う必要はない。特にマルクス兄弟の映画については、初期作数本の脚本をペレルマン本人が書いているので追跡はたやすい。

彼が生み出したのは、作家が自由連想によって頭を働かせると、正常から不条理へと一足飛びに変化し、視点の意外性によって、それまで幅を利かせていた古くさい考え方を一掃してしまうという認識だった。彼はこうした絶え間ない驚きのうえに、そのトレードマークであるまばゆいばかりの軽妙な言葉遣い、豊かで奥深い語彙、読書と旅行から得た該博な知識を接ぎ木した。

とはいえ、たとえこの組み合わせが功を奏しても、もし標的を持っていなければペレルマンもこれほど長くは書き続けられなかったろう。「どんなユーモアも何かに関係している必要がある。人間の生活に具体的なつながりがなければならない」と、ペレルマンは言っている。彼の文体を楽しむ読者はもしかしたらその動機を見落とすかもしれないが、ペレルマンの作品のせいで一部の大仰な表現形式が破滅したのは事実である。ちょうど、グランド・オペラがマルクス兄弟の『オペラは踊る』の衝撃から、また銀行業がW・C・フィールズ脚本・主演の『銀行探偵』の衝撃からついに回復しなかったように。ペレルマンは標的にする悪党どもに不足することはなかった。特にブロードウェイ、ハリウッド、広告業界、商社では。

十代の頃に初めてペレルマンの文章を読んで受けたショックをいまでも忘れられない。彼の文章はそれまで見たことがないもので、大笑いさせてくれた。

笛の音が甲高く響き、間髪入れず、シュッシュと音を立てて私はグランド・セントラル駅の夢見る尖塔をあとにした。わずか数フィート進んだところで自分が汽車なしで出発したことに気づき、あわてて駆け戻って発車を待った……二時間とたたずにシカゴに着くが、街は見えないだろう。その思いが私を安らかな境地に引きこんだ。私はディアボーン・ストリート駅がまた新たな煤に覆われていることに気づいて喜んだが、それが私の来訪と何か関係があると思うほどうぬぼれてはいなかった。

女性たちは、食べることより喧嘩の好きな、この短気なアイルランド系の冒険者を愛した。ある晩、彼はポーツマスの居酒屋「ザ・ビット」で、屈強な砲手がグラスに思わずつぶやいた言葉を漏れ聞いた。……翌朝、三十六門の大砲をずらりと並べたフリゲート艦「船体の乙女」がバースを出港し、またたく間に潮の速い流れのベッドにもぐりこみ、ボンベイを目指した。結婚生活のために。船には私の曾祖父も乗客として乗っていた……五十三日間、ほとんどずっとカメオのブローチとド鳥打ち銃（pfowling）のド引き金（ptrigger）のうえに落ちてきたド雷鳥（ptarmigan）を食べて生きながらえたのち、彼はついに無理数とコサインの聖都、狂信的イスラム教宗派の聖都イシュプミングの何基もの塔を目にした。

(Strictly From Hunger)

教室での回顧は、この業界で最も名の売れた実践者であるウディ・アレンで打ち止めにした。いまは三冊の単行本に収められているアレンの雑誌掲載作品は、文字にしたユーモアとしては知性と滑稽さのユニークな集合体を形成しており、彼のテーマとしてはよく知られた死と不安だけでなく、哲学や心理学、演劇、アイルランド詩、テクスト分析（『ハシッドの物語』）といった威圧的な学問分野や文学形式にもメスを入れている。「組織犯罪を考える」は、私の知るかぎり、これまで書かれたマフィアもののパロディのなかで一、二を争う愉快な一篇だし、ヒトラーの理髪師の回想の体裁をとった「シュメード回想録」は、自分の仕事をしただけという「良きドイツ人」に食らわせた鋭い一撃と言える。

わたしはこれまでに何度も、自分のしていることの道徳的意味を知っていたかと、質問を受けた。だが、ニュルンベルク裁判で答えたとおり、わたしはヒトラーがナチとは知らなかった。嘘も隠しもなく、わたしは彼を電話会社の社員だと思っていたのだ。ヒトラーという男がどれほどの怪物であるかをようやく悟ったときには、もうなにをするにも手遅れだった。家具の頭金を払ってしまったのとおなじだ。一度、戦争末期に、総統の首にかけたナプキンをゆるめて、毛の屑をすこし背すじに落としてやろうか、と考えたこともある。しかし、最後の瞬間に気遅れがして、果たせなかった。（浅倉久志訳）（ウディ・アレン『これでおあいこ』所収、CBSソニー出版、一九八一年）

この章で紹介した短い引用だけでは、こうした巨人たちの旺盛な生産力と高度な技巧を垣間見るしかできないが、私は学生に、彼らが真摯な努力と並々ならぬ勇気の長い伝統のなかにいることを知ってほしかった。そうした伝統はいまでも、イアン・フレイジャー、ギャリソン・キーラ、フラン・レボウィッツ、ノーラ・エフロン、カルヴィン・トリリン、マーク・シンガーなどに引き継がれている。マーク・シンガーは、セントクレア・マッケルウェイ、ロバート・ルイス・テイラー、リリアン・ロス、ウォルコット・ギブスといった数多いニューヨーカー派作家と並ぶ現在のスターである。彼らはさりげないユーモアを用いて、ウォルター・ウィンチェルのような有名な厄介者を、皮膚を切り裂いたメスの痕を残さずに暗殺してきた。

シンガーが使う致死性の薬は、一風変わった事実と引用を何百も調合したもので——彼はねばり強いリポーターだ——その文体からは抑えても自然に彼自身の喜びが伝わってくる。彼の力がとりわけ発揮されるのは、一般市民をいらだたせ続ける政財界の山師を相手にしたときで、ニューヨーカー誌に彼が書いたドナルド・トランプの人物評がそれを証明している。シンガーは、トランプが「究極の贅沢と、魂の不満の声にも煩わされない存在になるのを切望し、それを勝ち取った」と書いてから、もとは一九二〇年代にマージョリー・メリウェザーとE・F・ハットンがフロリダ州パームビーチに建て、のちにトランプが改装した百十八室あるスペイン＝ムーア＝ベネチア様式のスパ付き別荘マー・ア・ラーゴを訪ねたときの様子をこう描写している。

　トランプの健康推進の哲学が、とびきり魅力的なスパ従業員の前に長期間姿をさらすことが男性客に生きる意欲を注ぎこむという信念にもとづいているのは明らかだった。したがって、彼は自分の役割をおもな採用決定の拒否権行使に限定している。私たちがメイン・エクササイズルームの見学に出かけると、ちょうどトニー・ベネットがトレーニング用のトレッドミルのうえを歩いているところだった。ベネットはここで季節ごとに二、三度ショーを行い、「邸宅内アーティスト」に任命されていた。トランプは私に、「住み込みの医師、ジンジャー・リー・サゾール」を紹介した。つい最近、カイロプラクティックのカレッジを卒業したばかりだという。感謝の表情を浮かべた客の背筋痛を手際よく治療しているジンジャー医師に聞こえない場所で、私はトランプに彼女がどこで訓練を受けたのか訊いてみた。「よく知らんね」と、トランプが言った。「ベイウォッチ医科大学じゃないか？　そんなところだろう？　正直に言おうか。彼女の写真を一度見たら、彼女のであろうと、ほかの人間のであろうと、履歴書を見る必要はなくなる。きみの質問はこういうことかね？「あなたが雇ったのは、彼女がマウント・サイナイ病院で十五年間訓練を積んだからですか？」その答えはノーだ。なぜって、十五年間もマウント・サイナイで訓練を積んでからじゃあ、誰も彼女を見たいとは思わんからね」

（Trump Solo）

　現代のユーモア作家のなかでも、ギャリソン・キーラは社会の変化に対する確かな目と、言いたいことを婉曲に伝える創意の才に恵まれている。彼は何度となく、新しいドレスで装った古いジャンルに出会う喜びを私たちに提供してくれた。喫煙者への敵意はいまの米国のトレンドになっており、抜け目のない作家はみなそのことに気づいて、ほどほどの節度をもって取り上げている。だが、キーラの持ち味は以下のようなアプローチだ。

最後の喫煙者の一団が、ハイ・シェラのドナー峠の切り立った崖に囲まれた峡谷で発見された。正午少し前に、ふたりの連邦タバコ監視官がヘリコプターの機上から、小さなタバコの煙を発見したのだ。監視官のひとりはこの地区の責任者で、空対地無線を使って地上と連絡をとった。迷彩服に身を包んだ六人の精鋭反喫煙ジョギング隊の隊員が、ただちに起伏の多い土地を横切って駆けつけ、催涙ガスを使って一団を包囲し、八月の燃えるような陽に照らされた地面にうつ伏せに横たわらせた。喫煙者は三人の女性とふたりの男性で、全員四十代なかばだった。彼らは憲法修正第二十八条が成立して以来、逃亡を続けていた。

(End of the Trail)

キーラの頭にあったのは一九三〇年代のデリンジャー時代から米国の新聞が売り物にしてきたジャンルで、ギャングとGメン、張り込みと銃撃戦を連想させる表現形式をなぞるキーラの喜びが文章からはっきり伝わってくる。

これとは別に、キーラがその状況に合わせた完璧な枠組みを楽しみながら作り上げた例に、第四十一代大統領のブッシュ父による住宅貯蓄金融業への緊急援助を取り上げた作品がある。それはこんなふうに書き出されている。

野蛮なフン族の大軍がシカゴを侵略した日、大統領はアスペンでバドミントンをしていた。エヴァンストンに叔母が住んでいる報道記者が、クラブハウスへ向かう途中の大統領に叫んだ。「フン族がシカゴで大虐殺を行っています。何かコメントは？」

侵略のニュースに不意をつかれながらも、ミスター・ブッシュはこう言った。「われわれはフン族をめぐる情勢全体をつぶさに見守っており、見通しは明るいが、今後数時間のうちにもっと確実な情報をお伝えできるだろう」。大統領は心配そうではあったが、落ち着いており、昂然と顎を上げて指揮をとった。

このあと、蛮族が都会に充満して略奪を欲しいままにする様子が描かれる。「教会や舞台芸術センター、歴史的復元物が燃やされ、修道僧、処女、准教授らが連れ去られて……奴隷に売られ」、住宅貯蓄金融会社が奪取されるが、ブッシュ大統領は何の行動も起こさない。なぜなら、「ショッピング・モールで行われた出口調査の結果、大統領はうまく事態に対処していると国民が考えているのがわかったからだ」

大統領は住宅貯蓄金融業界の乗っ取りの企てには干渉せず、千六百六十億ドルを支払うことにした。これは決して身代金ではなく、ごく普通の、単純明白で、何ら異例ではない政府援助であった。フン族とバンダル族は戦利品を手に引き上げ、ゴート族はミシガン湖を船で去った。

(How the Savings and Loans Were Saved)

キーラの風刺には、ただただ感心するばかりだ。独創的なユーモアの用い方だけでなく、私ならどう表現すればいいかわからない市民の怒りを見事に表現している。私はこれを読むまで、ブッシュが業界に与え、強欲な人間の群れがむさぼり尽くした援助金のつけを、自分の孫たちがその晩年まで払わなければならないことへの無力な怒りをたぎらせていただけだった。

とはいえ、ユーモアは常に主張を持たなければならないわけではない。キーツはそういう意味で言ったのではないかもしれないが、純粋なナンセンスも「永遠の喜び」だ。作家がひたすらおふざけに徹して舞い上がるのを見るのも悪くない。次に挙げるふたつの引用は、イアン・フレイジャーとジョン・アップダイクの最近の作品で、一〇〇パーセントのおちゃらけだ。米国の黄金時代初期を振り返っても、これほど愉快なものにはお目にかからない。フレイジャーの作品は「お母さん攻略法」というタイトルで、こう始まる。

あらゆるものがめまぐるしく、移ろいやすく、不確実な現代社会。人々は心の触れ合いもないいま、ただ出会いとセックスと別れを繰り返すばかり。こんな時代だからこそ、世の男性諸君がすでに持っている女性関係、つまりお母さんとのそれを見逃す手はありません。考えてもみてください。成熟した、経験豊かな、愛情深い女性がすぐ目の前にいるのです。しかも知り合うのにわざわざパーティやシングルズ・バーに足を運ぶ必要もなければ、お近づきになるためにあの手この手を使う必要もない。あなたとお母さんなら、求愛につきものの不安や緊張いっさいなしで、ごく自然に顔を合わせる――それも誰にもじゃまされず、二人きりで――機会が無数にあるのです。あとはただ、あわてず、落ち着いて、そのチャンスを活かすだけでいい。たとえば、あなたのズボンを新調するために、お母さんの運転で二人で町まで出るとします。まず、ラジオを彼女の好みそうな局に合わせましょう。そして心地よいハイウェイのドライブにしばし身を委ねます。アスファルトの上でタイヤが歌い、エアコンはギンギンにきいている。そこでおもむろに横で運転しているお母さんのほうに向きなおり、こんな風に言ってみるのです――「母さん、母さんって、いい体してるよね。ぼくが気づいてないとでも思ってるのかい」。あるいは、お母さんが洗濯した靴下をもってあなたの部屋に入ってきたとする。彼女の手首をつかみ、ぐいと引き寄せて、こう言ってみましょう――

「母さん、あなたは僕が今まで出会ったなかで最高の女だ」。たぶんお母さんは、何を馬鹿なことを言ってるんだい、とか言うでしょう。しかし一つだけ確かなことがあります。彼女はこのことをあなたのお父さんにはけっして言わないはずです。自分の夫に向かって「ちょっとあんた、あたしパイパーに言い寄られちゃったわよ」とは言いづらいからなのか、内心まんざらでもないからなのか。理由はどうあれ、彼女はそのことを自分ひとりの胸にしまっておくはずです――あなたの愛を正々堂々と受け入れる、その時まで。（岸本佐知子訳）

（イアン・フレイジャー『恋愛小説集』所収、講談社、二〇〇八年）

アップダイクの「よそゆきの服」はまさにバンジージャンプで、谷底の岩からわずか数インチの高さまで落ちていくような作品だが、不穏な現実の核心をついている。FBI長官J・エドガー・フーバーに関する国民の口には出さない憶測を使って遊んでいるばかりか、記憶に新しい米国の高位の人々――聖人と呼ばれた大統領とその閣僚も対象にしている。それが効果を発揮したのは、表向きは面白半分に見えても、綿密なリサーチにもとづいているからだ。細部はすべて――名前も日付もファッションの専門用語も正確に書かれている。

その当時、現役で服飾業に携わっていた私たちは、最近ボストン・グローブ紙が報じた「ニューヨークの名士」スーザン・ローゼンスティールの陳述を読んで悲しい思いをした。一九五八年にJ・エドガー・フーバーが女装してプラザ・ホテルのスイートを歩きまわったというのだ。「彼はふんわりとした黒いドレスを着ていた。裾に縁飾りをほどこした本当にふんわりとしたドレスに、レースのストッキングとハイヒールの靴を履き、黒い巻き毛のウィッグをかぶっていた」。未来の世代が、アイゼンハワー政権の二期目のさなかに最上層部の服装倒錯者がどれほど奇妙な輝きと興奮に包まれていたかを理解しようと、凝った裾模様のやぼったい黒のふわふわ服と、それに合わせたウィッグを思い描いて、その頃はそれがとてもファッショナブル《トレ・ア・ラ・モード》だったようだと考えると思うと、とても悲しかった。実のところ、私たちはひとりの例外もなくフーバーを朴念仁《ぼくねんじん》と決めつけていたのだから。

たとえばアイゼンハワー──絶対間違いを犯さない本能を持つ親愛なるアイク──は、それにふさわしい足を持っていたにもかかわらず、レースのストッキングを履こうとはしなかった。ディオールのためにサン・ローランがデザインした一九五八年のコレクションが発表されてひと月もたたずに、アイクが目にも鮮やかなコバルトブルーのウールのトレペーズドレスに、オープンバックのハイヒール、シニョンのウィッグを付けて姿を現したときのことをいまでも覚えている。記憶が正しければ、ちょうどその日、アイクはレバノンに五千の海兵隊を派遣していたが、身なりに乱れはなかった。そのときの服装に──あるいは前年に流行したAラインの服だったかもしれないが──花柄のネッカチーフをあしらったのは、スカーフがまだ厳密に言えばロシアのバブーシュカと考えられていたからだった。ところがアイクは裾丈についてはひどく保守的で、一九五九年にサン・ローランが裾を膝まで上げたときは、議会がその問題に結論を出すまで三カ月待っていたが、ついにしびれを切らして、署名ひとつでデザイナーをバレンシアガに変更した。そのとき以来、政権の終わりが来る日まで、アイクはローウェストの灰褐色とベージュのデイドレスで通した。

一方、国務長官のジョン・フォスター・ダレスは、かすかに光沢のあるパステルカラーの、身体の線を出したパジャマ風パンツスーツがお好みだ。大きな腕輪に、なで上げ型のブロンドのウィッグ、ポンポンの付いた突っかけ靴。強固な反共産主義者であるのに、どこかに赤が使われていた。

これは、少なくとも一度は首席補佐官のシャーマン・アダムズがダレスを脇に呼んで、明るい色合いを使うと骨太の体格に見えないと注意したはずだからおかしな話だ。アダムズのほうは、ビクーニャのコートを贈られて辞職を余儀なくされたにもかかわらず、私の心の目には、気まぐれに風に揺れるオーストリッチの羽のボアコートをまとい、軽く糊付けしたレモン色のボイル地の服を見事に着こなした姿がまだ残っている……

結局のところ、ユーモア作家が伝えなければならないのは楽しさである。素晴らしい時間を過ごしているという実感、ためらわず向こう見ずに突っ走っていく意志——それをイェール大学の学生につかんでほしいと思った。私はまず、皮肉、パロディ、風刺など、すでに確立したユーモアの表現形式を使って書くように指示した。ただし、「私」は使わないことと自分の経験をそのまま書かないことを条件にし、新聞記事で見つけた、少々馬鹿げた出来事を共通のテーマとして与えた。学生たちは勇敢に自由連想、シュールレアリズム、ナンセンスの世界に飛びこんだ。そして、論理の鎖を外すのが可能であることを、与えられた表現形式からはみ出さずにシリアスな主張をするのが実に楽しいことを発見した。彼らはウディ・アレンの前提とは関係のない結論（「そのため、ラビは自分の頭を強くたたいた。トーラーによれば、そうするのが関心のあることを示すさりげないやり方のひとつだったからだ」）に大きな影響を受けた。

四週間ほどたつと、疲労の兆候が現れた。学生たちは、自分がユーモアを書けることを学んだ。だが同時に、一週ごとに滑稽な話を考え出し、それを他人の声で書くのがどれほど退屈かを思い知った。そろそろ彼らの代謝機能をスローダウンさせ、自分の声で自分の生活について書かせる潮時だ。私はウディ・アレンを読むのを一時的に禁止すると宣言し、再開するときは追って指示すると伝えた。だが、再開のときは二度と訪れなかった。

私はチック・ヤングの原則――自分の知っていることに専念せよ――を採用し、ユーモアを作品の奥深くで静かに脈打つ血管にしている作家の作品を授業で読むことにした。E・B・ホワイトの「エドナの目」は、作者がメイン州の農場でハリケーン・エドナが近づくのを待ちながら、数日間、馬鹿げたハリケーン情報を伝えるラジオに耳を傾けていたときの回想という設定になっている。豊かな知識と上品なウィットに富んだ、非の打ちどころのないエッセイである。

私が発掘してきたもうひとりの作家は、カナダ人のスティーヴン・リーコックだ。子供の頃に読んで楽しかった覚えがあるが、その反面、旧友を訪ねたときによくあることだが、いまではただ「滑稽な」だけのものに変わっているのではないかという不安もあった。ところが彼の作品は時間の浸食に耐えて生き延びていた。特によく覚えているのは、五十六ドル持って銀行口座を開こうとした男の話、「私の財務経歴」で、これは現在でも私たちが銀行や図書館その他、堅苦しい組織を相手にしたときにどれほど苦労するかを描いた模範的なユーモア作品と言える。リーコックを再読したことで、ユーモア作家のもうひとつの役割は、さまざまな状況で無力なかもやのろまタイプの人々になり代わることであるのに気づいた。それが読者の緊張を解きほぐし、作者に対して優越感を抱くか、少なくとも犠牲者と意気投合できる。平凡な生活を描くユーモア作家は素材に事欠かない。そのことは、エマ・ボンベックが数十年にわたって証明してきた。

そこで、イェール大学の私たちのクラスもそうした方向に動き始めた。学生の多くが自分の家族のことを書いた。いくつか問題にぶつかったが――おもに誇張しすぎの問題だった――少しずつそれを解決し、制御できるように努め、面白さを説明しようとする言わずもがなの文を削除していった。判断が難しいのは、どこまで誇張が許され、どこからがやりすぎなのかという点だった。ひとりの学生が、料理のとんでもなく下手な祖母について愉快な作品を書いた。私が褒めるとその学生は、本当は祖母は料理がとても上手なのだと言った。私は、それは聞きたくなかったな、作品が前より面白くなくなったような気がすると答えた。学生は、聞く聞かないで違いがあるのですかと質問してきた。この作品については違いはないが、作り話よりは真実にもとづいているほうが長続きすると思う、と私は答えた。ジェームズ・サーバーが米国の大ユーモア作家として息が長かった秘密がそれだ。サーバーの「寝台さわぎ」も、事実をいささか誇張しているのは読者も承知している。だが、その夜に屋根裏部屋のベッドに何かが起きたことも、私たちにはわかっている。

要するに、私たちのクラスはまず、ユーモアを追求しながら、その途中でなにがしかの真実を羽ばたかせようというところから始めた。そして、真実を追求しながら、その途中でユーモアを付け加えようというところで終わった。つまるところ、私たちはこのふたつが密接に結びついていることに気づいたのだ。

# 第Ⅳ部　心構え

# 20　あなたの声の響き

私は野球の本を一冊、ジャズの本を一冊書いた。とはいえ、一冊は野球語で、もう一冊はジャズ語で書こうなどとは少しも思わなかった。いつもそうであるように、できるかぎりの良い文章で書くように努めた。テーマはまったく違う二冊だが、読者には同じ作者が書いたものであるのを聞きとってほしかった。それは野球に関する私の本であり、ジャズに関する私の本である。ほかの作家が書いたものは、彼らの本だ。あなたの値打ちは、あなたの声にある。テーマによって声を変えようとしてはいけない。ページを開いたときに、読者が聞き分けられる声に磨きをかけるべきだ。声はそのリズミカルな音節だけでなく、音色を安っぽくしてしまうもの――軽さ、わざとらしさ、常套句を排除すれば楽しめるものになる。

まずは、「軽さ」から始めよう。

なかには、まるで著者から語りかけられているように聞こえる、くつろいだ響きの作品がある。そのピカ一と言えばE・B・ホワイトだが、ほかにもそういった文体の名手として、ジェームズ・サーバー、V・S・プリチェット、ルイス・トマスの名が思い浮かぶ。私も日頃そうなるよう心がけているので、一員に加えてもらってもいいかもしれない。普通、そうした文体は苦もなく書けると思われている。ところが、まったくそうではない。この苦労の跡を見せない文体は、多大な努力とたゆまぬ研鑽の賜物なのである。文法と統語法の釘をしかるべきところに打ちつけ、できるかぎり良い文章にしていく。

以下は、その見本となるE・B・ホワイトの作品の書き出しである。

私は病んだ豚と九月なかばの数日数夜を過ごし、そのときのことを語りたくてたまらなかった。とりわけ豚が死に、私が生き残り、世界は別の方向へめぐっていき、決算報告することなどなくなったいまは。

(Death of a Pig)

とても親しみやすい文章で、読者は自分もホワイトのメイン州の家にいるような気分になる。ホワイトは揺り椅子に腰かけてパイプをふかし、言葉はその話し上手の声に乗って転がり出してくる。だが、もう一度見直してもらいたい。ここには行き当たりばったりのものは何ひとつない。これは磨き抜かれた創作行為なのである。文法は正しく、言葉はシンプルで正確、リズムは詩人のものだ。これこそ、苦労の跡を見せない文体の極めつけと言っていい。入念に文章を組み立て、そこから生まれる温もりが読者の心をやわらげる。作家は自信を持っている。少しも読者のご機嫌をとろうとしていない。

経験不足の作家はこの点を見逃してしまう。くだけた雰囲気を出すには、ただ「気どらなければ」すむと思っている。垣根越しにおしゃべりする気さくなベティかボブのように。彼らは読者と友だちになろうとする。良い文章を書こうとするのではなく、堅苦しく見えないようにするのに力を注ぐ。そういう彼らが書くのが「軽い」文体だ。

こうした「軽い」作家が、E・B・ホワイトの豚との夜明かしを書いたらどうなるか？　きっとこんなふうだろう。

病気の豚の看病で、夜遅くまで起きてたことはあるかい？　ほんと、人間ってずいぶん長いこと、目を閉じないでいられるもんだな。僕はそいつを九月の三日三晩やって、女房に頭がおかしくなったと思われた（冗談だよ、パム！）。正直言って、何もかもまごつくことばかりだった。だって、わかるだろう、豚が僕のうえで急に死んじまったんだぜ。ぶっちゃけた話、絶好調にはほど遠かった。くたばったのがおいぼれ豚じゃなくて、この僕だっておかしくなかったぐらいだ。こんな話を豚くんが本に書かないことは絶対間違いない。なけなしの金を賭けたって大丈夫。

この文章がなぜひどいか、わざわざ理由を挙げる必要もないだろう。幼稚だし、陳腐だし、冗長だ。英語という言語を馬鹿にしている。わざとらしい（「わかるだろう（You see）」が出てくると、私は読むのをやめる）。だが、この「軽い」文体の一番の難点は、良い文語と比べて読むのに骨が折れることだ。読者の旅を楽にしてやろうとする作者の配慮で、かえって道程に障害物をばらまいている。安っぽいスラングや、粗悪な文章、実質のない哲学等々。E・B・ホワイトの文体のほうがはるかに読みやすい。彼は文法という道具がたまたま何世紀も生き延びたのではないことを知っている。読者が必要とし、無意識に求めている支え棒であることを。E・B・ホワイトやV・S・プリチェットを読み出したらやめられないのは、あまりにも文章が良いからだ。だが読者は、見下すような文章なら読むのをやめるだろう。庇護者顔をされるのを望む者などいない。

　できるかぎり言葉に敬意を払って書こう。それに、読者にも敬意を。「軽い」文体を試したいという衝動に駆られたら、書いたものを声に出して読んでみて、自分の声が気に入るかどうか確かめてみよう。

　読者が楽しんでくれる声を見つけられるかどうかは、おおむねその人の審美眼《テイスト》にかかっている。そう言っても、あまり助けにはならないだろう。テイストは漠然としていて、定義するのは不可能だ。それでも、それに出会ったときには気づくものである。服装にテイストを持っている女性はコーディネートで目を楽しませてくれるが、それはスタイリッシュだとか意外だとかだけでなく、まさに正しい組み合わせだからだ。何が引き立ち、何が引き立たないかを心得ているのだ。

作家にせよ、それ以外の創造的なアーティストにせよ、何をしてはいけないかを知っていることがテイストのおもな要素になる。同じくらい熟練したピアニストがふたりいたとする。テイストを持っている片方は、自分の物語を語るときにひとつひとつの音を全部活かして演奏する。テイストを持たないほうは、さざ波のような音や不必要な装飾音を加えて聴く者をびしょ濡れにする。テイストを持つ画家はキャンバスのうえに何が必要で何が不必要かを見分ける自分の目を信じている。テイストを持たない画家は美しすぎるか、ごちゃごちゃしすぎているか、華麗すぎるか――いずれにしろ、余分な何かを加えた風景を描いてみせる。テイストを持つグラフィック・デザイナーは秘すれば花を心得ていて、文字の僕《しもべ》になる。テイストのないデザイナーは背景に色や渦巻きや不要な装飾を加えて、文章を窒息させる。

いま自分が、主観的な問題を明確に定義しようとしているのは承知している。ある人間が美しいと感じた作品が、別の人間には駄作に見える場合もある。それに、テイストは十年かそこらたてば変わるものでもある。昨日は魅力的だったものが、今日はガラクタと嘲笑われる。ところが明日になるとまた流行して、美しいと賞賛される。それなのに、どうして私はこの問題を持ち出すのだろう？　テイストというものが存在するのを思い出してほしいからだ。テイストは創作を貫く目に見えない流れだ。それにぜひ注目してほしい。

それでも、ときには目に見えるときもある。あらゆるアートの形式は、時の気まぐれにも耐えて生き残る真実の核心を持っている。パルテノン神殿のたたずまいには本質的に人を喜ばせるものがあるのだろう、ワシントンの街を少し歩けばすぐに見つかるように、西欧の人間は二千年前のギリシャ人の設計を公共建築に流用し続けている。バッハのフーガは、時間を超越した数学の法則にもとづいて、いまでも時間を超越した優美さをたたえている。

私たちの創作にもそういった指針が存在するのだろうか？　多くはない。書くことは、ひとりひとりの個性の表現だし、気に入るかどうかはそれと出会って初めてわかるのだから。それでも、また繰り返しになるが、何を省けばいいかがわかっていれば多くのものを手に入れられる。たとえば、常套句だ。おめでたくも常套句が命取りになるのに気づかない作家、最後の推敲で使える言葉を探すためにもうひと掘りせずに放っておく作家は、言葉を新鮮にする素質に欠けると言ってよいだろう。そういう作家は、新しいものと陳腐なもののどちらかを選べと言われたら、まず間違いなく陳腐なほうを選ぶはずだ。その声は、三文作家の声になる。

常套句を排除するのは決して易しくない。それはいたるところにあって、私たちを取り巻いている。親しい友人たちも手伝いをしようと待ちかまえており、隠喩の省略表現で複雑な思想を私たちに理解させようとする。それが常套句の始まりであり、よほど注意深い作家でも初稿では少なからず使ってしまう。もっとも、それを一掃するチャンスは与えられている。文章に手を入れ、二稿、三稿を声に出して読んでいくときに、耳を研ぎ澄まさなければならない対象のひとつが常套句である。その響きがどれほど有害なものかを聞きとろう。新鮮な表現に置き換える代わりに、つい相も変わらぬ古臭い言葉で満足しているのに気づくはずだ。常套句はテイストの敵である。

さらに、こうした考え方を常套句に留まらず、全般的な言葉の使い方に広げてみよう。もう一度言う、新鮮さこそが命なのだ。テイストが、意外さと力強さと正確さを持つ言葉を選んでくれる。テイストがなければ、校友会雑誌の学級記録にあるような軽い仲間言葉になり下がってしまう。権威を持つ人々が、「お偉方」や「有力者」になる世界だ。「お偉方」のどこが間違ってるって？　何も――いや、すべてだ。テイストは、権威を持つ人々をその地位で呼ぶほうがいいことを知っている。役人、経営幹部、議長、社長、重役、管理職、と。テイストがないと手垢にまみれた同義語に飛びつく。そうしたものは不正確という欠点も併せ持っている。いったい、経営幹部のどこまでが「お偉方」に当たるのか？　テイストのない人は「何度（やったか）わからないほど（umpteenth）」を使う。「天文学的数字の（zillion）」も使う。「ピリオド」も――「そんなことはもう二度と聞きたくない、と彼女は言ったわ。以上《ピリオド》」

とは言っても、つまるところテイストはさまざまな特質が混じり合ったもので、分析はできない。もたつく文章と軽快な文章を聞き分けられる耳と言うしかない。行き当たりばったりの仲間内の言いまわしをきちんとした文章にできるのは、正しい響きだけでなく、それが必然の選択の結果であるのを見抜く直観力があるからだ（こうしたバランスをとる達人がE・B・ホワイトである）。では、テイストは学べるのだろうか？　その答えはイエスであり、ノーでもある。完璧なテイストは完璧なピッチングと同様、神から与えられた才能である。だが、そのかなりの部分は学びとれる。要は、それを持っている作家の真似をすればいい。

ほかの作家を模倣するのをためらってはいけない。模倣は、アートや技能を学ぶ人にとっては何かを創造する行為の一部なのだ。バッハもピカソも、最初から完璧なバッハやピカソとして現れたわけではない。彼らにもお手本が必要だった。書くことには、それが特に当てはまる。関心のある分野の優れた作家を見つけ出し、その作品を声に出して読んでみよう。彼らの声、彼らのテイストが――言葉に対する彼らの姿勢が耳に入ってくるはずだ。真似をすれば自分の声や個性をなくしてしまうのではないかと心配する必要はない。すぐに他人の皮を脱ぎ捨てて、あるべき姿に変われるはずだ。そういう遠まわりのルートを取る意味を少し説明しておこう。

普段なら、私は州政府が年間の重要な日を、これは重要な日であると指定する布告文に目を通すことはない。だが一九七六年にイェール大学で教鞭をとっていたとき、コネチカット州の知事エラ・グラッソが、四十年前にウィルバー・クロス知事が書いた感謝祭布告を「雄弁の傑作」として再布告するという愉快なことを思いついた。私は常々、雄弁はもう米国から消えてしまったのか、それともまだ奮闘努力して達成すべき目標であり続けているのだろうかと疑問を抱いていた。そこでクロス知事の文章を精査して、時の流れと、もっと前の世代の修辞学の厳格な判定にどう耐えてきたかを見ることにした。その結果、喜んでグラッソ知事の意見に同意することにした。それは、達人によって書かれた文章だった。

遠い昔から、たくましいオークの木から風に葉がさらさらと散り、霜が舌を宙に突き出し、心地よい夕暮れがオリオン座の足もとで次第に長さを増していく季節の変わり目こそ、人々が寄り集い、われらにはあずかり知らぬ手段でわれらを明くる年の末まで導いてくださる創造主・守り手を讃えるのにふさわしいときと考えられてきた。この慣習を守るために、私は十一月二十六日を法定感謝祭の日と定め、われらに共有の土地を与え、われらの愛すべき州を、地上の恵まれた地域に置いて、すべての生物に安息を与えてくださった恵みに感謝したい。われらを養ってきた土からの収穫物に、われらの命を支えてきたあらゆる種類の労働から生まれるさらに豊かな収穫物にも感謝を捧げる。身体にかかる息のようにいとしいすべてのもの――みずからの男らしさへの信頼をよみがえらせるものに、言葉と行動を育み強化するものに、金では買えない名誉に、長い長い真実の探求への熱意と揺るぎない剛胆さに、同胞同士が進んで与え合い、その結果遠慮なく享受できる自由と正義に、わが国に平和をもたらす最上の栄光と恩恵に感謝するために、われわれは謙虚にこうしたものの恵みを胸にふたたび集い、「収穫の祭」を維持するために荘厳かつ祝祭的な儀式を行うことにする。

グラッソ知事は後記で、コネチカットの州民に「ピルグリム・ファーザーズが一年目に経験した厳しい冬のあいだに、神に求めて祈った犠牲と参加の精神への献身を復活させること」を促すと付け加えており、私はその夜、オリオン座を見るのを忘れないようにしようと思った。私は、自分が地上の恵まれた地域のひとつに住んでいるのを思い出させてくれたことに感謝した。それに、平和が唯一の最上の栄光ではないのに気づかせてくれたことにも。これこそが、公共の利益のために適切に用いられたときの言葉なのだ。ジェファーソン、リンカーン、チャーチル、ルーズヴェルト、アドレー・スティーヴンソンの言葉のリズムは、私の心に流れ落ちてくる（アイゼンハワーやニクソン、ブッシュ父子の言葉はそうではない）。

私は学生に楽しんでもらおうと、感謝祭布告を掲示板に貼り付けた。何人かが寄せてくれたコメントを見ると、冗談ととった者もいたらしい。シンプルな文章への私の肩入れを知っていたから、クロス知事の文章を過剰な美辞麗句の例として挙げたのだろうと推測したのだ。

この出来事から、私の頭にはいくつか疑問が湧いた。大衆に語りかける手段として用いる言葉の気高さに出会ったことのない世代に、ウィルバー・クロスの文章を見せたのは唐突すぎたのではないか？一九六一年のジョン・F・ケネディの大統領就任演説以来、これほどのものを書こうとする試みはひとつも記憶にない（マリオ・クオモとジェシー・ジャクソンはいくらか私の信頼を回復させたが）。相手は、画像が言葉より重んじられるテレビで育った世代だ。そこでは言葉の価値は切り下げられ、おしゃべりに用いられるぐらいで、誤用や発音の間違いが日常茶飯事だ。それに、音楽で育った世代でもある。歌やリズムはおもに耳で聞き、感じとるように意図されている。これほど周囲に騒音があふれている世界で、米国人の子供は耳で聞く訓練を受けているのだろうか？　見事に構成された一文一文の荘重な響きに関心を向ける者がまだ存在するのだろうか？

もうひとつの疑問のせいで、さらに微妙な謎が生じた。雄弁と大言壮語を分ける線は何なのか？　なぜウィルバー・クロスの言葉には心が高揚するのに、美辞麗句を連ねた派手な表現を浴びせかけてくるほかの政治家や役人の演説には何も感じないのだろう？

その答えの一部を語るためには、テイストの話に戻らなければならない。言葉を聞きとる良い耳を持つ作家は、新鮮なイメージを作り出そうと努め、古臭いフレーズを避けようとする。三文作家はすぐに常套句に手を伸ばす。それが絶対確実な通貨で（と信じこんでいる）、自分の考えを豊かにしてくれると思うからだ。答えの別の部分は、単純さという問題のなかにある。耐久性のある文章は、多くが短くて力強い単語で構成されている。鎮静作用のある言葉は、三つか四つか五つの音節でできており、ほとんどがラテン語起源で、「ion」で終わり、漠然とした概念を具体化するものが多い。ウィルバー・クロスの感謝祭布告には四音節の単語はひとつもなく、三音節の単語がわずか十個で、そのうち三つは彼がこだわって使った固有名詞だ。知事の文章に曖昧さとはほど遠い言葉がいくつあるか数えてみてほしい――風、葉、霜、夕暮れ、地上、安息、土、労働、息、身体、正義、剛胆、平和、国、儀式、祭。どれも良い意味で「素朴な」言葉であり、季節や日常生活のリズムを伝えてくる。また、どれも名詞であることに注目しよう。動詞のあとに置く名詞は一番強力な道具だ。感情と共鳴してくれる。

だが、雄弁はあくまで表面には現れない深層海流である。語られずにいることや、読書や信仰や継承物によってかつて知ったこととの痕跡を記憶の底からよみがえらせ、私たちの心を動かす。雄弁は、自分の隠れている部分ともう一度向き合うように誘いをかけてくる。リンカーンの演説に欽定訳聖書の響きが聞きとれるのは決して偶然ではない。彼は少年の頃から聖書をおおかた暗記しており、その朗々とした響きのなかにどっぷりと浸かっていたので、おおやけの場で使う英語は米国風というより、エリザベス朝のそれに近かった。大統領第二期就任演説には、繰り返し聖書にある言いまわしやその言い換えが出てくる。「額に汗して得たパンを人から無理やり奪うことに、義なる神の助力を頼むのは奇妙に思えるでしょう。ですが、それで人を裁くのはやめましょう。まずは自分を裁きましょう」。この文章の最初の半分は旧約聖書の「創世記」の隠喩を借用し、残りの半分は『マタイによる福音書』の有名な命令を言い換えたものである。「義なる神」は『イザヤ書』から採っている。

私がこの演説に、ほかのどんな米国の文書より強い影響を受けたとすれば、それはリンカーンがそれから五週間後に暗殺されるのを知っていたからであり、悪意は誰にも向けず、すべての者に寛容であろうとする和解の訴えに至るまでのさまざまな苦痛に心動かされたからでもある。だがそれだけでなく、リンカーンが奴隷制度、寛容さ、分別に関する西欧人の最も古い教えに言及しているからでもあった。彼同様、聖書とともに育ち、一八六五年に彼の言葉を聞いた男女には、その言葉に込められた断固たる意志が十分に感じとれただろう。だが二十一世紀のいまでも、あまりにも古すぎて意味を把握するのが難しいリンカーンの信念の奥に潜む激しい怒りを感じずにはいられない。彼は、神が南北戦争の継続を望んでいると語った。「二百五十年にわたる奴隷の報われぬ労役によって積み上げられた富の山が低くなるまで、そして鞭が流した血のすべてのしずくが剣によって流される血で購われるまで」続けるのが神の意志であり、「三千年前に言われたとおり、いまなお「神の裁きは真であり、ことごとく正しい」のだ」

ウィルバー・クロスの感謝祭布告もまた、「真の」響きを持っていると確信できる。季節の移り変わりや地の恵み深さという神秘を前にすれば、私たちの胸にも自分なりの強い感情が湧き出してくる。オリオン座を仰いで、畏怖しない者がいるだろうか。「長い長い真実の探求」や「遠慮なく享受できる自由と正義」といった民主主義的な道筋を知れば、多くの人間の権利が勝ち取られ、一方でまだ手に入れていない権利も数多く残るいまの時代に生きる私たちも、不完全とはいえ自分なりの真実の追求や与えられる関係の構築をする気になる。クロス知事が、その道筋を説明することで私たちの時間を奪おうとしていないのが好ましい。数多くの三文作家がどれだけ多くの常套句を目の前に並べ立て、それでいて私たちの栄養にはほとんどなっていないのを思うと腹立たしい。

したがって、自分の物語を語ろうとするときは、過去を利用することを忘れないようにしよう。私たちを創作に駆り立てるものには、地域的・民族的ルーツがある。南部の文体《スタイル》、アフリカ系米国人の文体、ユダヤ系米国人の文体……こうしたものには語り手の声よりはるかに古い声の響きがあり、破格に豊かなリズムがある。最も雄弁な黒人作家のひとり、トニ・モリソンがかつてこう言ったことがある。「ともに育った人々の言葉が忘れられません。人々にとって、言葉はとても大切なものでした。すべての力がそのなかにあるのです。恩寵と隠喩も。ときにとても格式ばった聖書風の言葉になるのは、何か大切なことを言うときはたとえ話を用いる習慣があったからです。アフリカから来た人はみんなそうで、それ以外の人は別の言語レベルの言葉を使います。私がそういうふうに言葉を使いたいと思うのは、黒人小説《ブラック・ノベル》は私が書いたからブラックなのではないし、黒人が出てくるとか、黒いものについて書いたせいでそう呼ばれるわけではないからです。文体なのです。特定の文体を持っている。それは逃れようとしても逃れられないものです。私はうまく説明することはできませんが、創り出すことはできます」

あなたが受け継いだもののなかで、逃れようのないものとともに進んでいこう。それを受け入れれば、あなたを雄弁へと導いてくれるかもしれない。

# 21　喜び、恐れ、そして自信

子供の頃、私は一度も作家になりたいと思ったことはなかった。まして本の著者など、めっそうもない。なりたかったのは新聞記者だ。それも、ニューヨーク・ヘラルド・トリビューンの記者に。毎朝読んで、それが運んでくる楽しさが何より好きだった。この新聞社で働いている人々――編集者も記者もカメラマンも整理記者も素晴らしい時間を過ごしているにちがいないと思った。多くの記事には気品と人間味とユーモアがたっぷりと添えられていて、編集者や記者が楽しみながら、与えられた才能を読者のために駆使しているように感じた。私だけのために新聞を作っているのではないかと思ったほどだ。そうした編集者か記者のひとりに加わるのが、私のアメリカン・ドリームの最終目標だった。

第二次世界大戦から復員すると夢がかなって、ヘラルド・トリビューン紙の一員に加わることができた。当時もまだ、楽しんで仕事をすることが記者と新聞発行の何にも替えがたい属性であると信じており、いまや私はそういう考えを最初に頭に吹きこんでくれた人々と同じ部屋にいる。偉大な報道記者は温かみと個人的趣味を記事に盛りこみ、ヴァージル・トムソンやレッド・スミスといった偉大な批評家とコラムニストは、上品さとあくまで前向きな信念にもとづく見解を記事にした。「スプリット・ページ」――その日の新聞が二部構成だった場合、第二部の最初のページをそう呼ぶ――には、米国で最も尊敬を集める権威、ウォルター・リップマンの政治コラムが掲載され、そのうえに『弱虫男』の作者H・T・ウェブスターのひとコマ漫画が載っていた。私は、同じページにこれほど重みの違うふたつの連載物が同居している無頓着さが好きだった。ウェブスターをコミック欄に追いやろうと考える者はひとりもいなかった。どちらの作者も巨匠であり、同等と見なされていた。

社の陽気な仲間のなかに、ジョン・オライリーというローカル記事編集部の記者がいた。人物や動物を取材して一見真面目風に書いた記事で定評があり、深刻な報道にとぼけた味を巧みに織り混ぜていた。よく覚えているのは、彼が年に一回書いていたクマケムシの記事だ。この毛むくじゃらの虫の身体には茶色と黒の縞があり、縞の幅によって次の冬の気候が穏やかか厳しいかを言い当てるという。秋になると、オライリーはカメラマンのナット・ファイン（ベーブ・ルースの引退試合を撮った写真でピューリッツァー賞を受賞している）を伴ってベア・マウンテン・パークへ行き、道路を横切るクマケムシを観察してから、いかにもそれにふさわしいもったいぶった調子で疑似科学的な博物館探訪スタイルの記事を書いた。この記事はいつも、三つのコラムの書き出しに続いて、第一面の一番下に掲載された。春になるとオライリーは続報を書き、クマケムシが正しかったかどうかを読者に知らせる。たとえ間違っていても、誰も彼を――彼とクマケムシを責めなかった。大事なのは、みんなに楽しい時間を与えることなのだ。

それ以来私は、楽しんで仕事をすることを編集者であり記者である自分の信条にした。書くことは孤独な作業だから、自分で自分を元気づけなければならない。書いているあいだに何か愉快なことを思いついたら、自分を面白がらせるためにそれを記事のなかに盛りこんだ。自分が面白ければ、ほかにも面白いと思ってくれる人がいるはずで、一日の仕事としては悪くないと思えた。面白いと思ってくれない人も一定数いるのは気にならなかった。ユーモアのセンスのない人が少なからずいることはわかっていた。そういう人々は、誰かが自分たちを愉快にさせようとしているのに気づいていないのだ。

イェール大学で教えていたとき、学生に話をしてもらおうと、S・J・ペレルマンを招いたことがある。学生のひとりが彼にこんな質問をした。「ユーモア作家になるためには何が必要でしょう？」ペレルマンは答えた。「大胆さと活力と陽気さだね。一番大切なのは、大胆さだ」。続いて、「作者の良い気分が読者に伝わらなければならない」と言った。その言葉が、筒花火のように私の頭のなかで炸裂した。それだけで、楽しんで仕事をすることの意味が言い尽くされていた。そのあと、ペレルマンはこう付け加えた。「たとえ良い気分ではなかったとしてもね」。その言葉もショックだった。なぜなら、ペレルマンの人生は、並大抵でない憂鬱と苦悩を伴うものだったからだ。それでも彼は毎日タイプライターに向かって、言葉にダンスを踊らせた。良い気分でないときがあっても不思議はない。彼は無理にでも良い気分を引き出していた。

仕事をするときの作家は自分に活を入れなければならない。それは、俳優でもダンサーでも画家でもミュージシャンでも変わりない。なかには読者を巻きこむエネルギーの流れがあまりにも激しいので、仕事を始めたとたんに言葉が次々と湧いてくるにちがいないと思いたくなる作家もいる。ノーマン・メイラー、トム・ウルフ、トニ・モリソン、ウィリアム・F・バックリー・ジュニア、ハンター・トンプソン、デイヴィッド・フォスター・ウォーレス、デイヴ・エガーズといった人々だ。彼らが毎朝、スイッチを入れるのにどれだけ苦労しているか、誰ひとり考えもしない。

あなたもスイッチを入れなければならない。代わりにやってくれる人はいないのだから。

残念なことに、この仕事には同じぐらい強い有害な流れも存在する。恐れだ。ほとんどの米国人には幼い頃から書くことへの恐れを植えつけられる。普通は学校でだが、その後も完全には消え去らない。何も書かれていない紙や何も映っていない画面を前にすると、それが素敵な言葉で埋めてくれるのを待ち構えているような気がして緊張し、ひと言も書けないか、よくて素敵にはほど遠い言葉で埋めることになる。私も日々こなさなければならない楽しくもない仕事のときには、画面に現れた汚泥の山を見て愕然とすることがある。そういうときは、明日か明後日か、そのまた翌日かはわからないが、このぶざまな文章を手直しできる機会があるかもしれないと言って、自分を慰めるしかない。手直しをするたびに、私は自分の個性を無理にでも作品に押しこもうと努める。

おそらくノンフィクション作家の抱える最大の恐れは、与えられた仕事をやり遂げられないのではないかというものだろう。フィクションの場合は状況が異なる。フィンクション作家は自分が創り出した世界を書いており、勝手に作り上げた引喩だらけの文体で書くことも少なくない（たとえば、トマス・ピンチョンやドン・デリーロ）。彼らに向かって、「それは間違っている」とは言えない。せいぜい言えるのは、「自分にはピンとこなかった」ぐらいだ。ノンフィクション作家にはそういう特別な配慮は与えられない。比べものにならないほど重い責任を負っている。事実に、インタビューした人々に、ストーリーの舞台に、そこで起きた出来事に。そればかりか自分の技能と、過剰や無秩序の危険——読者を迷わせる、読者を混乱させる、読者を退屈させる、読者を最初から最後まで引きつけておくことができない——にも責任を負う。報告にひとつでも不正確なところがあれば、あるいは技巧にひとつでも過失があれば、「それは間違っている」と言われてしまう。

そうした非難や失敗を恐れる気持ちをどう振り払えばいいのだろう？　自信を湧き出させるようにするひとつの方法は、自分が関心を持ち、大事にしている題材について書くことだ。ビートニクの詩人アレン・ギンズバーグに大学で学生に話をしてもらったとき、詩人になろうとはっきり決意した瞬間があったのかという質問が出た。ギンズバーグはこう答えた。「選んだというのとはちょっと違う。気づいたんだ。私はそのとき二十八歳で、市場調査の仕事をしていた。ある日、かかりつけの精神科医に、自分が本当にやりたいのは仕事を辞めて、詩だけ書いて暮らすことだと打ち明けた。すると、精神科医は「いいんじゃないですか」と言った。そこで私が、「全米精神分析学協会はどう言ってるんです？」と尋ねると、精神科医はこう答えた。「公式見解はありません」。だから私はそうしたんだ」

このことで、市場調査の分野にどれぐらい損失が出たのかは知らない。だが、詩にとっては大きな瞬間だった。公式見解はありません――作家には素晴らしいアドバイスだ。あなたは自分の公式見解になれるのだ。レッド・スミスは友人のスポーツライターの葬儀でこんな悼辞を読んだ。「死ぬのは大事《おおごと》ではない。生きるのが肝心だ」。私がレッド・スミスを尊敬する理由のひとつに、五十五年のあいだ優雅さとユーモアを交えてスポーツについて書き続けるあいだ、多くのスポーツライターを破滅に導いた「シリアスな」ものを書かなければならないというプレッシャーに一度も屈しなかった点がある。彼はスポーツ・ライティングが自分のやりたいことであり、愛していることであるのを知っており、それが彼にぴったり合っていたから、米国人の価値観について、シリアスなテーマに取り組む多くの作家より重要なことを語れた。あまりシリアスだと、誰も読んでくれないのだ。

生きるのが肝心。面白がって書いている作家には、常に自分を面白がるように仕向けている人が多いような気がする。もしかしたら、作家になるというのはそれで言い尽くせるのかもしれない。私はずっと、自分に面白い人生とさらに知識を深める機会を与えるために書き続けていた。もし、知ることが楽しいと思えるテーマを書けば、その楽しさは書いたもののなかに表れるはずだ。学習は人を元気づけるものなのだ。

だからと言って、馴染みのない領域に足を踏み入れるのを恐れる必要はない。ノンフィクション作家であれば、専門化した世界に何度も飛びこまなければならず、そのたびにその世界からストーリーを持って帰る力が自分にはあるだろうかと不安になる。私も、新しいプロジェクトに乗り出すときは、いつも不安を感じる。野球の本（『スプリング・キャンプ』）を書くためにブレイデントンへ行ったときもそうだった。物心ついてからずっと野球ファンではあったが、それまでスポーツの記事は書いたことがなく、アスリートにインタビューした経験もなかった。厳密に言えば、私には信用証明がなかった。私が手帳片手に近づいていく人々――監督、コーチ、選手、審判、スカウトにこう訊かれるかもしれない。「野球についてはほかにどんなものを書いたんだい？」だが、誰ひとりそんな質問はしなかった。訊かなかったのは、私が別の信用証明を持っていたからだ。そう、誠意だ。彼らには、私が自分たちの仕事を心から知りたがっているのがわかった。あなたが新しい領域に足を踏み入れるときに、グラス一杯の自信が必要になったら、この話を思い出してほしい。あなたの最高の信用証明は、あなた自身なのだ。

それに、あなたに与えられた任務は、思っているほど窮屈なものではないことも覚えておいてほしい。思いがけずあなたの経験、受けた教育とつながる部分があるのがわかって、あなた自身の力でストーリーの幅を広げられる場合も少なくない。馴染みのないものが少しでも減れば、その分、不安も減っていく。

この教えを痛感したのは、一九九二年にオーデュボン誌の編集者から電話をもらい、記事の寄稿を依頼されたときだった。最初はその依頼をことわった。私は四世代目のニューヨーカーで、ルーツはコンクリートのなかに深く埋めこまれている。「いい結果にはならないでしょう、私にとっても、あなたにとっても、オーデュボン誌にとっても」。それまで私は、自分が適任とは思えない仕事を引き受けたことはなく、急いでほかを当たってみてくださいと編集者に伝えた。編集者は――優秀な編集者ならそうするように、協力して何かできそうな気がするんですと答えた。数週間後、彼がまた電話してきて、編集部内でそろそろロジャー・トリー・ピーターソンに関する新しい記事を載せるべき時期だと意見がまとまりましたと言った。ピーターソンは米国をバードウォッチャーの国にした人物で、その著書『鳥類図鑑』は一九三四年から長く売れ続けている。興味はありますか、と編集者が訊いてきた。私は、鳥についてはほとんど知識がないと答えた。ちゃんと見分けられる鳥は鳩だけだ。マンハッタンのオフィスの窓辺でしょっちゅう鳴いているからね、と。

自分の書く人物にはある種の思い入れが必要だった。ピーターソンの話は私の発案ではない。舞いこんできたものだ。それまで書いた人物のほとんどは、その人がどんな仕事をしているかわかっていて、愛着のある相手ばかりだった。たとえば、漫画家のチック・ヤング（『ブロンディ』）や作曲家のハロルド・アーレン、英国人俳優ピーター・セラーズ、ピアニストのディック・ハイマン、英国の旅行作家ノーマン・ルイスといった創造的な人々だ。彼らと過ごした楽しい日々への感謝の念が、作品を書き始めるときのエネルギーになった。もし喜びを伝えるものを書きたいと思ったら、尊敬する人物のことを書かなくてはならない。相手に打撃を与えたり憤慨させたりするために書くのは、相手はもとより作家自身にも有害となる。

ただそのオーデュボンの寄稿依頼については、気が変わるきっかけがあった。たまたまPBSで『鳥の祝典』というドキュメンタリー番組を見る機会があり、それがロジャー・トリー・ピーターソンの人生と仕事を紹介する内容だった。映像があまりにきれいだったので、私はピーターソンについてもっと知りたくなった。関心を引かれたのは、八十四歳のピーターソンがいまだにバリバリの現役だった点だ。日に四時間絵を描き、世界中の鳥の生息地へ行って写真を撮っていた。そこに興味を抱いた。鳥は私のテーマではないが、生き抜いた人《サバイバー》は話が別だ。どんなふうに生き続けているかには関心がある。ピーターソンが住んでいるコネチカット州の町は、私の家族が夏を過ごした場所から遠くないことに気づいた。車で行って会ってくればいい。もし波長が合わなくても、失うのはせいぜい一ガロンのガソリンだけだ。私はオーデュボン誌の編集者に、くつろいで読める「ロジャー・トリー・ピーターソンを訪ねて」を書いてみると伝えた。大きな人物紹介記事にはならないけれど、と。

当然のことながら、それは四千語の大きな人物紹介記事になった。ピーターソンの仕事場を目にしたとたん、先入観が間違っていたことに気づいたからだ。ピーターソンを鳥類学者とだけ見ていると、その人生の肝心な部分を見逃してしまうのがわかった。何より、彼はアーティストだった。画家としての技術が何百万もの人々に鳥の知識を分け与え、作家として編集者として自然保護論者としての彼の信頼性を高めた。彼に、若い頃に教師や指導者として仰いだ人物について尋ねてみた（ジョン・スローンやエドウィン・ディキンソンといった巨匠だった）。ジェームズ・オーデュボンやルイス・アガシス・フエルテスなど鳥の絵で知られた偉大な画家たちから受けた影響についても質問した。私の記事は鳥についてのストーリーであると同時に、アートについてのストーリー、教育についてのストーリーになった。それに、サバイバーのストーリーに。八十代なかばのピーターソンは五十代の男性にもきついスケジュールをこなしていた。

ノンフィクション作家のための格言をひとつ。与えられた仕事を広く考えよう。オーデュボン誌の記事だからといって、必ずしも自然をテーマにする必要はない。カー&ドライバー誌なら車のこと、と決まっているわけではない。テーマの限界を押し広げて、自分をどこへ連れて行ってくれるか試してみよう。自分の人生の一部を呼び起こしてこよう。あなたが書くまで、そのストーリーはあなた独自のものにはならないのだから。

私独自のピーターソン・ストーリーはどうだったかと言えば、オーデュボン誌の連載が終わってかなりたってから、妻が留守番電話を再生すると、「そちらは、自然のことを書いているウィリアム・ジンサーさんですか？」というメッセージが入っていた。妻はそれを面白がり、私も面白いと思った。それでも私の記事は、バードウォッチング界にピーターソンの人物評の決定版として受け入れられた。すべてのノンフィクション作家に自信を持ってもらうためにこう言っておこう。肝心なのは技巧なのだ。インタビューや作品構成の基本といったこの職業のツールを身につけ、自分の雑多な知識や人間味を作品に加味すれば、どんなテーマでも書くことができる。それが興味深い生活への入場券にもなる。

そうは言っても、専門家の専門知識に怖じ気づかないでいるのは難しい。どうしてもこう考えてしまう。「この人は専門分野について大変な知識を持っている。そんな人にインタビューするには、自分は無知すぎる。きっと馬鹿だと思われるだろう」。相手が自分の専門分野に詳しいのは、それがその人の専門だからだ。それに対して、あなたは相手の業績を一般の人々に伝えようとしている万能型《ゼネラリスト》だ。となるとまず、あまりにもわかりきっているので、相手は誰でもわかっていると思いこんでいることを改めて説明してほしいと頼むことから始めるべきだ。知る必要があるかどうかを見分ける自分の常識を信頼し、恐れずに馬鹿げた質問をしてみよう。もし専門家があなたを馬鹿だと思ったら、問題があるのは相手のほうだ。

ひとつ問題を出そう。果たして、専門家の一度目の答えで十分事が足りるだろうか？　普通は足りない場合が多い。私はそのことを、ピーターソンの領土への二度目の探検のときに思い知った。アート本の出版社リッツォーリの編集者から電話で、いま『ロジャー・トリー・ピーターソンのアートと写真』なる、数百枚のカラー図版を載せる大型豪華本を準備している。そこに八千語の文章が必要なのだが、ピーターソンの新しい権威として書いてくれないかと依頼された。これまた、面白いめぐり合わせと言わずして何と言おう。

私はその編集者に、同じテーマの記事を二度は書かないとはっきり宣言した。オーデュボン誌の記事は念には念を入れて書いたもので、それを書き直すことはできない、と。すると編集者は、その記事の権利を買って本に再録するのでかまわないと答えた。前の記事にさりげなく織りこむ形で、ピーターソンのアーティストと写真家としての手法を中心に四千語ほど書き足すことで、私たちは合意した。

面白そうな仕事だったので、私はオーデュボン誌のときよりいくぶん技術的な質問をいくつか用意してピーターソンを再訪した。前の記事の読者は彼の人生について知りたがっていた。今度は、アーティストがどんなふうに作品を創り出すかを知りたい読者に向けて書くつもりだったので、早速、制作のプロセスと技術に関する質問を始めた。まずは絵画について。

「私は自分の仕事を〝混じり合ったメディア〟と呼んでいる」と、ピーターソンは言った。「なぜなら、私は〝教える〟ことを最大の目的にしているからだ。まずは透明性の高い水彩絵の具から始めて、不透明水彩絵《グワッシュ》の具に進み、次にアクリル絵の具で保護コーティングし、そのあとはアクリルかパステル仕上げにするか、色鉛筆か鉛筆、インクなど、望みどおりの効果があるものなら何でも使う」

　私は以前インタビューした経験から、ピーターソンの最初の答えは満足できるものではないのを知っていた。彼は寡黙な人だった。スウェーデン移民の息子で、たっぷりしゃべってくれることはまずない。私は、いまの手法と以前の手法の違いを質問した。

「いまは二股をかけている」と、彼は言った。「簡素化の効果を失わずに細部《ディテール》をさらに細かく書きこもうとしている」と言って、ふたたび口を閉じた。

だが、人生のこんな遅い時期になって、さらに細かさが必要だと感じる理由は何なのだろう？

「長くやっているうちに、私の描く正確な鳥の輪郭は多くの人々に見慣れたものになった。彼らはもっと多くを欲しがり始めた。羽の様子とか、さらに立体感のあるものなどを」

　絵の話を終えると、私たちは次に写真の話題に移った。ピーターソンは記憶をたどり、これまで鳥を写すために使ったカメラを全部列挙してくれた。十三歳のときに使った、ガラス乾板と蛇腹《じゃばら》の付いたプリモ＃9に始まり、オートフォーカスや日中シンクロといった最新テクノロジーの賛美で終わった。私はカメラマンではないので、オートフォーカスも日中シンクロも初めて耳にする言葉だったが、自分の無知を率直に明かすだけで、それらがどんな役に立つのかを学ぶことができた。オートフォーカスは、

「ファインダーで鳥を捕らえたら、あとは全部カメラがやってくれる」。逆光などのときにカメラが自動的にストロボを発光させる日中シンクロは、「人間の目は影のなかでも細部を見分けるが、日中シンクロによってカメラにもその細部を収められるようになる」

だが、テクノロジーはどこまで行ってもテクノロジーでしかない、とピーターソンは言った。「良い機器が事を楽にしてくれると考えている人がとても多い。カメラが全部やってくれると信じこまされているんだ」。彼には確信があってそう言ったようだが、私はなぜカメラが全部やってくれないのかを知る必要があった。私が「なぜだめなんです？」とか「ほかに何が？」と質問するたびに、答えはひとつではなく、三つ返ってきた。

「カメラマンであれば、撮影のプロセスに自分の目と構図のセンスを働かせるはずだ。それに、思いやりも。たとえば、真昼とか、夜明けや夕暮れには撮らないといったことだ。当然、光の質にも気を配る。薄曇りの日は良い写真が撮れる。動物の知識はものすごく役に立つ。鳥が次に何をするか予想できるからだ。狂ったように餌を採る行動も先読みできる。鳥は、小さな群れで旅をする魚を餌にしている。餌を採るときの狂乱ぶりは、カメラマンには重要だ。鳥には食べること以上に大切なものはないのだから。食べているあいだは、ふだんよりずっと長く、カメラマンがそばにいても我慢している。というより、無視している」

そうやって、ミスター専門家とミスター無知は先へ進んでいく。私が面白いと思う発想をたっぷり彼から引き出せるまで。「私はオーデュボンの時代に戻ろうとしている」と、ピーターソンが言った。面白そうだ。「環境保護運動のおかげで変化が起きているのを感じるんだ」。少年時代には、男の子がパチンコで鳥を狙ったり、ハンターが羽欲しさやレストランに肉を売るために、あるいはただ面白半分に動物を撃ったりしたものだ、と彼は回想する。そのせいで大量に殺されて、絶滅しかけた種もある。だが、長く生きてきたおかげで、良い兆候をこの目で見ることができた。かろうじて逃げのびたたくさんの種が、鳥とその生息地の保護活動に乗り出した市民の助けでまた戻ってきた。そう言ってから、彼はこう続けた。「鳥に対する人間の態度が変わったせいで、人間に対する鳥の態度にも変化が生まれている」

これは面白い。私は仕事の最中に、「これは面白いぞ」とつぶやくことが驚くほど多い。あなたも、もし自分がそうつぶやいているのに気づいたら、注意を集中し、嗅覚の指示に従おう。自分の好奇心が読者の好奇心と通じ合うと信じよう。

鳥の態度が変化したとは、いったいどういう意味なのだろう？

「カラスは前より人を恐れなくなった」と、ピーターソンは言った。「カモメは数が増えて、ゴミ捨て場で清掃員として働いている。アメリカコアジサシはショッピング・モールの屋上に巣を作るようになった。二、三年前、ミシシッピ州のゴーティエにあるシンギング・リバー・モールの屋根には何千組ものカップルが巣を作った。マネシツグミもモールが大好きで、植木を――なかでもノイバラを特に好んでいる。花の蜜を吸うときに、彼らの小さなお尻がぴったり収まるからね。モールの雑踏も気に入っているらしい。腰を据えて、交通整理をやっているよ」

私たちはピーターソンの仕事場で何時間も話しこんだ。仕事場はアートと科学の前哨基地だった。イーゼル、絵の具、絵筆、絵画、印刷物、地図、カメラ、撮影器具、部族の仮面、参考図書と雑誌の棚……。この訪問が終わり、彼がドアまで送ってくれようとしたときに、私は言った。「もう全部、見せてもらいましたかね？」ペンを置いて、帰る間際に交わすおしゃべりの最中に一番良い材料が見つかることも決してめずらしくない。インタビューを受けた人が、自分の生活を他人の前にさらすという困難な仕事から解放された瞬間、ふと大切なことを思い出したりするのだ。

もう全部見せてもらったかと私が尋ねると、ピーターソンはこう言った。「鳥のコレクションを見たいかね？」見たい、と私は言った。彼は先に立って外階段を下り、地下室のドアの鍵を開けると、キャビネットと箪笥が所狭しと置かれた地下室に入るよう、私を促した。どれも科学者の倉庫でよく見る家具で、近代化されていない大学の小さな博物館を連想させた。きっとダーウィンもこんな箪笥を使っていたのだろう。

「ここには調査のために二千種の鳥を集めてある」と、ピーターソンが教えてくれた。「ほとんどが百年前のものだが、まだ役に立ってくれる」と言って、箪笥の引き出しを開け、一羽の鳥を取り出して、その付け札を見せた。ドングリキツツキ、一八八二年四月十日と書かれていた。「考えてもみてくれよ！この鳥は百十二歳なんだぜ」と、ピーターソンは言った。彼はいくつかほかの引き出しを開けて、私に吟味させるためにヴィクトリア朝後期の標本を出してみせた。グローヴァー・クリーヴランド大統領時代とつながったわけだ。

息を呑むほど美しい絵と写真を並べたリッツォーリ社の本は一九九五年に刊行された。翌年、ピーターソンは亡くなり、世界に九千種いる鳥のうち四千五百種を見てきた彼の探求の旅もついに終わりを迎えた。この二本の記事を書くのは楽しい仕事だっただろうか？そうとも言い切れない。ピーターソンは気難しかったから、愉快なときばかりではなかった。それでも、いつもの体験とは別の世界に連れ出してくれる複雑な仕事を仕上げていくのは楽しかった。それに、自分だけの珍種の鳥をコレクションに加えることもできた。私はその鳥――ピーターソンをほかの収集物と一緒に引き出しにしまいながら、こう思った。「これは面白いぞ」

# 22　最終完成品の暴虐

長年マンハッタンにあるニュー・スクールの創作講座で教えているあいだに、学生から何度となく、ニューヨーク・マガジンやスポーツ・イラストレイテッド誌などの雑誌にどんぴしゃりの記事を思いつきましたよと言われたことがある。一番聞きたくない言葉だった。学生たちは早くも自分の記事が印刷されたところを頭に思い描いていた。見出しも、レイアウトも、写真も、それに何より筆者名も。あとしなければならないのは、記事を書くことだけだ。

完成した記事へのこういう執着のせいで、作家は数多くのトラブルを抱えることになる。最初の段階で決めておかなければならない形式や調子、内容がおろそかになるからだ。これはきわめて米国的なトラブルと言える。私たちは、リーグ優勝、テストでの高得点など、勝利の結果を崇拝する文化のなかで生きている。チームを勝たせたコーチに報酬が支払われ、良い大学に生徒を送りこんだ教師は高い評価を得る。それほど華々しくないさまざまな進歩――学習、知恵、成長、自信、失敗への対処などは成績表をもらえないのであまり尊重されない。

作家の場合、勝利の結果は小切手である。創作相談会などでプロの作家に一番多く訊かれるのは、「どうやって作品を売ったらいいでしょう?」だ。私はその質問にだけは答えない。ひとつには、自分が適任ではないと思うからだ。いまの出版界で編集者が何を求めているのか、私は知らない。知っていれば、と思うこともあるが。だが一番の理由は、作家に作品の売り方を教えることにまったく関心がないためだ。私は書き方を教えたい。書くという作業が正しく行われれば、作品はひとり歩きしてくれて、セールスも結果としてあとからついてくる。

ニュー・スクールの私の創作講座は、そういう前提のもとに行われた。この学校は一九一九年に「社会研究のためのニュー・スクール」という名で、進歩的な学者たちによって設立され、以来、この街で最も活気のある学習センターのひとつになった。ここで教えるのが好きなのは、その歴史的な役割――人生を前向きに生きていこうとする大人たちに情報を提供する役割に共感するからだ。夜間クラスのために地下鉄で出勤し、建物に入っていく男女、授業を終えて出て行く男女の人波に混じるのが好きだった。

講座名を「人物と場所」にしたのは、どちらも解説文の核心を占める要素だからだ。このふたつに集中すれば、ノンフィクション作家に必要なものの大半を教えられると思った。自分の書くものを特定の場所にどう位置づけるか、その場所に住んで普通とは違うことをしている――あるいはかつてしていた――人々にどうやって話をさせるかを教えるつもりだった。

その一方で、実験もしてみたかった。編集者であり教師である私は以前から、ノンフィクションの創作技術のなかで、誰も教えず一番過小評価されているのが、長い作品の構成の仕方ではないかと考えていた。作家たちも、わかりやすい平叙文の書き方はいやというほどたたきこまれている。ところが、記事にせよ書籍にせよ、それをもっと引き延ばして書いてみろと言われると、せっかく書いた文章がたちまちばらばらになってビー玉のように床に散らばってしまう。長い原稿を扱う編集者なら、修正不可能な混沌に出会ったときのぞっとする瞬間をみんな経験しているはずだ。ゴールラインしか見ていない作家は、どうやってレースを走るかまで頭がまわらないのだ。

完成した作品しか頭にない作家の目をどうすれば開かせられるか、私は頭を絞った。不意に、突飛なアイデアが浮かんだ。書くことを要求されない創作講座をやってみたらどうだろう？

　初回は二十数名の生徒が集まった（以降、それが定例化する）。二十代から六十代までの人々で、おもに女性だった。小さな地方新聞社やテレビ局、業界誌に勤めている人もいた。だがほとんどは、勤めを持ちながら、自分の人生の意味を探るために書く方法を覚えたがっている人々で、ある特定の瞬間に自分が何をしていたか、昔はどんな人間だったか、どんな伝統のなかに生まれ落ちたのかを知ろうとしていた。

　一回目の講義では、全員に自己紹介をさせてから、場所と人物を書くときの原則をいくつか紹介した。講義の終わりに、私はこう言った。「来週は、あなたが書きたいと思った大切な場所をひとつ決めて、みんなに説明する準備をしてきてほしい。なぜそこを書きたいと思ったか、どうやって書くつもりかを聞かせてもらいたい」。私は、よほど良い出来でないかぎり、生徒の書いたものを朗読するのが好きな教師であったことは一度もない。自分が書いたものについては、とても傷つきやすい人が多いからだ。だが、ただ頭で考えただけのものなら、それほど照れくさがりもしないだろうと思った。聖なる紙に書き留めたわけではないのだから、いつでも変更できるし、アレンジもできる。撤回してもかまわない。それでも、どんなことになるのか予想できなかった。

　翌週、最初に名乗りをあげたのは若い女性で、自分が通う教会について書きたいと言った。それは五番街の北寄りにある教会で、最近ひどい火事にあったらしい。そのときには使えるようになっていたが、壁は黒ずみ、木材部分は焦げ、煙のにおいがしていた。その女性はすっかり動揺しており、火事が教区民である自分にとって、教会にとってどんな意味を持つのかを明らかにしたがっていた。私は彼女に、どんなものを書くつもりなのかと尋ねた。彼女は、牧師とオルガン奏者と消防士と教会の清掃人と聖歌隊指揮者にインタビューをする予定だという。

「フランシス・X・クリンズだったら、それで記事を五本書けそうだね」と、私は地元の人物や出来事を取材して、温かみのある記事を巧みに書いているニューヨーク・タイムズ紙の記者を引き合いに出した。「だけどそれだけでは、きみにも私にもこの講座にも十分ではない。もっと深いところを探ってほしい。きみが書こうとしている教会ときみ自身のつながりを見つけてほしいんだ」

女性は、先生が考えているのはどんなタイプの記事なのでしょうか、と質問してきた。私は、それはあまり言いたくないねと答えた。なぜならこの講座の目的は、みんなで知恵を寄せ合って解決策を探ることなのだから。だが、あなたは最初の実験材料になってくれたのだ、試しにやってみようか、と私は言った。「近々教会に行ったら、しばらく座って火事のことを考えてみたまえ。それを三度か四度、日曜日ごとに繰り返していれば、教会がきみに火事の意味するところを語ってくれるはずだ」と言ってから、最後にひと言付け加えた。「きみに火事の意味を語るように、神が教会に命じてくれるはずだよ」

教室が一瞬、静まり返った。宗教の話題になると、米国人は怖じ気づく傾向がある。だが生徒たちは私が真面目であるのに気づいて、すぐにその提案を真剣に考えるようになった。毎週、彼らはほかの者を自分の人生に招待し、自分の関心や感情に触れた場所のことを語って聞かせ、そこをどう書けばいいかを決めようとした。私は授業の前半を、いま生徒が取り組んでいる問題の解決策を見つけたノンフィクション作家の文章を読み、技巧を紹介することにあてた。後半は私の実験室になった。作品の構成の問題を解剖台に載せるのだ。

最大の問題点は、何より「要約」だった。膨大な経験や感情や記憶がもつれ合ったかたまりのなかから、どうやって首尾一貫した物語を抽出すればいいだろう？　「私はアイオワ州から小さな町が消えているることを書きたいと思っています」。ひとりの女性がそう言って、祖父母の農場で暮らした少女時代と比べて、中西部の生活構造がどんどん摩耗していく様子を語って聞かせた。それは米国らしい大変良いテーマで、社会史として価値がある。だが、アイオワ州の小さな町が消えていくことについて良い記事を書くのは、誰にもできない。どうしても一般論になってしまうし、人間味も失われる。作家はアイオワ州のひとつの町について書くべきだ。そうすることで、もっと大きな自分の物語を語ることができる。ひとつの町でも大きすぎるかもしれない。町のなかのひとつの店、ひと組の家族、ひとりの農民まで対象を絞ったほうがいい。教室ではさらにさまざまな角度のアプローチが話し合われ、書き手の女性は次第に人間のサイズまで自分のストーリーを縮めることを考えるようになった。

生徒たちの暗中模索が、教室の誰が見ても正しいと思う道の突然の発見に通じることがとても多いのに、私は感心した。自分が育った町について書きたいと言っていた男性は、有望なアプローチをひとつ試してみることにした。「僕はXのことなら書ける」。だが、Xはほかとあまり代わり映えしない面白みに欠ける題材で、彼自身、さほど関心が持てなかった。そこで、YとZを考えるが、これも似たようなもので、さらにP、Q、Rへと自分の人生の断片を掘り起こしていくあいだに、偶然、Mを思いつく。ずっと忘れていたもので、大切な記憶というわけではないが、真実であることは否定できず、最初に町を選んだときに書きたかったことをすべて含んでいた。「それがきみのストーリーだ」と、教室の何人かが言ったとおり、それは彼のストーリーになった。生徒には、目指すものを見つけるまでたっぷり時間を与えるべきだ。

私は生徒に、すぐに答えを出す習慣をつけさせたくなかった。生徒には、きみたちの書いたものは講座が終わったあとでも喜んで読ませてもらうと伝えたが、その中身に一番の関心があったわけではない。関心があったのはプロセスであり、生産物ではなかった。最初の頃、そういうやり方は生徒を不安にさせた。ここは米国だ。彼らが欲しかったのはお墨付きだけではない。そんなものは国民の権利というべきものだ。少なからぬ生徒がひとりずつ、恥ずかしい秘密でも打ち明けるかのようにこそこそと私を訪ねてきた。そして、「おわかりでしょうけど、これまで受講したなかには、ここみたいにマーケットを重視しない講座はひとつもありませんでした」と言った。がっかりさせる言葉だった。それでもしばらくたつと、彼らにも締切りがないと解放された気分になるのがわかってきたようだ。あらゆる学校、大学、それに卒業後も（「あの書類は金曜までに」）、飽くことなく提出を要求してくる締切りという怪物から自由になれたのだ。みんなリラックスして、自分の行きたいところへ向かうさまざまな経路を検討するのを楽しみ始めた。失敗する権利もまた解放感をもたらす。

おりにふれ、私はワークショップでこの講座の様子を小学校や中学校の教師に紹介した。彼らが低年齢のグループにこのやり方をそのままあてはめるとは期待していなかった。ティーンエイジャーは思い出も愛着も、大人ほどには持っていないからだ。ところが、教師たちはいつももっと詳しく教えてくれと私に要求した。どうしてそんなに興味があるのだねと尋ねると、「あなたは、いままでになかった時間割を与えてくれました」と答えた。それはつまり、短期間の課題提出といった昔ながらの指示を、教師たちもさして疑問をもたずに長いあいだ受け入れてきたことを意味する。彼らもようやく、作文の課題については生徒にもっと余裕を与え、評価の基準も多様化することを考え始めたのだ。

特定の場所を考えるという私の講座の方法論は、単なる教授法のひとつでしかない。真の目的は、作家たちに新しい考え方を伝えることだった。構想の段階に必要なだけ時間をかけること——それは今後どんなものを書くときにも適用できる考え方だ。生徒のひとりに三十代後半の弁護士がいたが、彼は構想の旅に三年かけた。一九九六年のある日、彼が電話をかけてきて、一九九三年に教室で構想を発表したテーマに取り組み、ついに完成したと言った。見てもらえるでしょうか？

届いたのは三百五十ページの原稿だった。私の心のごく一部は、三百五十ページの原稿など受け取りたくないと言っていたが、それ以外の部分は自分が始動させたプロセスがついに結論に至る道を発見したことを大いに喜んでいた。それに、弁護士が抱えていたさまざまな問題をよく覚えていたので、それをどう解決したのか見てみたかった。

彼が書きたいと言っていた場所は自分の育ったコネチカット州の町で、題材はサッカーだった。少年の頃にサッカー・チームに入り、彼と同じくこのスポーツを愛した五人の仲間と深い友情を結んだ。彼は友人たちとの絆と、それを提供してくれたサッカーについて書きたいと言った。私は、それは良い作家が選ぶジャンル――回想録《メモワール》だと言ってやった。

友情の絆は固く、六人は北西部でそれぞれその道のプロとなって中年を迎えたいまも定期的に顔を合わせている。弁護士はその経験について、長く続いた友情について書きたがっていた。私はそれもいいジャンルだと言った。私的なエッセイである。

だが、それだけではなかった。弁護士はサッカーの現状についても書くことを望んでいた。記憶にあるスポーツの姿も、社会の変化によって浸食を受けていた。失われたものも多かったが、なかでも選手がロッカールームで着替えなくなったのが特徴的だった。家でユニフォームに着替えて車で試合に行き、そのままの服装で家に帰るようになった。弁護士は母校でサッカーのコーチをやって、いまと昔を対照させて書きたいと考えていた。それも良いジャンル――調査報道だ。

私は弁護士の話を聞くのが楽しかった。何も知らなかった世界に引きこまれ、その世界を愛する彼の思いが心に響いた。その一方で、彼が暴走しかけているのにも気づいたので、そう指摘した。そんなにたくさんのストーリーをひとつの小さな屋根の下に押しこむことはできない。統一性のある話をひとつ選ぶ必要がある。送られた原稿を読むと、結局、彼はそれらのストーリーをひとつの屋根に押しこんでいた。ただし、家自体はどんどん大きくなり、三年の時間を費やすことになった。

私が『われらが人生の秋』と題された原稿を読み終えると、弁護士は出版社に持ちこめるレベルに達しているだろうかと質問してきた。いや、まだだめだ、と私は彼に言った。まだ推敲を一度しかしていない。どうやらきみはそういう努力をしたくないみたいだね。彼はしばらく考えてから、ここまではるばる来たのだから、もう一度やってみましょうと答えた。

「たとえ出版は無理でも」と、彼は言った。「やってよかったですよ。これが自分にとってどれほど大事なことだったか、言葉には表せないほどです。サッカーが自分の人生に持つ意味を書いて、十分に報われました」

きわめつけの言葉がふたつ、頭に浮かんだ。ひとつが探求。もうひとつが意思。

探求は、物語の最も古いテーマのひとつだ。聞いていても決して飽きることのない信念にもとづく行為である。思い返すと、自分に重要な場所を考えろという課題を与えられた講座生の多くが、課題を場所そのものよりもっと深いもの——意味や理念や過去の断片を探すために利用していたことに気づいた。その結果、知らぬ者同士の集まりであるにもかかわらず、教室には共感にあふれた力学が働いていた(クラスのなかには同窓会までやっているものもある)。生徒が乗り出した探求のどれにも、私たち自身の探求や欲求と共鳴し合うものがあった。ここから得られる教訓はこうなる。あなたが探求や価値の追求という形式でストーリーを語れるなら、常に有利な立場に立てる。そこに自分とのつながりを見いだした読者があなたの仕事の一部を手伝ってくれるのだから。

意思は、自分の作品を完成させたいと願うことである。それを作家の魂と呼ぼう。私たちは肯定し、賞賛するために書くことができる。嘘を暴いたり、相手を打ちのめしたりするために書くこともできる。どちらを選ぶかはあなた次第だ。破壊は大昔からジャーナリズムの一形態であり、私立探偵やすっぱ抜き専門の記者、プライバシー侵害者を儲けさせる。だが、書きたくないことを書かせるのは誰にもできない。つい忘れてしまうノンフィクション作家が少なくないのだが、誰も卑しい仕事を引き受ける必要はなく、雑誌をたくさん売ることを金科玉条にしている編集者のために駄作を書く必要もないのだ。

書くことは性格と結びついている。あなたの価値観が健全であれば、書くものも健全になる。すべての始まりは、意思なのだ。自分が書きたいことを、それをどう書くかを見つけ出し、人間性と誠実さをもって完成品までの道のりを進んでいこう。そうすれば、あなたは「売る」ものを手に入れられるだろう。

# 23 作家の決断

ここまでの本書は決断についての本だった。どんな創作にも、絶え間なく無数の決断を下していくことが欠かせない。なかには大きな決断（「何を書くべきか？」）もあるが、最も短い単語と同じくらい小さい決断もある。だが、どれも例外なく重要である。

前の章では大きな決断について書いた。作品の形態、構成、要約、焦点、意思といった問題だ。本章では小さな決断を扱う。長い作品を組み立てる際に必要な決断だ。そうした決断がどう行われるか見るのに、私の作品を標本にして解剖してみたら理解が深まるかもしれない。

長い作品をどう組み立てるかを学ぶことは、明解で楽しめる一文《センテンス》の書き方を学ぶのと同じくらい大切だ。いくら明解で楽しめるセンテンスを書いても、文章は直線的に順序正しく続いていくこと、論理がそれをつなぎ合わせる糊の役目を果たすこと、ひとつの文から次の文へ、ひとつの段落から次の段落へ、ひとつの節から次の節へと緊張が維持されなければならないこと。語り――古き佳きストーリーテリング――によって、そうと気づかせることなく読者を引っ張っていく必要があるのを常に心しておかないと、すぐにばらばらに崩壊してしまう。読者に気づかせていいのはただひとつ、作者が執筆という旅を始める前に入念な計画を立てたことだけだ。行程の一歩一歩が必然の足取りに見えるようにしなくてはならない。

私がコンデ・ナスト・トラベラー誌に書いた「ティンブクトゥ便り」という題名の記事は、あくまでひとりの作家がひとつの問題を解決した例ではあるが、そこには広い意味でノンフィクション全般にわたる諸問題が示されている。この記事に注釈を加えて、執筆の過程で私が行った決断を解説していきたい。

どんな記事であれ一番難しい決断は、どう始めるか、である。書き出し《リード》は刺激的な発想を交えて読者の心をつかみ、それを決して放さないようにしながら、少しずつ情報を加えてひとつの段落から次の段落へと進んでいく。ひと口に情報と言っても、読者の興味を引きつけて最後まで旅に付き合う気にさせるものでなければならない。書き出しは段落ひとつでもいいが、必要に応じてもっと長くしてもかまわない。やるべき仕事を全部終えて、リラックスした調子で書けるようになり、語りがなめらかに運び始めたら、それが切り上げ時だとわかるはずだ。以下に挙げた最初の段落では、読者に考えを促す印象的な発想（読者の頭に一度も浮かんだことがなければいいのだが）を提示している。

ティンブクトゥに着いて一番強い衝撃を受けたのは街路が砂だったことだ。それまで砂が泥とはまったく違うのに気づいていなかった。どんな町でも最初は泥道だが、やがて住民の繁栄と自然環境制圧の証として街路が舗装される。だが砂は敗北を意味する。砂の街路を持つ町は辺境の町なのだ。

五つの文のシンプルさにご注目あれ。飾り気のない平叙文で、コンマがひとつも見当たらない。ひとつの文にひとつの考え――ひとつきりだ。読者は一度にひとつの考えに対処すればいいので、順を追って直線的に読み進められる。作家が陥りがちなトラブルは、ひとつの文にたくさんの働きをさせようとすることだ。長い文をふたつに、あるいは三つでもいい、切り分けるのを恐れてはならない。

　言うまでもなく、私がここに来た理由はそれだった。ティンブクトゥは辺境探索者の最終目的地である。その地名の響きだけで旅人を誘い出せる場所は五指に余るが――バリ、タヒチ、サマルカンド、フェズ、モンバサ、マカオ――ティンブクトゥほど遠さを感じさせる場所はほかにない。この旅の話をするたびに、ティンブクトゥが現実に存在する場所とは思っていない人が、あるとは知っていても世界のどこにあるのか見当もつかない人があまりにも多いのに驚かされた。それでも単語としてその名を覚えているのは、類似語のなかでも群を抜いて印象的な響きを持っているからだ。それは、ほとんど到達不可能な場所を、「ウゥ」という韻に執着する作曲家に神が与えたおもちゃを、恋わずらいの少年が高嶺の花の少女をわがものにするために行う遠征を連想させる。だが、確かに存在するとはいえ、ティンブクトゥはヴィクトリア朝の探検家たちが探しに来て存在しないのを突きとめたソロモン王の洞窟と同じく、「はるか昔に失われた」アフリカの王国のひとつであるのは間違いなかった。

　この段落の最初の一文は、前の段落の最後の文を発展させたものである。読者に逃げ出すチャンスを与えないためだ。そのあとは、読者がすでに知っていること――あるいは、うろ覚えのこと――を改めて確認して、読者を旅の道連れにし、この旅への作者の思いを共有させるようにした。同時にいくつかの情報――過酷な現実ではなく、愉快な伝承を付け加えた。

　次の段落から本腰を入れてきつい仕事に取りかかる。五つの文にどれほど多くの情報が詰めこまれているか着目してほしい。

ところが、はるか昔に失われたティンブクトゥは、人々の恐るべき難行のすえに発見された。スコットランド人ゴードン・ラングが一八二六年に、フランス人ルネ・カイエが一八二八年に探し当てたのだが、彼らはきっと自分たちの努力を嘲笑われたように感じただろう。十六世紀の旅行家レオ・アフリカヌスが書き残した人口十万の伝説の都市――百八十のコーラン学校で二万の学生が学んでいた教育の中心地は、泥土の建物しかない荒廃した集落となり、住民も栄華も消え失せていた。いまだに町が生き延びているのは、サハラ砂漠を横切るラクダの隊商《キャラバン》の重要なルートの合流点という特異な位置のおかげだった。キャラバンが運んでいたのはアフリカの主要交易品で、おもに北から塩が、南から金が運ばれてきて、ティンブクトゥで売買された。

ティンブクトゥの歴史と有名な理由はこれぐらいにした。町の過去と特徴について、雑誌読者の知るべきことは言い尽くしているからだ。雑誌の読者に彼らが要求する以上の情報を与えてはいけない。もっと語りたいことがあるなら、本を書くか、学術雑誌に寄稿すればいい。

さて、読者は次に何を知りたがるだろう。一文を書き終えるたびに、あなたはそう自問しなければならない。知りたいのはこういうことだろう。なぜ、あなたはティンブクトゥに行くのか？　この旅の目的は？　次の段落はその疑問にずばりと答えたもので、今度も前の文とのつながりをゆるめずに保っている。

ティンブクトゥに来たのは、そういうキャラバンのひとつが到着するのを見るためだった。私はかなり聡明か、かなり愚かな（どちらかはまだわかっていない）六人の男女のひとりとして、ニューヨーク・タイムズ紙日曜版で見つけた、西アフリカを専門にするフランス系の小さな旅行代理店主催の二週間ツアーに申しこんだのだ（ティンブクトゥは、以前はフランス領スーダンだったマリにある）。代理店はニューヨークにあったので、私は月曜日の朝一番に、人で混み合う前に訪ねた。私のほうからよくある質問をすると、よくある答えが返ってきた。黄熱病の予防注射、コレラの予防注射、マラリアの予防薬、水は飲まないこと。そして、パンフレットをもらった。

旅の始まりを語るほかに、この段落はもうひとつ別の仕事をしている。作家の個性と声を印象づけることである。旅行記を書くときは、自分がガイド役であるのを忘れてはならない。読者を旅に連れて行くだけでは不十分で、彼らをあなたの旅に連れて行く必要がある。読者にあなたを――あなたの希望と不安を見せてやろう。そうすれば、あなたがどんな人物か読者も何らかの印象を抱くだろう。「かなり聡明か、かなり愚かな」のフレーズは旅行文学によく出てくる人物を思い起こさせるはずだ。旅行者にはお人好しか、おどけ者がよくいる。もうひとつさりげなく挿入した、「人で混み合う前に」のくだりは、もっぱら自分を愉快な気分にするためのものだ。厳密に言えば、第四段落でティンブクトゥのある地域を説明するのは遅きに失する。だが、書き出しの構成を壊さないでこれを入れる方法が見つからなかった。

以下が第五段落である。

「一世一代の豪華絢爛な催しに参加のチャンス！　毎年恒例、塩のキャラバン《アザライ》がティンブクトゥへ！」と、パンフレットは始まっている。「下がその写真。数百頭のラクダが貴重な塩（海のない内陸の先住民にとっては「白い金」）の袋を背負い、神秘的な古代の砂漠都市、人口七千のティンブクトゥに凱旋します。キャラバンを動かす色彩豊かな遊牧の民は、野外での祝宴と民族舞踊でサハラ砂漠を横切る千キロの旅の終わりを祝います。部族長の客として、砂漠のテントで一夜を過ごしてみませんか」

これは、作家が他人の手をどう借りるかの標準的な見本である。むしろ作家の言葉より、人の言葉のほうが意味深い場合が少なくない。この例では、パンフレットは約束された旅がどんな類のものかを読者に教えるだけでなく、その表現自体が面白く、主催者の壮大な意図が覗き見える。常に愉快で、役に立ちそうな引用に目を光らせていよう。そして、ありがたく利用させてもらおう。次が、書き出しの最終部分にあたる。

そう、それが私の旅なのだ。パンフレットの文章は好みとは言い難いが、それとは関係なくこの旅は私の好みであり、のちに妻の好みであり、ほかの四人の参加者の好みであるのもわかった。当時のメンバーはみな、下は中年後期から上はメディケア〔六十五歳以上を対象にした公的医療保険制度〕世代に入る年齢だった。五人はマンハッタン在住、残りのひとりはメリーランド州に住む未亡人で、全員が生涯を通じて辺境への旅を趣味にしていた。ヴェネチアやヴェルサイユといった地名が彼らの訪問済み旅行地リストのなかから浮かび上がることはなく、マラケシュやルクソール、チェンマイさえリストにはない。私たちの話題にのぼるのは、ブータン、ボルネオ、チベット、イエメン、モルッカ諸島といったところだ。そしていま――アラーを讃えよ！――私たちはティンブクトゥに到達した。われらがラクダのキャラバンはまもなく到着しようとしている。

これで書き出しは終わりだ。この六つの段落を書くのに、残り全部と同じぐらいの時間をかけた。それでも、なんとかぴたりと決まると、先に進む自信が湧いた。もしかしたら、ほかの人ならこの記事にもっと良い書き出しを付けられるかもしれないが、私には無理だ。ここまでついてきた読者なら、きっと最後まで付き合ってくれるにちがいない。

＊

構成についての決断に劣らず大切なのは、個々の言葉についての決断である。手垢にまみれた表現は良い創作の敵だ。ほかの作家と同じように書かないのは、至難の業だからだ。書き出しのなかでどうしてもひと言言っておきたいのは、ツアー参加者六人の年齢構成のくだりだ。最初は読者にわかりやすいように、「メンバーの年齢は五十代と六十代だった」と書いた。だが、わかりやすさはかえって足手まといになりかねない。これを新鮮な表現にする方法はないだろうか？　何も思いつかなかった。それでも考えているうちに、慈悲深き詩神が「メディケア」という言葉を与えてくれた。そこで、「下は中年後期から上はメディケア世代」というフレーズになった。時間さえかければ、退屈だが欠かせない事実に命を吹きこんでくれる適切な名称、適切な比喩的表現が浮かんでくるものだ。

もっと時間をかけたのは、ヴェネチアとヴェルサイユのくだりだ。もともとは、「ロンドンやパリといった地名は、訪問済み旅行地リストなかには見つからず（not turn up）」としていたのだが、それでは面白味がない。別の人気のある首都を思い浮かべてみた。ローマとカイロでは？　アテネとバンコクは？　代わり映えしない。そこで、頭韻が助けになるかもしれないと思った。読者は自分のリズム感や韻律の感覚を満足させてくれる努力は歓迎するだろう。マドリードとモスクワは？　テルアヴィヴと東京は？　ちょっと凝りすぎだ。そこで首都に限るのをやめて、旅行者が大挙して押し寄せるほかの都市を対象にして考えた。すぐにヴェネチアが思い浮かんだのはうれしかった。誰もが一度はヴェネチアを訪れる。Ｖで始まる都市はほかにないだろうか？　ウィーンしか思いつかないが、ちょっとヴェネチアに似すぎている。そこでやむなく、観光都市から観光地へ考慮の対象を移した。頭のなかで、主要な首都を基点に四方へ捜索範囲を広げていく。何度かそうした小旅行を繰り返しているうちに、ヴェルサイユにたどり着いた。おかげで良い一日になった。

さらに、「見つかる（turn up）」よりもっと新鮮な言葉が必要だと思った。イメージをはっきり伝えてくれる能動態動詞が欲しかった。類語はどれもしっくり来ない。しばらくして、「bob（浮かぶ）」を思いついた。三文字の滑稽なほど短い単語だが、それでも完璧な言葉であるのに変わりはなく、水面からときおり何かが飛び出してくるイメージを思い描ける。残る決断はただひとつ。ティンブクトゥ・ツアーに申しこむような旅行者六人が共通して訪ねそうな少々突飛な訪問先はどこだろうか？　なんとか選び出した三箇所――マラケシュ、ルクソール、チェンマイは私が初めて訪れた一九五〇年代にはとてもエキゾチックな場所だったが、いまはそうではない。ジェット機旅行の時代になり、ロンドンやパリとさして変わらないほど人気のスポットになってしまった。

何やかや合わせると、この部分ひとつを仕上げるのに一時間かかった。だが、時間はまったく惜しくなかった。逆に、言葉が正しい場所に収まっていくのを見るのが楽しくてたまらなかった。書くときの決断は、どんな些細なものであれ、たっぷり時間をかける価値がある。一文一文がぴたりと収まって、手間のかかる作業が報いられたとき、あなたも読者もそのことに気づくはずだ。

書き出しの最後にあるアステリスクに目を留めてほしい（代わりに余白が入る場合もあるが）。このアステリスクは道標である。それは読者に、あなたがこの記事の方向性をすでに確立し、新しい局面を開こうとしているのを知らせている。フラッシュバックなどを使って時間の順序を変化させるか、あるいはテーマや力点、語り口を変えることになるだろう、と。ぎちぎちに詰めこまれた内容の書き出しが終わったいま、そのアステリスクによって作家は深々とひと息つき、作業を再開できる。今度はもっとゆったりとしたペースでストーリーを語り始める。

　ティンブクトゥへ行くには、ニューヨークからコートジボアールの首都アビジャンへ飛び、そこで飛行機を乗り換え、北の隣国マリの首都バマコへ向かう。緑の多いコートジボアールと違って、マリは乾燥した気候で、国の南半分はおもにニジェール川のおかげで肥えているが、北半分はまったくの砂漠である。ティンブクトゥは北へ向かってサハラ砂漠を横切る旅行者の最後の逗留地であり、反対に南へ向かう旅行者には最初の逗留地となる。熱気と渇きの数週間を過ごした者にとって、一刻も早くたどり着きたい地平線上の小さな点なのだ。

　ツアーの参加者は誰も、マリについてはよく知らなかった。私たちの関心はティンブクトゥでの塩のキャラバンとの待ち合わせ一点に絞られており、そこへ行くために横切る国には向いていなかった。この国にたちまち魅せられるとは、思ってもみなかった。マリには色彩があふれていた。思わずうっとり見とれてしまうデザインの服をまとった人々、果物や野菜がまばゆく輝く市場、奇跡のようでありながらどこででも見られる子供たちの微笑み。救いようのないほどの貧しさのなかで、マリは人間的豊かさに満ちていた。街路樹の多いバマコの街の活力と自信は、私たちを大いに喜ばせた。

　翌朝早く、私たちはくたびれた《ハヴ・シーン・ベター・デイズ》ヴァン（それほど「良い時代《ベター・デイズ》」はなかったのかもしれないが）に十時間揺られて、聖なる都市ジェネに到着した。ジェネはニジェール川沿いにあり、中世には先に交易とイスラム教育の中心地になってティンブクトゥと覇を競った街だった。いまはその街へ行くのに小さなフェリーを利用するしか手立てがなく、暗くなる前に着こうと、言語に絶する道路を激しく揺られながら急ぐと、やがて泥を固めて作ったモスクの尖塔や小塔が見えてきた。それはまるではるか遠くの砂上の楼閣のようで、私たちを嘲笑うようにどんどん遠ざかっていくかに思えた。ようやく着いてみると、モスクはやはり砂の城によく似ており、子供が砂浜で作る城を思わせる優美な砦だった。あとで学んだのだが、建築学的にはスーダン様式と呼ばれるものだという。長年、子供は砂浜でスーダン様式の城を作り続けていたわけだ。夕暮れにジェネの時代がかった通りを散策したのが、この日の旅のクライマックスになった。

翌日と翌々日は豊潤な日とは言い難かった。一日目は、日帰りでドゴン族の住む地域を訪ねた。外部の人間には簡単に近づけない断崖で暮らすドゴン族は、人類学者にはそのアニミズム文化と宇宙論で、美術品収集家にはその仮面や彫像で珍重されていた。私たちは数時間かけて岩山を登って彼らの集落を回り、仮面の舞踏を見物したが、それだけでは単純とは言い難い彼らの社会をほんの一瞬、垣間見ることしかできなかった。二日目は、ニジェール川沿いの活気ある市場町モプティを訪ね、大いに気に入ったのだが、やはりゆっくり過ごす時間はなかった。私たちにはティンブクトゥでデートの約束があったから、チャーターした飛行機でそこへ向かった。

むろん、マリについて言わなければならないことは、この四つの文に詰めこまれたものよりはるかに多い。これまでにも、たくさんの学術書でドゴン族の文化やニジェール川で生きる人々が紹介されてきた。だが、これはマリに関する記事ではない。ラクダのキャラバンを追う話なのだ。だから、決断は記事の全体を考えてなされるべきだ。私の決断は、マリをできるだけ早く通過することだった。私たちがたどったルートと立ち寄った場所の重要性については最小限の文章ですませることにした。

決断する際には、いつも次のような有益な問いを自分に投げかけるようにした。「そもそもこれは、何についての記事なのだ?」　もしそれが主題に沿ったものでなければ、苦労して集めた素材にいくら惚れこんだからといって、記事に盛りこんでいいという理由にはならない。マゾヒズムとも言えるくらいの自制心が必要なのだ。たくさんの素材を放棄したときの唯一の慰めは、それが完全に失われてしまうわけではないことである。目に見えないかたちで作品に残り、読者もそれを感じとれる。読者には、あなたが実際に書いたこと以上にそのテーマに通じていると感じさせるようにしよう。

では、「私たちにはティンブクトゥでデートの約束があった」に戻ろう。

私が一番心配していたのは、その日付が正確なのかどうかだった。そこで旅行代理店の責任者に、何を根拠にキャラバンの到着が十二月二日であると確信しているのかと尋ねた。ラクダを連れた遊牧の民が予定表どおりに動く人々とはとても思えないのだが。ラクダと旅行代理店の生命力に対する私の楽観主義に侵されていない妻は、きっとティンブクトゥに着いたら、キャラバンは来たが行ってしまったと言われるにちがいないと考えていた。もっと可能性が高いのは、消息なしと聞かされることだ。旅行代理店の責任者は私の疑問を一笑に付した。

「キャラバンとは常に連絡を取り合っています」と、彼女は言った。「砂漠にスカウトを送りこんでいるのです。もしスカウトがキャラバンは数日遅れると連絡してきたら、マリでの旅程を調整します」。私は、一理あると思った。楽観主義者は何にでも一理を見つけてしまうものだ。そうしていま、私はリンドバーグが乗ったのといい勝負の飛行機で、北のティンブクトゥに向かっていた。眼下は不毛の大地で、人の住んでいる気配はまるでない。その一方で、大きな塩袋を背負った何百頭ものラクダが南へ進んでいくのが見えた。きっといまごろ、部族長は砂漠のテントでわれわれをどう楽しませようかと頭をひねっているはずだ。

このふたつの段落には、ユーモア・タッチとささやかなジョークが盛りこまれている。これもまた、自分を楽しませるためにしたことだ。だが同時に、語り手の役割を演じ続けるためでもある。旅行記やユーモア作品で最古とも言える手法のひとつに、語り手を永遠にだまされ続ける人物に仕立てるものがある。節度をもってその手法を使い、自分をすぐ真に受ける人間に――場合によっては、まったくの馬鹿に仕立てることで、読者に優越感を与えるようにしてみよう。

飛行機のパイロットは、ようやくたどり着いた街の上空からの眺めを私たちに見せようと、何度か旋回した。広々とした土地に、はるか昔に見捨てられたような泥壁の建物が不規則に広がり、まるで映画『ボー・ジェスト』の終わりに出てくるジンデルヌフ砦のようにひっそりしていた。サハラ砂漠は着実に領土を広げ、アフリカ中央部を横断するサヘルと呼ばれる干魃地帯を創り出した。ティンブクトゥはずっと以前にそれに呑みこまれ、陸の孤島と化していた。私は不安で身が震えるのを感じた。こんな見放された土地に降ろされたくなかった。

『ボー・ジェスト』を引き合いに出したのは、このストーリーに自分との関連性を見いだそうとする読者とつながるためだった。ティンブクトゥの伝説の多くは、ハリウッドが世間に広めたものだ。ジンデルヌフ砦の悲運を思い出させることで――ブライアン・ドンレヴィ演ずるサディスティックなフランス外人部隊の指揮官は、部下の死体を砦の壁のくぼみに押し戻した――自分がこの手の映画を好んでいるのを明かすとともに、同じ好みの映画ファンと絆を結ぼうとしたのだ。私が求めていたのは「共鳴」だった。それを起こせば、感情面での効果を作家ひとりではとうていなし得ないほど高めることができる。「tremor（身が震える）」と「forsaken（見放された）」というふたつの言葉は、見つけるのに少し手間がかかった。「forsaken」は『ロジェ・シソーラス類語辞典』で見つけたのだが、生まれてこのかた一度も使ったことがないのは間違いない。たくさんの類語のなかにそれがあったときはうれしかった。イエスの最後の言葉のひとつで使われており（これも共鳴か）、孤独感と見捨てられた者の思いをこれ以上ないほど明確に伝えてくれる。

空港に地元のガイドが迎えに来ていた。モアメッド・アリという名のトゥアレグ族の男だ。旅好きの人間なら、その姿を見て心を慰められるだろう。トゥアレグ族はサハラ砂漠のこのあたりの所有者と言っても間違いではない人々だ。アラブ人にも、その後に北アフリカに押し寄せてきたフランス植民者にも屈せず、砂漠まで退いて身を守った誇り高いベルベル人の一部族である。トゥアレグの男に昔から伝わるブルーのローブをまとったモアメッド・アリは浅黒い知的な顔立ちで、やせて骨張った体格はアラブ人を思わせる。ためらいのない動きは明らかに彼の性格を表していた。あとで聞いた話では、十代の頃に父親とメッカ巡礼《ハッジ》を行い（トゥアレグ族の多くが後年イスラム教に帰依していた）、七年間アラブ諸国とエジプトに滞在して、英語、フランス語、アラビア語を学んだ。トゥアレグ族はタマシェクと呼ばれる、アルファベットを書き文字にした複雑な独自の言語を持っている。

モアメッド・アリは、まずティンブクトゥの警察署に行ってパスポートのチェックを受けなければならないと言った。私はあまりにたくさん映画を観ていたので、気楽にそういう聴取を受ける気分にはなれなかった。私たちは地下牢を思わせる部屋で、ふたりの武装警官に尋問された。さほど遠くないところに監房があり、男と少年が眠っているのが見え、またしても頭のなかでフラッシュバックが起きた。今度は『四枚の羽根』のなかの、オムデュルマンの刑務所に長年収監されていた英国人兵士の出てくる場面だった。チェックが終わって外へ出ても、まだ圧迫感は消えなかった。モアメッド・アリは私たちを連れて見捨てられた街のなかを歩き、おざなりに「見所」をいくつか案内した。大モスク、市場、ラングやカイエ、それにここでドイツ人探検家ハインリヒ・バルトらが暮らしたとプレートに書かれた廃屋などである。私たち以外に、観光客の姿は見当たらなかった。

*

『ボー・ジェスト』に続いて『四枚の羽根』を持ち出したのは、その映画を観たことのある人にぞっとする感じを伝えたかったからだ。この映画が実際に行われた作戦行動――ゴードン将軍を敗退させたマフディに復讐するためにナイル川を上ったキッチナー伯爵の遠征――をベースにしていることで、文章に恐怖の味付けがなされた。言うまでもなくサハラ砂漠の辺境の居留地では、アラブ人に情け深さなど期待できない。

またしてもアステリスクが雰囲気の変化を宣言する。それひとつで、「ティンブクトゥの街の話はこれまで。ここからがこの記事の本題だ。ラクダのキャラバンを探しに行くぞ」と伝えられる。込み入った長い記事を書くあいだに行うこうした決断は、単に読者が自分のロードマップどおりに歩けるように手助けするためばかりではない。書くことの不安をいくらかでも取り除くためでもある。手持ちの素材をいくつかのかたまりに分け、それをひとつずつ使っていく。そうすれば全体を仕上げるのがそれほど空恐ろしいことには思えなくなり、パニックに陥らなくてすむ。

アザライ・ホテルに着くと、客は私たちだけだった。私たちはモアメッド・アリに、塩のキャラバンを出迎えに来た観光客はどれぐらいいるのかと尋ねた。

「六人です」と、彼は言った。「あなたがた六人ですよ」

「だけど……」。私の心のなかの何かが、最後まで言うのを押しとどめた。別のアプローチを取ることにした。「〝アザライ〟の意味がよくわからないんだが。なぜアザライの塩のキャラバンと呼ぶんだね？」

「それはフランス人が使っていた呼び方です。当時は、年に一度ラクダを全部使ってキャラバンを組み、ここにやって来るのが十二月の上旬でした」

「いまはどうやってるんだね？」と、何人かが同時に同じ質問をした。

「マリが独立したあと、塩のキャラバンは好きなときにティンブクトゥに来ていいことになりました」

マリが独立したのは一九六〇年のことだ。以来二十七年間行われていないイベントのために、私たちはティンブクトゥに来たのだ。

最後の一文はストーリーに落とした小さな爆弾だ。だが、文章が語るにまかせて解説は省いた（事実のみでご勘弁を）。これが衝撃の瞬間であると読者に知らせる感嘆符を付けるのもやめた。それでは発見の喜びを奪ってしまうことになる。自分の持っている素材を信頼しよう。

なかでも、私の妻はさほど驚かなかった。私たちはその知らせを冷静に受けとめた。練達の旅行者は、いずれラクダのキャラバンは見つかるものと信じていた。みんなのおもな反応は、広告の真実性に関する規準がこうも厚かましく無視されたことへの驚きだった。モアメッド・アリは、パンフレットが差し出していた派手派手しい約束のことなど何も知らなかった。彼が知っていたのは、私たちを塩のキャラバンに会わせるために雇われたことだけで、翌朝それを探しに行くから、今夜はサハラ砂漠で一泊するようにと言った。十二月上旬は、普通キャラバンが到着し始める時期にあたる、とも。部族長のテントについては何も触れなかった。

「規準（canon）」「厚かましく（brazenly）」「派手派手しい（gaudy）」「差し出す（tender）」については、念入りに選んだ。どれも明確で生き生きしており、長くもないし、凝りすぎてもいない。ことに、そういった言葉は読者も予想していないだろうから、歓迎してくれるはずだ。部族長のテントのくだりはパンフレットのフレーズを引用したものだが、これもささやかなジョークのひとつだ。こうした「決め台詞《スナッパー》」を段落の最後に置くことで、読者を良い気分のまま次の段落へ進ませられる。

翌朝、私の妻――無窮の辺境に響く理性の声――は、市が二台なければ砂漠のなかには入らないと言い出した。だから、ホテルの前にランドローバーが二台停まっているのを見て、私は喜んだ。一台の前輪に、少年が自転車用空気入れで空気を入れていた。参加者四人が一台の後部座席に詰めこまれ、モアメッド・アリは運転手の隣に座った。二代目のランドローバーには参加者ふたりと、「見習い」と紹介された少年がふたり乗った。彼らが何を見習っているのか、誰も訊かなかった。

解説不要の驚くべき事実――タイヤの空気入れ――をもうひとつと、最後にもうひとつささやかなジョーク。

私たちはまっすぐサハラ砂漠へ向かった。砂漠は果てしなく広がる茶色の毛布に覆われ、何かが通った形跡もまるでなかった。次の大きな街はアルジェだった。それは辺境を一番肌で感じた瞬間で、小さな声がこうささやきかける。「どうかしてるぞ。なんでこんなことをしているんだ？」だが、私にはその理由がわかっていた。私は探求の旅の途上にいる。それが始まったのは、英国の「砂漠の奇人たち」、つまりチャールズ・ダウティー、サー・リチャード・バートン、T・E・ロレンス、ウィルフレッド・セシジャーといったベドウィンと暮らした世捨て人たちの本と初めて出会ったときだった。私はずっと、彼らの禁欲的な暮らしはどんなものだったのだろうと考え続けてきた。取り憑かれた英国人たちの心をつかんで放さなかったものは、いったい何だったのだろう、と。

またしても共鳴だ。ダウティーとその同胞の名前を出したのは、砂漠が映画に劣らず文学でも力強い作品を生み出してきたのを思い出させるためだった。私が担いでいる感情の荷物にもうひとつ品目を加えたわけで、読者にもそれを知る権利がある。

以下の文章は、前の段落の終わりに投げかけた疑問を解こうとしている。

いま、私はわかりかけていた。車で砂漠を進むあいだ、モアメッド・アリはときおりしぐさで運転手に指示を出していた。もう少し右、もう少し左。どうして行こうとする場所がわかるのかと尋ねると、モアメッド・アリは砂丘でわかるのだという。そんなことを言っても、砂丘はどれもまったく同じに見えた。塩のキャラバンが見つかる場所まで、どれぐらいかかるのかと訊くと、モアメッド・アリは、うまくすれば三、四時間で着くだろうと答えた。車は進み続けた。私の物体重視の目では、ほとんど何ひとつ見分けられなかった。だがしばらくすると、ほとんど何もないこと自体が物体になった。砂漠全体が一体化したのだ。私はそのことを自分の代謝作用に取り入れようとした。それで気分が落ち着き、すべてを受け入れられるようになった私は、ここまで来た理由をすっかり忘れかけた。

突然、運転手がハンドルを左へ鋭く切り、車を停めた。「ラクダだ」と、運転手は言った。私は都会慣れした目を凝らしたが、何も見えなかった。やがて、少しずつ目の焦点がはるか遠くに合ってきて、四十頭ほどのラクダを擁するキャラバンが堂々とした歩調でティンブクトゥへ向かっているのが見えた。それは千年の歴史を持つラクダのキャラバンで、タウデニの岩塩坑から二十日かけて北へ塩を運ぶ。私たちはキャラバンから百ヤード足らずまで近づいた。それ以上、接近してはいけない、とモアメッド・アリは言った。ラクダは神経質な動物だから、何か「訳のわからないもの」が近づくとパニックを起こすからだ（私たちが「訳のわからないもの」であるのは間違いない）。モアメッド・アリが言うには、ラクダはいつも夜遅く、街路に人気《ひとけ》がなくなってからティンブクトゥへ入り、塩の荷下ろしをする。それがどうやら「凱旋」ということらしい。

隊列を組んだ行進などよりはるかにドラマチックで、ゾクゾクする光景だった。このキャラバンの孤絶した行動は、サハラ砂漠を横断するすべてのキャラバンに共通するものである。ラクダは一頭一頭がたがいにつながれて、ラジオシティ・ミュージックホールのダンシング・チーム〈ロケッツ〉も顔負けの脈打つようなリズムで足並みをそろえているように見える。それぞれのラクダが塩の袋をふたつ、左右に振り分けて背に載せている。塩は汚れた白い大理石のようだ。袋の大きさは（あとでティンブクトゥの市場で測ったところ）、高さ三フィート半、幅一フィート半、厚さ四分の三インチで、このサイズと重さがラクダの運べる限界らしい。私たちは砂のうえに腰を下ろし、最後尾のラクダの姿が見えなくなるまでキャラバンを眺めていた。

いまや語り口は、平叙文を積み重ねていく客観的なものになっている。ひとつだけ、「孤絶（aloneness）」を使うかどうかは難しい決断だった。それは私の好みの言葉ではない。「詩的」すぎるのだ。それでも、ほかに同じ働きをする言葉がないと判断し、しぶしぶ残すことにした。

すでに正午を回っており、日差しが猛烈に暑くなっていた。私たちはランドローバーへ戻り、さらに砂漠の奥へ向かうと、やがてモアメッド・アリが、五人のニューヨーカーとメリーランド州の未亡人ひとりが入れるだけの陰を作っている木を見つけた。私たちはそこで弁当を食べ、漂白された風景を眺め、うたた寝をし、太陽とともに動く日陰に合わせて毛布を移動させながら、午後の四時まで過ごした。ふたりの運転手は昼寝《シエスタ》の時間を全部使って、一台のランドローバーからエンジンを外して修理をしているようだった。遊牧民がひとり近づいてきて足を止め、キニーネを持っていないかと訊いてきた。別の遊牧民がどこからともなく現れ、しばし談笑をしていった。そのうち、ふたりの男が砂漠を横切って、こちらに近づいてくるのが見えた。その向こうに目をやると……これは初めて見る蜃気楼だろうか？　さっきとは別の、五十頭ほどのラクダを連れたキャラバンのシルエットが空を背景に浮かび上がっている。信じられないほど遠い距離から私たちの姿を認めると、ふたりの男がキャラバンを離れてこちらへやって来た。ひとりはよく笑う年配の男だった。ふたりはモアメッド・アリと並んで座り、ティンブクトゥの最新ニュースに耳を傾けた。

このなかで一番難しかったのは、運転手がランドローバーを修理する一文である。ほかの文と同じくシンプルにしたいとは思ったが、ここだけには小さな驚きを仕掛けたかった。そこで、少し皮肉っぽいユーモアを交ぜてみた。ここでそういうことをした狙いは、ストーリーの残りの部分をできるだけシンプルに語っていくためでもある。

つまり、彼らが去ったのに気づいたときには四時間が過ぎていたわけだ。まるで別のタイムゾーン——サハラ時間にいるかのようだった。午後も遅くなり、太陽の暑熱が衰え始めた頃、私たちはランドローバーへ戻った。意外にも車はまだ動いたので、サハラ砂漠を横切り、モアメッド・アリ言うところの「野営地」へと向かった。私は、部族長のテントではないにしても、野営地と呼ばれるにふさわしいもの——せめてテントぐらいは用意されているものと想像していた。ようやく目的地に着くと、そこは丸一日走ってきたところと驚くほど似ている場所だった。ただし、小さな木が一本生えていた。その木の下に、黒い服を着てベールをかぶったベドウィンの女性が数人しゃがんでいた。モアメッド・アリは私たちをその横に降ろした。

女性たちは私たちを見てひるみ、後ずさりした。白い異邦人が、突然そばに降りてきたのだから無理もない。ぴったりすき間もなく身を寄せ合った姿は壁の装飾帯のようだった。どうやらモアメッド・アリは、たまたま最初に目に入った観光客向けの「郷土色」のそばで車を停め、あとは自分たちでなんとかするだろうと考えているようだった。私たちにできたのは、ただ腰を下ろして、友好的な顔つきをしていることだけだった。だが自分たちが侵入者であるのは自覚しており、たぶんその姿は実際感じていた以上に居心地悪そうだったにちがいない。しばらくじっとしていると、やがて装飾帯がゆっくりほどけて、四人の女性と三人の子供、ふたりの裸の赤ん坊になった。モアメッド・アリはベドウィンとはいっさいかかわりたくないらしく、どこかへ姿を消していた。たぶんトゥアレグ族はベドウィンを砂漠の下層民とみなしているのだろう。

だが、私たちの緊張を解く思いやりを示したのはベドウィンだった。女性のひとりがベールを下げ、映画女優のような笑み——整った顔立ちに真っ白な歯と輝く黒い瞳——を浮かべながら自分の持ち物を探ると、毛布と藁のマットを引っ張り出し、私たちが座れるようにそれを持ってきてくれた。これまで読んだ本からすると、砂漠には突然の侵入者など存在しない。誰か現れても、それはみんな予想のつく人物だ。それからまもなく、ベドウィンの男ふたりが砂漠からやって来て家族がそろった。そうなって初めて、それがふたりの男とそれぞれの妻である女ふたり、さまざまな年齢の子供たちで構成された家族であるのがわかった。彫りの深いハンサムな顔立ちの年長の夫は、祝福でも与えるようにふたりの妻の額を軽くたたいて挨拶すると、私からそれほど離れていない場所に腰を下ろした。妻のひとりが彼に夕食を持ってきた。鉢に粟がいくらか入っていた。男はすぐに鉢を私に差し出した。私は遠慮したが、その申し出は忘れられないものになった。男が食事をするあいだ、私たちは友好的な沈黙に包まれてじっと座っていた。子供たちが近づきになろうとそばにやって来た。日が沈み、満月がサハラの空に昇った。

そのあいだに、運転手が二台のランドローバーのそばに毛布を敷き、砂漠の木でたき火を始めた。私たちは各自の毛布を持って再集合し、砂漠の空にまたたき出した星を眺め、鶏肉らしきもので夕食をすませてから寝床をしつらえた。トイレの設備は間に合わせのもので、各自がそれぞれに処理した。前もってサハラ砂漠の夜は冷えると注意を受けていたので、私はセーターを持ってきていた。それを着て毛布にくるまると、砂漠の地面の固さがいくぶん和らぎ、途方もなく大きな静寂に包まれて眠りに落ちた。一時間後、これも途方もなく大きな騒音がして目が覚めた。ベドウィンの一家がヤギの群れとラクダを連れて夜のなかへ消えていった。やがてまた、すべてが静まり返った。

朝起きると、私の毛布のすぐ横の砂に動物の足跡が残っていた。モアメッド・アリの話では、ジャッカルが来て、私たちの夕食の残りを始末していったという。覚えているかぎりでは、鶏肉は少なからず残っていたはずだ。だが、私は何も聞いていない。自分がアラビアのロレンスになった夢を見るのに忙しかったからだ。

〈了〉

創作をするうえできわめて大切な決断は、どこで終わらせるかである。私たちの旅の目的は塩のキャラバンを発見することだったから、最初は大昔からの交易のサイクルを完結させなければならないと考えていた。ティンブクトゥに戻って、塩が荷下ろしされ、市場で売買されるところまで描くべきだと。だが、記事が終わりに近づくにつれ、それを書きたくなくなった。単調な作業に思えて気が重かった。自分にとっても、読者にとっても楽しいはずがない。

突然、私は思い出した。自分には今度の旅の実際の様子を描く義務はないことを。す、べ、てを書く必要はないのだ。私のストーリーの真のクライマックスは、塩のキャラバンを見つけたときではない。サハラ砂漠に住む人々の時を超えたもてなしの心を発見したときだ。ほとんど無一物の遊牧民一家が自分たちの夕食を分け与えようとした瞬間——この瞬間に匹敵する体験は、いままでの生涯を振り返ってもさほど多くない。私が砂漠に見つけに来たもの、あの英国人たちが書いてきたもの、つまり辺境での暮らしの気高さをこれほど純粋に示した例はほかになかった。

もしあなたが、自分の持っている素材からそういったメッセージを受け取ったら——のちに何が起きようと、ストーリーがここで終わりだと語りかけてきたら、すぐに出口を探すようにしよう。私も急いで切り上げることにした。ただ、全体の統一がとれているかどうかの点検には十分な時間をかけた。この旅を始めた作家兼ガイドが、同じ人物のままでストーリーを終わらせているかどうかを。面白半分のアラビアのロレンスの引用は、さまざまなつながりをまとめ上げ、旅を一巡させて締めくくるもので、語り手が一貫性を保持する助けとなった。ここで終わらせられると気づいて、私は最高の気分だった。仕事がすんだ――ジグソーパズルが完成した――からだけでなく、申し分のない終わり方だと思ったからだ。これこそ、正しい決断だった。

追記として、ひとつだけ挙げておきたい最後の決断がある。ノンフィクション作家が幸運を招くために必要なことと関係があるものだ。私には、自分を行動に駆り立てるためによく使う言葉がある。「飛行機に飛び乗れ」だ。人生で最も感情を揺さぶられた二度の瞬間は、『ミッチェルとラフ』の取材で飛行機に乗ったときに生まれた。一度目は、ミュージシャンのウィリー・ラフとドワイク・ミッチェルが上海音楽学校でジャズを中国に紹介したときだった。その一年後、私はラフとともにヴェネチアに赴いた。ラフは夜間に、誰もいないヴェネチアの教会堂《バシリカ》で、ヴェネチアの音楽学校に刺激を与えた音響効果を研究するためにグレゴリオ聖歌をフレンチホルンで演奏する予定だった。どちらの場合も、演奏を許可されるかどうか保証はなかった。同行する決断をしたことで、時間と金をドブに捨てる可能性もあった。それでも私は飛行機に飛び乗った。そのおかげで、おそらく私のベスト2であろう二本の長い記事が生まれ、ニューヨーカー誌に掲載された。ティンブクトゥに向かう飛行機に乗ったのも、現れる可能性は五〇パーセントしかないラクダのキャラバンを探すためであり、ブレイデントン行きの飛行機に乗ったときも、スプリング・キャンプへ行っても歓迎されるか拒絶されるかわからないままだった。『学ぶための書き方』を書いたのは、見知らぬ人からの一本の電話がきっかけだった。電話で聞いた教育論があまりに面白かったので、それを取材するためにミネソタ行きの飛行機に乗った。

飛行機に飛び乗ることで、私は世界中で、全米各地で一風変わった物語に出会うことができた。いまでもそれは変わらない。空港を飛び立つとき、不安にならないと言えば嘘になる。不安はこの職業とは切っても切れない関係にある。だが、家に帰るときには常にそれを埋め合わせる収穫を持って帰る。

ノンフィクション作家になりたければ、あなたも飛行機に飛び乗らなければならない。テーマが面白ければ、それを追っていくのだ。たとえ隣の国、隣の州、隣の郡へでも。向こうからあなたを探しに来てはくれないからだ。

自分が何をやるべきかを決断せよ。そして、それをやると決断する。その後に、仕事にかかろう。

# 24 家族史と回想録を書く

私の知る最も悲しい言葉のひとつに、「そのことを母親に聞いておけばよかった」というものがある。あるいは、父親に。祖母に。祖父に。どんな親でも、子供は親の魅力に満ちた人生に当人ほどは魅せられないことを知っている。それが自分の子供を持つようになり、加齢による最初の苦痛を感じると、急に家族に受け継がれてきたものを、そのエピソードや言い伝えの集積を全部知りたがるようになる。「父さんがよく話していた米国へ移住したときのエピソードはどんな話だったっけ?」「母さんが育った中西部の農場はどんなところだったんだろう?」

作家は記憶の管理人であり、この章はそのことについて書いている。あなたの人生の記録を、あなたが生まれついた家族の記録をどうやって残したらいいか? そうした記録はさまざまな形式が考えられる。定石どおりの回顧録であってもいいが、その場合は文学的な構成に気を配らなければならない。あるいは子供や孫たちに、彼らが生まれついた一族のことを伝えるために書かれる形式ばらない家族史でもいい。または、老齢や病気のせいで書くことのできない両親や祖父母の言葉をテープレコーダーに録音した口述記録の形式も考えられる。もっと別の形がよければそれでもよく、歴史と回想のハイブリッドもいいかもしれない。形式はどうあれ、どれも価値のある創作である。記憶は持ち主とともに失われてしまうことがあまりにも多く、時の過ぎる速さに驚かされることも決して少なくない。

私の父は文学的な野心などかけらもないビジネスマンだが、老年になって家族史を二作執筆した。気晴らしの才能をほとんど持たない男にうってつけの作業だった。パーク・アベニューを見下ろすアパートメントで愛用の緑色の革を張ったアームチェアに腰を下ろし、十九世紀のドイツまでさかのぼって自分の側の家族――ジンサー家とシャーマン家――の歴史を書いた。次に書いたのが、彼の祖父が一八四九年に創業した西五十九丁目のワニス製造会社の歴史だった。黄色い法律用箋に鉛筆で書き、書いている最中も書き終わったあとも、筆を止めて見直すことは一度もなかった。父は、再検討とかペースダウンを強いる事業には我慢できない性質《たち》だった。ゴルフコースでも、ボールの落ちたところへ向かうあいだに状況を見きわめ、クラブを抜き出し、近づくやいなやほとんど足を止めることなくスイングした。

歴史を書き終えると、父は原稿をタイプして謄写版で印刷し、綴じてビニールのカバーを付けた。一部一部に名前を書き入れ、三人の娘とその夫たち、私と母、それに十五人の孫（まだ字の読めない子供もいたが）に贈った。私は、みんながそれぞれ自分の分を持っているのが気に入った。ひとりひとりが、一族の物語のなかで対等のパートナーとして認められたような気がした。父の書いた歴史にいくらかでも目を通した孫が何人いたのか見当もつかない。それでも読んだ者はいるはずで、十五部の印刷物がメイン州からカリフォルニア州まで散らばるみんなの家のどこかに押しこまれ、次の世代の到来を待ち受けていると思うと気分がよかった。

私が心打たれたのは、父の仕事が書き上げること以外何も望まない家族史の典型である点だった。出版することなど、父は少しも考えていなかった。出版とは関係ない創作を行う立派な動機は数多く存在する。書くことは強力な検索システムであり、自分の身の上話を整理して充足感を得ることができる。また、人生の苦境――喪失、哀しみ、病気、失望、失敗――に対処し、折り合いと慰めを見いだせる場合もある。

父の書いたふたつの歴史は、私のなかで次第に存在感を増していった。最初は、本来そうあるべきほどは父のやったことに寛容ではなかった。たぶん、自分が難しいと感じていたことを父が苦もなくやり遂げたのを見下していたのだろう。だが時がたつにつれ、ふと拾い読みをしている自分に気づくことが多くなった。それを読んで、長く音信の途絶えた親戚を思い出したり、いまはすっかり変わってしまったニューヨークの地理を確認したりした。それに、読めば読むほどその文章を高く評価するようになった。

　とりわけ、そこから声が聞こえる点が気に入った。父は作家ではなかったから、自分の「文体」を発見しようと思いわずらうこともなかった。自分が話すとおりに書いており、その文章を読んでいると、父の個性とユーモアが、イディオムと語法が聞こえてきた。その多くが、一九〇〇年代初頭に大学生だった頃の響きを反映していた。同時に、父の正直さも聞こえた。血縁関係に感傷的なほうではなかったから、その容赦ない評価を読むと思わずにやりとさせられた。X叔父は「二流の人」、従兄弟のYは「役立たず」だそうだ。

　家族史を書こうと思い立ったときは、このことを思い出そう。「作家」になろうとしてはいけない。いまになって思えば、父は私以上に天性の作家だったのかもしれない。私のように、あちこちいじくりまわしたり、ささいなことで大騒ぎしたりはしなかった。あなた自身であることだ。そうすれば、読者はどこへでもあなたについてくる。書くという行為にあまりにのめりこめば、読者は船縁《ふなべり》を飛び越えて逃げ出していくだろう。あなたの生産物はあなた自身なのだ。回想録や個人史に最も必要な作業は、自分と、自分が記憶している体験や感情を交流させることである。

　家族史のなかで、父は子供の頃に受けたトラウマを率直に語っていた。父と弟のランドルフがまだ幼かった頃、唐突に訪れた結婚生活の破綻についても。兄弟の母親は、自力で大成したドイツ移民、H・B・シャーマンの娘だった。シャーマンは十代のとき、金鉱掘り《フォーティナイナーズ》とともにカリフォルニアへ移住し、旅の途中で母親と妹を亡くしている。その娘フリーダは父親から猛々しい自尊心と野心を受け継ぎ、ドイツ系米国人社会の有望な若者、ウィリアム・ジンサーと結婚したときは、彼を自分の文化的願望への答えだと考えた。ふたりはコンサートやオペラへ足を運び、音楽サロンを主催して夜を過ごした。だが次第に、有望な若者はさほど熱望するものを持っていないことがわかってきた。家庭は夕食後に彼が椅子で居眠りをする場所になった。

夫の無気力さがわかったとき、フリーダ・ジンサーがどれほど苦い思いをしたか、私には想像がつく。子供の頃、老齢になった祖母が自分を駆り立てるように、飽くことなくカーネギー・ホールへ通い、ピアノでベートーヴェンやブラームスを弾き、ヨーロッパへ旅行し、外国語を学び、父や私の姉妹、そして私に文化的修養を積むようにせっつく姿を見たからだ。結婚で果たせなかった夢を実現しようとする祖母の強い意志は最後まで挫けなかった。だが、説教癖というドイツ人的嗜好の持ち主だった祖母は、誰彼かまわず叱りつけて友人をみんな遠ざけてしまい、孤独のうちに八十一歳で亡くなった。

かなり前になるが、私は一度、祖母のことを『五つの少年期』という本に書いたことがある。子供の頃に見た祖母の姿を描写して、その力強さを賞賛しながらも、彼女が私たちの暮らしのなかでは厄介な存在であったことを指摘した。本ができると、祖母にはさんざん悩まされてきた私の母が祖母を弁護した。「おばあちゃんはとてもシャイな性格だったの」と、母は言った。「みんなに好かれたいと思っていたのよ」。そうだったのかもしれない。真実は、母の見たものと私の見たものの中間にあるのだろう。だが、私にはそう見えたのだ。それが私の覚えている真実だったから、そのとおりに書いた。

こんな話を紹介したのは、回想録の作家に一番訊かれる質問のひとつに次のようなものがあるからだ。「子供だったときの視点で書くべきでしょうか？　それとも大人になったいまの視点で書いたほうがいいのでしょうか？」　特に優れた回想録は、記憶にある時間と場所の統一性が保たれた作品であると思う。たとえば、ラッセル・ベイカーの『グローイング・アップ』やV・S・プリチェットの『玄関に来たタクシー』、ジル・カー・コンウェイの『はるかなる大地クーレイン――オーストラリア・ブッシュからの旅立ち』などは、人生の敵と戦っている大人の世界で子供や若者がどんな様子だったかを回想している。

もっとも、もしあなたがもうひとつのルートを選択し、大人の幅広い見地から若い頃の自分を書いたとしても、それなりの誠実さを備えた回想録になるはずだ。その良い例が『若き日の詩人たち』であり、著者のアイリーン・シンプソンはそこで最初の夫のジョン・ベリーマンはじめ、ロバート・ローウェルやデルモア・シュワルツといった著名な自滅型の詩人仲間との交流を描いているが、当時の彼女はまだ若すぎて詩人たちの苦悩を理解できなかった。年輩になって回想録を書くためにもう一度当時を振り返ったとき、彼女は作家であり、現役の臨床心理士でもあったので、臨床知識を使って米国詩の主要なグループの貴重なポートレイトを創り上げることができた。ただし、この二つのルートはまったく別種の創作になる。あなたはどちらかを選ばなければならない。

父親の家族史には祖母の結婚の詳細が描かれていたが、私が回想録を書いたときはまだそれを読んでいなかった。事実を知ったいまなら、祖母をああいう人にした失望感を理解できる。もし自分が新たに一族の物語を書くとしたら、ドイツ人的な感情の激発とストレスを考察する試みに多くのページを割くだろう（私の母親の一族はニューイングランド・ヤンキー――ノウルトン家とジョイス家――で、感情過多のメロドラマを演じなくても人生をまっとうできた）。また、父親の書いた歴史の中核にぽっかり開いた穴を埋めるために、失望の一生についても書くことになるだろう。ふたつの歴史のなかで、父はそのことにほとんど触れていないし、寛容さも示していない。同情心はすべて不幸な離婚女性と、彼女が生涯失わなかった気骨に注がれていた。

とはいえ、父の愛すべき性格――人を引きつける力、ユーモア、快活さ――と、これ以上ないほど青い目は間違いなくジンサー家から受け継いだもので、陰気で茶色い目のシャーマン家のものではなかった。私はずっと、姿を消した祖父についてはそれ以上知ることを許されていないように感じていた。祖父のことを質問すると、父は必ず話題を変え、何も教えてくれなかった。もしあなたが家族史を書くなら、記録天使となって、子孫が知りたがるはずのことをひとつ残らず記録しなければならない。

そう考えると、回想録作家がよく質問してくるもうひとつの疑問が思い浮かぶ。「自分の書いているものに出てくる人のプライバシーについてはどうなんでしょう？　親戚の気分を害したり、傷つけたりする事実は省くべきでしょうか？　妹はどう思うでしょう？」

その問題については、先走って心配する必要はない。あなたがまずしなければならないのは、思い出すままに、あなたのストーリーを書き留めていくことだ。肩越しにこっそり振り返って、どんな親戚がそこにいるかを窺ってはならない。言いたいことを自由に、そして正直に書き、仕事を終えよう。プライバシーの問題はそのあとだ。もし書いているのが家族だけに読ませる家族史なら、人に見せても法的・倫理的な責任は生じない。だが、もっと多くの読者を想定しているのであれば――友人に郵送したり、出版したりするのであれば、親戚には彼らが出てくる箇所を見せておいたほうがいいかもしれない。それが最低の礼儀だ。印刷物を見せられてびっくりすることは誰も望んでいない。それに、親戚に不都合な部分を削除してほしいとあなたに頼む機会を与えることにもなる。あなたが同意するかどうかは別にして。

何と言っても、それはあなたのストーリーだ。すべての仕事をしたのは、あなたなのだ。もし妹さんがあなたの回想録に不満があるなら、自分で回想録を書けばいい。あなたのものに劣らない正確な回想になるかもしれない。共有した過去は誰にも独占できない。親戚のなかには、書かれたもののなかに書いてほしくなかったことを見つける者もいるかもしれない。愛すべきものとは言い難い一族の特徴をあなたが暴いた場合は特にそうだろう。それでも私は、ほとんどの家族が心の深い部分で、自分たちが家族になるために行った努力を記録に残したいと願っていると思う。たとえその努力に欠陥があったとしても。そういう人々はあなたに賛同し、その仕事を引き受けてくれたことに感謝するはずだ。もしあなたが誠実にそれを行い、不純な動機を持っていなければ、だが。

では、不純な動機とはいったい何だろう？　話を回想録ブームが起きた一九九〇年代に戻そう。そのブームが来るまで、回想録作家は恥ずべき体験や考えをベールで覆っていたものだ。社会もそれを礼儀として認めていた。そこへトークショー番組がのさばり始め、恥じらいなど無用の長物になった。突然、人目をはばかるエピソードも、機能不全に陥った家族も存在しなくなり、大衆の気を引くためにケーブルテレビや雑誌、書籍に何でもかでも持ち出されるようになった。その結果、セラピーまがいの回想録がなだれを打って現れ、作者はこの形式を自己顕示や自己憐憫の場として利用し、自分を不当に扱った人間に誰彼かまわず悪口を浴びせた。創作は退場し、泣き言恨み言が登場した。

もっとも、当時の本はどれもいまではすっかり忘れ去られている。読者は繰り言など聞きたがらないからだ。自分の回想録を昔の不満を吐き出したり、恨みを晴らしたりするために利用してはならない。怒りを克服するのは、どこかほかでやってほしい。一九九〇年代に書かれた回想録でまだ記憶に残っているのは、愛情と寛容をもって書かれた作品——たとえば、メアリー・カーの『うそつきくらぶ』、フランク・マコートの『アンジェラの灰』、トバイアス・ウルフの『ボーイズ・ライフ』、ピート・ハミルの『ドリンキング・ライフ』などである。それらに描かれた子供時代はどれも痛々しいが、作者たちは大人に対するのと同じぐらい、若い頃の自分に厳しく接している。われわれは犠牲者ではない、と言いたいのだ。われわれは過ちを犯しがちな部族の出ではあるが、自分の人生と折り合って、恨みを抱かずに生き延びてきた、と。彼らにすれば、書くことは癒やしの行為でもあるのだ。

あなたも、書くことを癒やしの行為にすることができる。たとえどれほど痛い目に合わされても、あるいは痛い目に合わせても、自分の持つ人間性、人生で出会った人々の持つ人間性と誠実な取引ができれば、読者は必ずあなたの旅についてきてくれるだろう。


いよいよ、ここからが難所だ。この大変な代物をどう組み立てればいいのだろう。回想録執筆に乗り出した人の多くは、あまりの作業の膨大さにすくみ上がってしまう。何を入れるべきか？　何を省くべきか？　どこから始めよう？　どこで終わらせよう？　どんな形態にすればいいのか？　過去がおびただしい数の断片となってのしかかり、何らかの秩序を与えよと迫ってくる。この不安のせいで、多くの回想録が頓挫したり、一行も書かれずに終わったりしている。

どうしたらいいのか？

やらなければならないのは、決断の数を減らすことだ。たとえば家族史を書くときには、一族の支流のひとつに的を絞ることが大きな決断になる。家族は複雑に絡み合った組織体であり、とりわけ数世代にわたって追跡するときには複雑さが増す。母方の家族にするか、父方にするかを決めて、両方を一緒に書くべきではない。どうしても書きたければ、あとで別の企画として残りの家族に立ち戻ればいい。

あなたの回想録の主人公はあなたであることを忘れてはならない。ツアーガイドであることも。書きたいストーリーを進めていく語りの道筋を見つけ出し、常に手綱を放さないようにしよう。それはつまり、そこに必要でない人々を回想録から除外するという意味になる。たとえ、きょうだいであっても。

回想録の講座の生徒に、自分の生まれ育ったミシガン州の家について書きたがっている女性がいた。母親が亡くなって家を処分することになり、彼女と父親、それに十人の兄弟姉妹が集まって、家のなかを片づけることになっていた。その作業について書けば、大所帯のカソリック一家での少女時代を理解する助けになるかもしれない、と彼女は考えた。回想録の枠組みとしては文句ないと思ったから、私も賛成した。どうやって進めるつもりかと彼女に尋ねた。

父親と兄弟姉妹にインタビューして、家の思い出を語ってもらうところから始めるつもりだと彼女は言った。私は彼女に、彼らのストーリーを書きたいのかね、と訊いた。いいえ、私のストーリーを書きたいのです、と彼女は答えた。それなら、きょうだいみんなにインタビューするのはエネルギーと時間のまったくの無駄遣いになりかねないね、と私は言った。その言葉で、彼女には自分のストーリーの正しい形がほの見えてきて、家と自分の記憶に正面から向き合う覚悟ができた。私は彼女が何百時間もかけてインタビューをしたり、テープ起こしをしたり、本来その場所にはそぐわないものを回想録に書き入れたりする手間を省いてやったことになる。それはあなたのストーリーなのだ。インタビューが必要な相手は、家族の事情に人とは違う見識を持っていたり、あなたに解けないパズルを解く逸話を知っていたりする人に限られる。

もうひとつ、別のクラスであった話を紹介しよう。

ヘレン・ブラットというユダヤ系の若い女性は、ホロコーストを生き延びた自分の父親について書くことに意欲的だった。父親は十四歳のときにポーランドの村を逃げ出し——逃げ延びたユダヤ人はほとんどいなかった——イタリアを経由してニューオリンズへたどり着き、その後ニューヨークへ移った。いまは八十歳になった父親に、ヘレンは一緒にポーランドの村に帰ってみないかと誘った。そうすれば若い頃の話を聞いて、あなたの物語を書けるから、と。だが父親は、体力に自信がないし、辛い過去を思い出したくないと言って、その申し出をことわった。

そこでヘレンは、二〇〇四年にひとりで旅をすることにした。メモを取り、写真を撮り、村の人々の話を聞いた。だが、父親の物語を正確に再現するだけの事実は手に入らなかった。ヘレンはそのことを深く悲しんだ。彼女の失望感が教室に漂うのを感じられるほどだった。

しばらくのあいだ、私は彼女に何と言ってやればいいのか思いつかなかった。やがて、こう言った。

「これはきみのお父さんのストーリーではないんだよ」

ヘレンは私を見つめた。私の言葉を少しずつ理解し始める様子が、いまでも記憶に残っている。

「これはきみのストーリーだ」と、私は彼女に言った。そして、誰も――ホロコーストを研究する学者でさえ――彼女の父親の若い頃を再現するのに必要な事実は持っていないと指摘した。ヨーロッパにおけるユダヤ人の過去は、多くが抹殺されているからだ。「きみがお父さんの過去を調べて書けば」と、私は言った。「それはお父さんの人生を、お父さんの受け継いだ伝統を語ることにもなるんだ」

ヘレンの肩から重い荷物が下りたのがわかった。彼女は誰もいままで見たことのない晴れやかな笑みを浮かべて、すぐに書き始めますと言った。

講座が終了しても、原稿は提出されなかった。ヘレンに電話してみると、いま書いていて、もう少し時間がかかるという返事だった。そしてある日、二十四ページの原稿が郵送されてきた。「故郷に帰る」と題されたその原稿には、地図にも載っていないポーランドの南東部にある小さな田舎町プレシナへのヘレン・ブラットの長旅が描かれていた。「六十五年後、私は一九三九年以降にこの町を訪れたブラット家の最初のひとりになった」と、彼女は書いている。少しずつ町の住民にも知られるようになり、住民が父親の親戚――祖父母、叔父、叔母――の多くをまだ覚えているのがわかった。ある老人に、「あんたはお祖母さんのヘレンに生き写しだな」と言われ、ヘレンは「安心感と安らぎにすっぽり包みこまれたような感じがした」という。

彼女のストーリーはこんなふうに終わっている。

帰宅すると、私は三晩、父とともに過ごした。父は私の撮った四時間のビデオを、まるで大傑作でも観るかのようにすべて見尽くした。私の旅を細かいところまで全部知りたがった。誰に会い、どこへ行き、何を見て、どんな食べ物が好きで何が嫌いか、どんなもてなしを受けたか。私は、温かく歓迎してもらったことを伝えた。一族の者の写真は手に入らなかったので、どんな風貌かはわからないが、彼らの人柄は心の写真に焼きつけられていた。まったくの闖入者である私があれほど歓迎されたのは、町の者が祖父に敬意を抱いていたからだろう。父には、級友の手紙と贈り物の入った箱を渡した。ポーランド製のウォッカ、地図、額入りのプレシナの写真とスケッチが入っていた。

私が話を聞かせているあいだ、父は誕生日プレゼントを開けたくてうずうずしている子供のようだった。瞳に宿っていた悲しみは消えて、歓喜し、舞い上がっていた。予想していたとおり、ビデオに映っている一族の土地を見たとたん父は泣き出したが、それは喜びの涙だった。あまりにも誇らしげなのを見て、私は尋ねた。「父さん、そんなに誇らしげに見ているのは何なの？　父さんの家？」　父は答えた。「いいや、誇らしいのはおまえだ。おまえは私の目となり、耳となり、足となってくれた。行ってくれてありがとう。まるで自分で行ったみたいだよ」

決断の削減に関する最後のアドバイスは二語ですむ。「小さく考えろ《シンク・スモール》」だ。回想録に入れるにふさわしい「重要な」エピソードを見つけようと、自分の過去や家族の過去を引っかきまわして探してはならない。あなたがまだ覚えているのなら、その記憶には読者が自分の人生のなかにも見つけられる普遍的な真実が含まれているはずだ。

私がそのことを学んだのは、二〇〇四年に『自分の人生を書く』という本を書いたときだった。この本は私自身の回想録だが、折にふれて自分が行った決断やその削減について解説を加えた。私は回想録に、自分の身に起きた重要な出来事をすべて網羅する必要があるとは考えていなかった。年輩の人が腰を据えて人生の旅路を振り返るとき、そうしたくなる気持ちはよくわかるが。この本の多くの章はそれぞれささやかなエピソードで構成されており、どれも客観的に見れば「重要」とは言い難いが、私にとっては重要なものだ。私にとって重要であれば、読者の琴線に触れ、彼らにとって重要な普遍的真実にも触れることになる。

章のひとつに、子供の頃に幼友達のチャーリー・ウィリスと、それこそ何千時間も遊んだ野球ゲームのことを書いた。この章は、若い頃夢中になっていまでも頭を離れないものというテーマで、私が一九八三年にニューヨーク・タイムズ紙に記事を寄せたところから始まっている。そのゲームは、私が陸軍に入隊したあと、母親が捨てたものと思っていた。「だが、記憶の霧を通して〝ウルヴァリン〟という文字がまだ見える。市民ケーンには〝バラのつぼみ《ローズバッド》〟かもしれないが、私にとっては〝ウルヴァリン〟だ。その手がかりは復元不可能なほどかすかなものになっている。屋根裏部屋か地下室かガレージでそのゲームを発見した人がいた場合のために、ひと言言っておく。私は必ず次の飛行機で駆けつける。チャーリー・ウィリスも同じ思いだろう」

数日とたたずに、昔同じゲームを持っていて、しょっちゅう幼友達と遊んでいた覚えのある人々から手紙が届いた。その最後のものはアーカンソー州ブーンヴィルの消印があったが、差出人の住所を見て、私はあっけにとられた。「ウルヴァリン玩具製造会社」とある。送ってきたのは、販売部長のウィリアム・W・レーランだった。「私どもは一九五〇年に〝ペナント・ウィナー〟の製造を中止しました」と、彼は書いていた。「ですが、わが社の資料室を探してみたところ、まだ一台残っているのがわかりました。もし最寄りにおいでの際には、ぜひ二、三試合お手合わせ願いたいと思っております」

私にはブーンヴィルへ行く機会がなかったが、一九九九年のある日、退職してコネチカット州に引っ越したレーランから電話があった。彼は、ウルヴァリン玩具製造から最後の「ペナント・ウィナー」を買い取ったのだが、まだやってみる気はあるかと訊いてきた。数日後、レーランはニューヨークの私の仕事場にやって来て、ゲームの入った箱を開いた。見るのは六十年ぶりだった。

それは美しいもので、内野に張られたまばゆい緑色の金属を見つめていると、きついバネの付いたバットを引っ張り、投球を待っていたときの感触がよみがえった。それに、両サイドに付いていた、球速をさまざまに変化させる「速い」と「遅い」のボタンを押す感触も。私とレーランはゲームを持ち上げて絨毯のうえに下ろし、プレイを始めた。七十代の男ふたりがゲーム盤をはさんでひざまずき、回の表裏のたびに立ち上がって位置を交替した。窓の外では日が沈み、レキシントン・アヴェニューが暗くなり始めていたが、ふたりともそれに気づかなかった。

これは、創作の主題としてはきわめて特殊性の高いものである。野球ゲーム盤を持っている人はそんなに多くはない。だが誰にも、子供の頃にお気に入りだったおもちゃやゲームや人形があるはずだ。私がそういうおもちゃを持っていたこと、そして晩年になってそれが手元に戻ってきたことが、お気に入りのおもちゃやゲームや人形をもう一度手にしたいと願う読者と通じ合わないわけがない。読者が共感する対象は私の野球ゲームではない。ゲームという観念——普遍的な観念に共感するのだ。あなたが回想録を書こうとして、自分のストーリーがほかの人の関心を引くほど「大きく」ないのが心配になったときは、いま紹介した例を思い出してほしい。あなたの記憶に張りついているささやかなストーリーは、それ自体で共鳴を呼ぶ力を持っている。それを頼りにすべきだ。

『自分の人生を書く』の別の章には、第二次世界大戦に従軍したことが書かれている。いま思えば、同世代の多くの男性と同様、従軍体験が私の人生の大きな転換点になった。もっとも、私の回想録には戦争そのものは描かれていない。私が書いたのは、兵員輸送船でカサブランカに着いたあと、北アフリカを横断した旅についてのストーリーだけである。何人かの戦友とともに、「四十と八」と呼ばれるおんぼろの木製有蓋車両に乗った。その呼び名は、第一次世界大戦でフランス軍が四十人の男と八頭の馬を運ぶのに使ったところから来ている。「四十人の男と八頭の馬《カラント・オム・ウ・ユイット・シュヴォー》」というステンシル文字が車両にまだ残っていた。

六日間、私は扉のない乗降口に腰を下ろし、モロッコ、アルジェリア、チュニジアの大地のうえに足をぶらぶらさせながら過ごした。それまで経験したことがないほど乗り心地の悪い鉄路だったが、同時に最高の鉄路でもあった。自分が北アフリカにいるのが信じられなかった。私は米国北東部に住む白人一家の過保護に育てられた息子だった。しつけのときも学校でも、アラブ人のことなど誰も口にしなかった。それがいま、青天の霹靂のように、すべてが目新しい風景のなかにいた。景色も音もにおいも、なにもかもが新鮮だった。異国の地で過ごした八カ月は、その後も決して冷めることのないロマンスの始まりになった。私を生涯にわたってアフリカやアジアその他の遠隔地の文化を訪ね歩く旅人にし、世界を見る目を永遠に変えてしまったのも、その八カ月だった。

忘れることなかれ。あなたのストーリーを最も「大きく」するのは、テーマよりもむしろ、それが持つ意味であることを。特定の状況であなたが何をしたかではなく、その状況があなたにどう影響し、いまのあなたをどう作りあげたかが肝心なのだ。

自分の記憶をどうやって組み立てるかという問題について、私が与える最後のアドバイスは——またしても——小さく考えろ、だ。扱いやすいかたまりに分けてから、自分の人生に取り組むのがいい。最終完成品を——あなたが構築すると誓った壮大な建造物を思い浮かべてはならない。不安になるだけだからだ。

以下が私の提案だ。

月曜日の朝、机に向かったら、まだ記憶のなかに生き生きと残っている出来事を書き留めよう。長さは必要ない。三ページでも五ページでもかまわない。ただし、書き出しと結末はきちんと付けよう。そのエピソードをフォルダーにしまったら、普段の暮らしに戻る。火曜日の朝にも同じことをする。火曜日のエピソードは月曜日のものと関連がなくていい。どんなものであれ思い出がよみがえったら、逃さないように捕まえておこう。潜在意識が働くように仕向ければ、あなたの過去を送り出してくるはずだ。

これを二カ月か三カ月、いや半年続けよう。辛抱できずにあなたの「回想録」を——書く前にあなたの頭のなかにあるものを——書き始めてはいけない。その期間を経てから、おもむろにフォルダーに溜まったエピソードを取り出し、床に並べよう（ときには床が作家の良き友になることがある）。それに全部目を通して、何を語っているか、どんなパターンが現れるか見てみよう。あなたの回想録に何が書かれるか、あるいは何が書かれないかを教えてくれるはずだ。どれが最優先でどれが二の次か、どれが面白くてどれが面白くないか、どれが情に訴えるか、どれが重要か、どれが独特か、どれが愉快か、どれに追求してふくらませる価値があるかを。そうするうちに、あなたにも自分のストーリーの語りの形式が、これからたどるべき道筋が見えてくるだろう。

そうなったら、あなたがあとやらなければならないのは、断片をつなぎ合わせることだけだ。

# 25　できるだけ上手に書くこと

私はときおり、自分が作家になりたがっているのに気づいた瞬間はいつだったのかと質問されることがある。天啓のような瞬間があったわけではない。気づいていたのは、自分が新聞社で働きたがっていることだけだった。だが、幼い頃からそうした傾向を持っていたのは間違いないし、それがこれまで私を導いてくれた。その傾向は道筋に違いはあれ、父方、母方双方から受け継いだものだった。

母親は優れた創作を愛し、書籍ばかりでなく、よく新聞にもそれを見つけていた。定期的に新聞からコラムや記事を切り抜き、言葉の適切な使い方、ウィット、人生の独特の見方などを楽しんでいた。母親のおかげで、私は若い頃から、優れた創作は程度の低いメディアを含めていたるところで見つかるもので、大切なのはそれが掲載されるメディアではなく、作品そのものであることを心得ていた。だから、常に自分の規準に従ってできるだけ良いものを書こうと努めている。読者になる人々の教育程度を想定して書き方を変えたことは一度もない。母はまた、ユーモアと楽観主義の人だった。人生同様、創作においてもそのふたつは潤滑油の役割を果たし、幸運にも自分の手荷物のなかにそれを持っている作家は、ほかの人より自信をもって一日をスタートさせることができる。

そもそも私は作家になるように生まれついたわけではなかった。父親はビジネスマンだった。祖父は一八四八年の移民大流入のときに、ワニスの製造法を携えてドイツから渡ってきた。祖父はマンハッタン最北部の岩だらけの土地——いまで言う五十九丁目と十番街の交わるあたり——に住居と工場を建てて、ウィリアム・ジンサー・カンパニーを創業した。私はいまでもその田園風景の写真を持っている。ハドソン川へ向かって傾斜する土地で、動物と言えばヤギぐらいしかいなかった。会社は一九七三年までそこで営業し、のちにニュージャージーに移転した。

同じ一族が同じマンハッタンのブロックで一世紀以上事業を続けた例はまれであり、子供の私は事業の継承を執拗に望む声から逃れられなかった。なにしろ私は四代目のウィリアム・ジンサーであり、ひとり息子だった。父はたまたま先に娘を三人もうけたが、二十年後ならいざ知らず、世界恐慌《ダーク・エイジズ》の時代に娘が息子に劣ることなく、あるいはもっとうまく事業を行えるとは誰も考えなかった。父は心から事業を愛する人だった。父とビジネスの話をすると、事業を金儲けのための企業活動とは考えていないのがわかった。それはアートであり、想像力と最高の素材だけを使って行うものなのだ。父は品質にこだわり、二流品には我慢できなかった。バーゲン会場には一度も足を踏み入れたことがない。最高の原料を使って作ったので、商品の価格は高かったが、会社は繁盛した。私には出来合いの未来が待っており、父は私が経営に加わるのを楽しみにしていた。

だが当然のことながら、時代は変わる。復員してからまもなく、私はニューヨーク・ヘラルド・トリビューン紙で働くことになり、父に家業を継がないことを伝えなければならなくなった。父はいつもの寛大な態度でそれを受け入れ、おまえが自分で選んだ分野で活躍するのを祈ると言った。男であれ女であれ、若者にはこれ以上ない贈り物だ。私は本来の自分ではない、他人の期待する人間になることから解放された。成功するにせよ失敗するにせよ、すべて自分の思うままにできるのだ。

あとになって気づいたのだが、私は父がくれたもうひとつの贈り物とともに人生を歩いてきた。徳をなすはそれ自体が報いというように、品質の追求はそれを行うこと自体が喜びになると信じて生まれてきたのだ。私もまた、バーゲン品を探しに店へ行ったことはない。確かに母親は一族でただひとりの文学的人間――ガラクタも含めた本の収集家であり、英語を愛し、目もあやな手紙文の書き手でもある――だが、私の職人的な倫理観はビジネスの世界から吸収したものだ。長年、同じジャンルで競い合う者には絶対に負けないという決意のもと、際限なく書き直したものをまた際限なく書き直している自分に気づいたとき、ふと内なる声に耳を傾けると、それは父親がワニスについて語る声だった。

私はできるかぎりうまく書きたいと思う一方で、できるだけ人を楽しませるものを書きたいと思っていた。作家志望の人々に、自分をなかばエンターテイナーみたいなものだと考えたほうがいいと言うと、そんな言葉は聞きたくなかったという顔をする。カーニヴァルや曲芸師、道化師などを連想するのだろう。だが、成功するためには、ほかの誰の作品よりも面白くすることによって、雑誌や新聞から読者の目に飛びこんでいくような作品を書かなければならない。自分の創作行為をエンターテインメントまで高める必要がある。たいていの場合、それは読者に愉快な驚きを与えることを意味する。その仕事をしてくれる道具には事欠かない。ユーモア、こぼれ話、逆説、思いがけない引用、力強い事実、風変わりな細部、遠まわりのアプローチ、言葉の優美な配列などだ。むしろ、そうした一見遊びのように見えるものが作家の「文体」になるのだ。私たちが誰それの文体が好きだと言うときは、紙のうえに表現されるその作家の個性を気に入っているという意味なのである。もし旅の道連れに、ふたりのうちひとりを選べと言われたら――そして旅に誘っているのが作家だとしたら――私たちは普通、楽しい旅路にしようと努めてくれるほうを選ぶだろう。

医学やその他の科学と違って、創作には私たちを驚かせる新発見など存在しない。朝刊を読んでいて、明晰な文章を書く方法に画期的な発見、などという記事に出会う危険はないのである。そういった情報はすべて、欽定訳聖書の時代からすぐそばに転がっているのだから。私たちは、動詞が名詞より活力があり、能動態動詞のほうが受動態動詞より好ましく、短い単語やセンテンスのほうが長いものより読みやすく、具体的な細部のほうが曖昧な抽象表現より対処しやすいことを知っている。

むろん、ルールはときおり曲げられる。ヴィクトリア朝の作家は美文調がお好みで、簡潔さを善とは考えなかったし、トム・ウルフのような現代作家の多くは鳥籠を抜け出し、成り行きまかせで惜しげもなく言葉を使うことから前向きのエネルギーを得ている。もっとも、そうした技術的なアクロバットはそうそう見られるものではない。ほとんどのノンフィクション作家は簡潔さと明確さというロープにつかまって、なんとかうまくやっている。コンピューターなどの新テクノロジーによって創作の重荷がいくらか軽減されることもないわけではないが、全体的に見れば、私たちは知る必要のあることをすべて知っている。みな、同じ言葉を使い、同じ原則に基づいて仕事をしているのだから。

では、個々の強みはどこにあるのだろう？　その答えの九割は、本書で語った道具を使いこなすためにどれほど努力したかにかかっている。それによって、優れて音楽的な耳、リズム感、言語感覚といった生来の能力に、いくつかポイントを加えることができる。ただし、最終的な強みは、ほかのあらゆる競争的な事業と違いはない。誰よりもうまく書きたかったら、誰よりもうまく書き*たい*と思うことだ。作品の隅々までおろそかにしないことに誇りを持つべきだ。それに、さまざまな仲介役――編集者、エージェント、出版社――から、自分の書いたものを守らなければならない。彼らはあなたと別の見方をすることもあるし、高い水準を求めない場合もある。それに臆して、ベストを尽くさずに妥協してしまう作家があまりにも多い。

常々感じているのは、私の「文体」――私が誰であるかを紙のうえに慎重に投影したもの――が、私の最も市場性の高い資産であり、私をほかの作家と区別する所有物であることだ。だからこそ、他人にいじくりまわされたくないし、いったん提出した作品は戦ってでも守り抜く。何人かの雑誌編集者に、原稿料の支払いがすんでもまだ自分の作品がどう扱われるか気にする作家はあなたぐらいだねと言われたことがある。作家の多くが編集者と言い争わないのは、機嫌を損ねたくないからだ。出版されるだけで大喜びで、自分の文体が――つまり、自分の個性が――公然と侵害されるのを受け入れてしまう。

自分の書いたものを守るのは、あなたが生きているしるしなのだ。この問題に関しては、私は偏執狂として知られており、セミコロンひとつについても戦った。それでも編集者が我慢してくれるのは、私が真剣であるのがわかるからだ。むしろその偏執ぶりのおかげで、仕事を逃すより舞いこむほうが多くなった。何か特別な仕事があると、編集者は私のことを思いつく。私なら特別念入りに仕事をするとわかっているためだ。彼らはまた、記事が締切りどおりに来ることを、そして中身が正確であることも知っている。ノンフィクション創作の技能とは、単に書くことだけではないのを覚えておこう。信頼を得ることも含まれるのだ。当てにならない作家は、当然、編集者に見放される。

そこで、編集者の話になる。彼らは味方か、敵か？　私たちを罪から救う神なのか、それとも私たちの詩的な魂を踏みにじるろくでなしなのか？　むろん万物がそうであるように、編集者もさまざまである。私にも、感謝とともに思い出す編集者が五、六人いる。彼らは作品の重点や力点を変えたり、文章の調子に疑問を唱えたり、論理や構造の弱点を見つけたり、どの道筋を選ぶか決めかねていた私の相談に乗ってくれたり、やり過ぎの部分を削除したりした。二度ほど、編集者が不必要だと言うので、本のまるごと一章を破棄したこともある。だが、一番思い出すのは優れた編集者たちの寛大さだ。彼らはどんな企画であれ、実現するために作者との共同作業に熱心に取り組んでくれた。彼らが私の成功を信じてくれたので、前に進むことができた。

優れた編集者が作品に持ちこんでくるのは、作家がとうの昔になくしてしまった客観的な視点である。編集者が原稿を良くするためにやることは、それこそ無限にある。時制や代名詞、場所、語調の無数の不一致を取り除き、形を作り、明解にし、整頓する。意味がふたつにとれる文をすべて抜き出す。不格好で長い文を分けて短くする。作者が脇道でぐずぐずしていたら、本道へ戻す。場面転換に気づかず置き去りにした読者と作者のあいだに橋を架ける。作者の判断と審美眼《テイスト》に疑問を投げかける。ただし、編集者の関与は目に見えないものでなければならない。何か言葉を付け加えても、その言葉から編集者の声が聞こえてはいけない。あくまで、作者の声に聞こえる必要がある。

こうした救済手段によって、編集者はいくら感謝しても感謝しきれない存在となる。ところが残念なことに、彼らはまた、無視し得ない害をもたらすことがある。普通、その害にはふたつの形がある。ひとつは文体の改竄、もうひとつは内容の改竄である。まずは、文体のほうから見てみよう。

良い編集者が何より好むのは、自分が手を入れなくてよい作品だ。悪い編集者は自分がまだ細々した文法や語法を忘れていないのを証明してみせるためだけに、原稿をいじりたいという衝動に駆られる。そういう人間は想像力が乏しく、道路の亀裂は見つけるが、まわりの景色を楽しむことはない。作家は耳で書いていること、普通とは違う音やリズムを創り出そうとしていること、言葉遊びの楽しみだけで言葉をいじっていることにまったく思い及ばない人間も少なくない。作家が最もやるせない思いをするのは、自分がやろうとしていることを編集者に見落とされたときだ。

私にも何度となく、そういった驚きの瞬間があったのを覚えている。小事とはいえすぐに思い出すのは、経済不況にある中西部の街をアーティストや音楽家に歴訪させる「訪問するアーティスト」と名づけられた企画の記事を書いたときのことだ。街を描写するのに、私はこう書いた。「どこも、訪問するアーティストが数多く訪ねる街には見えなかった」。ゲラが戻ってきて、その箇所を見ると、「どこも、訪問するアーティストが数多く目的地にする街には見えなかった」とある。ささいなことじゃないかって？　私にとってはそうではない。私が繰り返しを用いたのは、それが私の好きな道具のひとつだからだ。読者を驚かせ、文章の途中で読み続ける活力を与えるのが狙いだ。だが編集者は、類語を代用することで繰り返しを避けろというルールを思い出し、私のミスだと考えて修正を入れた。編集者に電話して抗議すると、彼はびっくり仰天した。双方譲らず、長々と議論を続けたすえに、相手はこう言った。「あなたは本気でそう思ってるんですね」。私は、こうした浸食は一度では終わらないし、作家は態度を明確にすべきであると本気で思っていた。認めがたい訂正を入れられた記事を、雑誌社から買い戻したことまである。自分らしさを編集者がカットするのを指をくわえて見ていたら、自分の大切な長所のひとつを失ってしまう。あなたの価値もなくすことになる。

　理想を言えば、作家と編集者の関係は話し合いと信頼にもとづくものであってほしい。ときに編集者は、意味の曖昧な文章を明瞭にしようと修正を入れて、うっかり重要なポイントを削ってしまうことがある。事実やニュアンスなど、作家が文章に込めたものに気づかない場合だ。そんなときは、作家はもとに戻すように要求すべきだ。もし納得がいけば、編集者もそれに応じるだろう。それでも編集者は、不明瞭な部分を修正する権利を主張しなければならない。編集者はみな、読者に明瞭なものを提供する責任があるからだ。自分に理解できないことを印刷物にしてはならない。自分が理解できなければ、少なくとも理解できない読者がひとりいることになり、それだけでも十分に多すぎる。要するに、作家と編集者がともに原稿に目を通し、完成稿を最良のものにするために、ひとつひとつの問題に解決策を見つける作業が必要になるわけだ。

　それは、直接電話で話し合ってもできる作業である。編集者に、距離が離れているとか、いま仕事が込んでいるとかという口実で、作者の了解なしに原稿の修正を行わせてはならない。「締切りが迫ってるんで」「進行が遅れてるんで」「いつも担当している人間が病欠していて」「先週、大きな異動があって」「経営者が変わったばかりで」「間違った場所に原稿を置いてしまって」「編集者が出張中で」といった陳腐な言い訳が、無能さや過失を覆い隠してしまう。出版業界で起きている不愉快な変化は、昔は当たり前だった礼儀がないがしろにされていることだ。特に雑誌編集者は、習慣的に行われるべき一連の手続きに無頓着になっている。原稿が届いたら著者にその旨連絡する。常識的な期間内にそれを読む。問題がなければ、著者にそう伝える。使えないものなら、原稿をすぐに送り返す。修正が必要なら、著者に助言する。ゲラが出たら著者に見せる。すみやかに原稿料の支払いが行われるよう目を光らせる……。たとえ、自分の原稿がどうなっているかとか、支払いはいつになるのかと問い合わせて何度も恥ずかしい思いをする必要がなくても、作家は十分に傷つきやすい生き物なのだ。

いまはこうした「礼儀」は不必要なサービスだから無視してもかまわないという考え方が幅をきかせている。それは誤解で、この業界には必要不可欠なものである。企画全体をまとめあげる行動規範なのだ。それを怠る編集者は、作家の基本的権利をないがしろにしているも同然だ。

そうした傲慢さが最高潮に達すると、編集者は文体や構成を変えるばかりか、作品の侵してはならない領域にまで侵入してくる。ときおり、フリーランスのライターがこう言っているのを耳にする。「雑誌を手に入れて自分の記事を探したんだが、どれがそうなのかわからなかった。全然別の書き出し《リード》が付いているし、僕が考えもしなかったことを語らせているんだ」。作家の見解まで勝手に変えてしまうのは、大罪としか言いようがない。だが、もし作家がそれを許せば、特に時間がないときには、編集者は進んでその罪を犯すだろう。編集者が自分の都合で作品を書き換えてしまったら、作家はみずからの不面目に加担したことになる。一歩でも譲れば、編集者に使用人扱いしてもかまわないと思わせてしまう。

だが結局のところ、作家が目指すのは自分自身の目標でなければならない。あなたの作品はあなたのものであり、ほかの誰のものでもない。自分の才能をできるかぎり伸ばし、身を挺してそれを守らなければならない。その力をどこまで伸ばせるかを知っているのはあなただけであって、編集者は知らない。うまく書くということは、自分の創作を信じることであり、自分自身を信じることだ。リスクを恐れず、あえて人と違うやり方をして、一頭地を抜く存在にならなければならない。あなたが書くものは、あなたが自分に書かせるもの以上に良くなることはないのだから。

私が好んで使っている思慮深い作家の定義は、ジョー・ディマジオからヒントを得ている（むろん本人は、定義に使われたことなど知らないが）。ディマジオは私が見たなかで最も偉大な野球選手だったが、あれほどリラックスしてプレイする者はいなかった。外野で広い守備範囲をカバーし、優美なストライドで移動して常にボールより先に落下点に到着し、どんなに難しい捕球もさりげなくこなした。バットを持ったときも、途方もない力でボールを強打していながら、全力を出しているようには見えなかった。事もなげにやってのけるその姿に私が驚嘆したのは、彼のやっていることは日々の大変な努力の賜物だからだ。かつて記者が、どうしてそれほどむらなく良いプレイができるのかと、彼に質問したことがある。ディマジオはこう答えた。「私はいつも、観客席には少なくともひとり、私のプレイを初めて見る人がいると考えていた。その人を失望させたくなかったんだ」

# 訳者あとがき

世に「ロングセラー本」と呼ばれるものがある。

ベストセラーと比べれば華やかさに欠けるし、かといって「古典」ほどの重みはない。それでも十年、二十年、ときには半世紀以上も読者の支持を受けて着実に版を重ね、売れ続けていく。どんな商品でも同じだが、売上が計算できるこうした作品は版元にとってベストセラー以上の価値がある。とはいえ、そう簡単にロングセラーが生まれるわけではない。特に現在のように変化の激しい時代では、出版時の世評がいくら高くても、半年もすればすっかり忘れられてしまう。時代に合ったテーマであると同時に、時代を超えて読者の心をつかむ、摩耗しない魅力を備えた内容を持つ必要がある。

本書、ウィリアム・ジンサーの『誰よりも、うまく書く』は、まさにその典型とも言えるロングセラー本だ。一九七六年に初版が刊行され、以降、現在に至るまでに六度の改訂を経て、総計で百五十万部以上を売り上げたと言われる。少なくとも三世代にわたって読者の支持を受けてきた計算になる。

ひと口で言えば、日本でも数多く出ている「文章読本」に、ノンフィクション作家や記者、作家志望者を対象にしたハウツー本を合体させた内容で、類書が決して少なくない米国でも、このジャンルと言えば真っ先に挙げられる一冊になっている。ウェブサイトを検索すると、本書から創作の心得を引用した「ジンサー語録」のサイトがたちどころに何十と見つかる。もはやロングセラーを超えて、「古典」

の領域に入りかけているのかもしれない。

本書がこれほど成功した理由を訳者なりに考えてみると、まずはジンサーが小説家でも学者でもなく、根っからのジャーナリストである点が大きいのではないだろうか。

ジャーナリストの鉄則は、本書でも繰り返し述べられるように、何より簡潔で明晰な文章を書くことだ。不要な形容詞や副詞などは削除し、ムード先行の曖昧な表現を使わない。一時の流行であったり、仲間内でしか通用しなかったりする俗語や専門用語も排除する。文章のリズムと勢いを大切にする。ジンサーの揺るぎない姿勢には、作家や作家志望者も学ぶところが多いはずだ。

それに加えて、ジャーナリスト出身らしく取材やインタビューの心得も教えてくれる。インタビューが終わって、ほっとした相手のふと漏らしたひと言が作品の重要な要素になるといった、豊かな経験に基づく助言は貴重だ。「とにかく飛行機に飛び乗れ」――自分の勘を信頼して取材に出かければきっと何か見つかる、いや、出かけなければ何も見つからないぞ、と強く背中を押してくれたりもする。

その一方で、作者の顔が見える文章を書くこと、言い換えれば、文章に人間味を加えることが不可欠だとも強調する。それが、眠気に誘われ、気をそらすものに流されていきがちな読者を読書につなぎ留める秘訣だとも言う。これは同じジャーナリズムでも報道記事と一線を画すところで、ノンフィクション作家でありコラムニスト、エッセイストでもあるジンサーらしい考え方だ。

もうひとつの成功の理由は、時代に遅れないように機会のあるたびに加筆・改訂をしている点にあるだろう。もともとは作家、作家志望者、編集者を対象に書かれた本であるが、「自分史」を書く人、書きたい人が増えているのを見ると、すぐに自分の経験をもとに「家族史と回想録を書く」という章を書き足している。「スポーツ」や「科学」「ビジネス」などの章も社会の関心に合わせて加筆し、読者層の幅を大きく広げた。

また、「彼」「彼女」といった文章上のジェンダー問題にも敏感で、その解説に数ページを割いただけでなく、本文のなかで無意識に「彼」を使った箇所をすべてチェックし、訂正すべきところは全部直したという。新語や新しい語法も改訂の際に積極的に採り入れたらしい。

「本書は技巧の本であり、その原則は三十年前と変わっていない。この先三十年で、何か驚くべきものが現れて、書くことをいまの倍、楽にしてくれるかもしれないが、創作をいまの倍、良くしてくれるものが出てくるとは思えない」という信念を貫きつつも、時代の要請に合わせてマイナーチェンジを行っていくことで、新しい読者を獲得していったのだと思う。


著者のウィリアム（ビル）・ジンサーについては、本文中にも作者自身の口からその人生の端々が語られているので、ここでは簡単な紹介にとどめよう。

一九二二年、ニューヨークで生まれ、プリンストン大学を卒業。第二次世界大戦では陸軍に入隊し、二年間、北アフリカとイタリアを転戦する。復員後、ニューヨーク・ヘラルド・トリビューン紙に入社し、演劇・映画担当編集者、論説委員などを歴任。一九五九年にフリーランサーとなってライフ誌などに寄稿するかたわら、一九七〇年から九年間、イェール大学でノンフィクションとユーモア創作の講座を受け持つ（本書はその間に執筆された）。その後もニューヨーカー誌などに寄稿し、八十代後半で目の病を患い、執筆を断念せざるを得なくなるまでコラムを書き続け、二〇一五年五月に九十二歳で逝去。生涯に十九作の書籍を出版し、本書のほかに『イージー・トゥ・リメンバー――アメリカン・ポピュラー・ソングの黄金時代』（関根光宏訳、国書刊行会、二〇一四年）が邦訳されている。趣味のジャズピアノはニューヨークのジャズクラブで演奏するほどの腕前だったようだ。

直弟子とも言える作家マーク・シンガーはニューヨーカー誌に追悼記事を寄せ、優れた教師でもあったジンサーの素顔を紹介しながら、イエール大学の講座の宿題に徹底的に直しを入れられた思い出を楽しげに語っている。不思議なことに、弟子たちのあいだではジンサーの直しが赤インクだったか青インクだったかで意見が分かれ、いまだに解決を見ていないという。

最後に、数ある「ジンサー語録」サイトを見わたして、これから何か書こうという人に勇気を与えるジンサーの教えを五つほど選んでみた。

1 書くことを許されないテーマなど、どこにも存在しない。
2 私は自分の四つの信条を列挙した。明解さ、シンプル、簡潔さ、人間味である。
3 文章は模倣から学ぶものだ。
4 何より自分を喜ばせるために書くべきであって、あなたが楽しんでそれに取り組めば、きっと読ませるに値する読者なら楽しんでくれるはずだ。
5 自分が何をやるべきかを決断せよ。そして、それをやると決断する。その後に、仕事にかかろう。

書くことは大変だけど、とにかく書いてみたら、と勧めるジンサーの声が聞こえるような気がする。ただし、彼ならきっとこう付け加えるにちがいない。
簡潔に、簡潔に。

二〇二一年一〇月

# 著者・訳者プロフィール


著者

ウィリアム・ジンサー（William Zinsser）

1922年、ニューヨーク生まれ。ジャーナリスト、ノンフィクション作家、大学講師。1946年、新聞記者としてニューヨーク・ヘラルド・トリビューン紙でキャリアをスタートし、以降、80歳代後半まで計19冊の著作と記事、コラムの執筆に携わったのち、2015年5月に死去。音楽、野球、旅など多岐にわたるテーマの作品を著し、なかでもノンフィクション創作の心得を教授する本書はロングセラーとなって、三世代にわたる作家や記者、編集者、教師、学生に座右の書として愛読されている。1970年代にはイェール大学で創作講座を受け持ち、講座からは数多くの著名作家、ジャーナリストが輩出した。本書のほかに The Writer Who Stayed, Writing Places, Easy to Remember（『イージー・トゥ・リメンバー』関根光宏訳、国書刊行会、2014年）などがある。

訳者

染田屋 茂（そめたや しげる）

翻訳者・編集者。

1950年、東京都生まれ。1974年、早川書房入社。以後、10年間の翻訳専業期間をはさみ、朝日新聞社、武田ランダムハウス・ジャパン、ＫＡＤＯＫＡＷＡで翻訳書を中心に書籍編集に携わる。現在は、Ｓ．Ｋ．Ｙ．パブリッシング代表取締役。

訳書に、スティーヴン・ハンター『極大射程』（扶桑社ミステリー）、トマス・Ｈ・クック『死の記憶』（文春文庫）、ガリル・カスパロフ『DEEP THINKING　人工知能の思考を読む』（日経ＢＰ）、オーウェン・ウォーカー『アクティビスト——取締役会の野蛮な侵入者』（日本経済新聞出版）などがある。

# 索　引

## 人名索引

### ア　行



### カ　行



### サ　行



### タ　行



### ナ　行



### ハ　行

---

事項索引

## サ 行



## タ 行

# 出　典

本書に引用した文献の多くは先に雑誌か新聞に掲載され、のちに書籍になっている。書籍があるものについては、原則として書籍のハードカバー初版から引用している。初版は絶版になっているものが多いが、図書館などで手に取るのが可能だ。ペーパーバックとして再版されたものも少なくなく、それらは比較的容易に入手できる。〔本書に登場する順番に掲載〕

Preface〔The Hen [An Appreciation]〕by E. B. White to *A Basic Chicken Guide,* by Roy E. Jones. Copyright 1944 by Roy E. Jones. Reprinted by permission of William Morrow & Co. Also appears in *The Second Tree From the Corner.* Harper & Bros., 1954.

"The Hills of Zion," by H. L. Mencken. From *The Vintage Mencken,* gathered by Alistair Cooke. Vintage Books (paperback), 1955.

*How to Survive in Your Native Land,* by James Herndon. Simon & Schuster, 1971. Reprinted by permission of Simon & Schuster, a division of Gulf & Western Corporation.

*The Lunacy Boom,* by William Zinsser. Harper & Row, 1970.

*Slouching Toward Bethlehem,* by Joan Didion. Farrar, Straus & Giroux, 1968. Copyright 1966 by Joan Didion. Reprinted by permission of the publisher.（ジョーン・ディディオン『ベツレヘムに向け、身を屈めて』青山南訳、筑摩書房、1995年）

*The Dead Sea Scrolls, 1947–1969,* by Edmund Wilson. Renewal copyright 1983 by Helen Miranda Wilson. Reprinted by permission of Farrar, Straus & Giroux, Inc.（エドマンド・ウィルソン『死海写本——発見と論争 1947-1969』桂田重利訳、みすず書房、1979年）

"Coolidge," by H. L. Mencken. From *The Vintage Mencken.*

*Pop Goes America,* by William Zinsser. Harper & Row, 1966.

*Spring Training,* by William Zinsser. Harper & Row, 1989.

*The Bottom of the Harbor,* by Joseph Mitchell. Little, Brown and Company, 1960. Reprinted by permission of Harold Ober Associates, Inc. Copyright 1960 by Joseph Mitchell. Republished in a Modern Library edition (Random House), 1994.（ジョゼフ・ミッチェル『港の底』上野元美訳、柏書房、2017年）

*Coming Into the Country,* by John McPhee. Farrar, Straus & Giroux, 1977.（ジョン・マクフィー『アラスカ原野行』越智道雄訳、平河出版社、1988年）

"Mississippi Water," by Jonathan Raban. Copyright 1993 by Jonathan Raban. Reprinted with the permission of Aitken & Stone Ltd. The full text of the piece first appeared in *Granta,* issue #45, Autumn 1993.

"Halfway to Dick and Jane: A Puerto Rican Pilgrimage," by Jack Agueros. From *The Immigrant Experience,* edited by Thomas Wheeler. Doubleday, 1971.

"The South of East Texas," by Prudence Mackintosh. From *Texas Monthly,* October 1989.

*The Right Stuff,* by Tom Wolfe. Copyright 1979 by Tom Wolfe. Reprinted by permission of Farrar, Straus & Giroux, Inc.（トム・ウルフ『ザ・ライト・スタッフ』中野圭二・加藤弘和訳、中央公論社、1981年）

*The Offensive Traveler,* by V. S. Pritchett. Alfred A. Knopf, 1964.

*The Fire Next Time,* by James Baldwin. Copyright 1962, 1963 by James Baldwin. Copyright renewed. Published by Vintage Books. Reprinted with permission of the James Baldwin estate.（ジェームズ・ボールドウィン『次は火だ——ボールドウィン評論集』黒川欣映訳、弘文堂新社、1968年）

*American Places,* by William Zinsser. HarperCollins, 1992.

*One Writer's Beginnings,* by Eudora Welty. Copyright 1983, 1984 by Eudora Welty. Reprinted by permission of the publishers, Harvard University Press, Cambridge, Mass.（ユードーラ・ウェルティ『ハーヴァード講演——作家の生いたち』大杉博昭訳、りん書房、1993年）

*A Walker in the City,* by Alfred Kazin. Harcourt, Brace, 1951.

"Back to Bachimba," by Enrique Hank Lopez. From *Horizon,* Winter 1967. American Heritage Publishing Co., Inc.

*The Woman Warrior,* by Maxine Hong Kingston. Copyright 1975, 1976 by Maxine Hong Kingston. Reprinted with permission of Alfred A. Knopf, Inc.（マキシーン・ホン・キングストン『チャイナタウンの女武者』藤本和子訳、晶文社、1978年）

"For My Indian Daughter," by Lewis P. Johnson. From *Newsweek,* Sept. 5, 1983.

*Clinging to the Wreckage,* by John Mortimer. Penguin Books, 1984.

"Ornament and Silence," by Kennedy Fraser. Originally in *The New Yorker,* Nov. 6, 1989. Copyright 1989 by Kennedy Fraser. Reprinted by permission. Subsequently included in *Ornament and Silence: Essays on Women's Lives,* by Kennedy Fraser. Alfred A. Knopf, 1996.

"Brain Signals in Test Foretell Action," by Harold M. Schmeck, Jr. From *The New York Times,* Feb. 13, 1971. Copyright 1971 by The New York Times Company. Reprinted by permission.

"The Mystery of Memory," by Will Bradbury. From *Life,* Nov. 12, 1971. Copyright 1971 by Time Inc. Reprinted by permission.

*Eleven Blue Men and Other Narratives of Medical Detection,* by Berton Roueche. Little, Brown and Company, 1954.（バートン・ルーチェ「十一人の青い人」『推理する医学1・新装版』所収、山本俊一・山本晴美訳、西村書店、1995年）

*Beyond Habitat,* by Moshe Safdie. The M.I.T. Press, 1970.（モシェ・サフディ『集住体のシステム』早川邦彦訳、鹿島研究所出版会、1974年）

"Bats," by Diane Ackerman. From *The New Yorker,* Feb. 28, 1988.

*The Immense Journey,* by Loren Eiseley. Random House, 1957.

*Lives of a Cell: Notes of a Biology Watcher,* by Lewis Thomas. Copyright 1971 by Lewis Thomas. Originally appeared in *The New England Journal of Medicine.* Reprinted by permission of Viking Penguin, a division of Penguin Books USA Inc.

"The Future of the Transistor," by Robert W. Keyes. From *Scientific American,* June 1993.

"How Iraq Reverse-Engineered the Bomb," by Glenn Zorpette. From *I.E.E.E. Spectrum,* April 1992. Copyright 1992 by I.E.E.E.

"Politics and the English Language," by George Orwell.

"Hub Fans Bid Kid Adieu," by John Updike. From *Assorted Prose,* by John Updike. Alfred A. Knopf, Inc., 1965.（ジョン・アップダイク「ボストンファン、キッドにさよなら」、『アップダイクと私――アップダイク・エッセイ傑作選』所収、若島正編訳・森慎一郎訳、河出書房新社、2013年）

*Confessions of a Fast Woman,* by Lesley Hazleton. Copyright 1992 by Lesley Hazleton. Reprinted by permission of Addison-Wesley Publishing Co., Inc.

"Breaking Away," by Janice Kaplan. From *Vogue,* January 1984.

"Politics of Sports," by Janice Kaplan. From *Vogue,* July 1984.

*Life on the Run,* by Bill Bradley. Quadrangle/The New York Times Book Co., 1976.

"Deep Streep," by Molly Haskell. From *Ms.,* December 1988. Copyright 1988 by Molly Haskell.

*Living-Room War,* by Michael J. Arlen. Viking Press, 1969.（マイケル・アーレン『戦場からリビングルームへ――マイケル・アーレン集』鈴木みどり訳、東京書籍、1993年）

*The Musical Scene,* by Virgil Thomson. Alfred A. Knopf, 1945.

Review by John Leonard. From *The New York Times,* Nov. 14, 1980. Copyright 1980 by The New York Times Company. Reprinted by permission.

"T. S. Eliot at 101," by Cynthia Ozick. *The New Yorker,* Nov. 20, 1989. Copyright 1989 by Cynthia Ozick. Reprinted by permission of Cynthia Ozick and her agents, Raines & Raines, 71 Park Ave., New York, N.Y. 10016.

*The Haircurl Papers,* by William Zinsser. Harper & Row, 1964.

*The America of George Ade,* edited and with an introduction by Jean Shepherd. G. P Putnam's Sons, 1961.

*Archy and Mehitabel,* by Don Marquis. Doubleday & Co., 1927.

*Benchley—or Else!,* by Robert Benchley. Harper & Bros., 1947.

*Strictly From Hunger,* by S. J. Perelman. Random House, 1937. Also in *The Most of S. J. Perelman.* Simon & Schuster, 1958.

*Getting Even,* by Woody Allen. Random House, 1971.（ウディ・アレン『これでおあいこ――ウディ・アレン短篇集』伊藤典夫・浅倉久志訳、CBSソニー出版、1981年）

"Trump Solo," by Mark Singer. From *The New Yorker,* May 19, 1997. Reprinted by permission; copyright 1997 by Mark Singer. Originally in *The New Yorker.* All rights reserved.

"End of the Trail," by Garrison Keillor. Originally in *The New Yorker.* Copyright 1984 by Garrison Keillor. Published in *We Are Still Married,* by Garrison Keillor. Viking Penguin, Inc., 1989. Reprinted by permission of Garrison Keillor.

"How the Savings and Loans Were Saved," by Garrison Keillor. Originally in *The New Yorker.* Copyright 1989 by Garrison Keillor. Published in *We Are Still Married.* Reprinted by permission of Garrison Keillor.

出　典

*Dating Your Mom,* by Ian Frazier. Farrar, Straus & Giroux, 1986.（イアン・フレイジャー「お母さん攻略法」、『変愛小説集』所収、岸本佐知子訳、講談社、2008年）

“Glad Rags,” by John Updike. From *The New Yorker,* March 1993.

“Death of a Pig,” from *The Second Tree from the Corner* by E. B. White. Harper & Bros., 1953.

“The News From Timbuktu,” by William Zinsser. From *Conde Nast Traveler,* October 1988.

**★上記以外にジンサーが引用、言及している作品の翻訳書を以下にまとめる。**

ウィル,ジョージ・F『野球術』芝山幹郎訳、文藝春秋、1997年

ウラム,スタニスワフ・M『数学のスーパースターたち』志村利雄訳、東京図書、1979年

カー,メアリー『うそつきくらぶ』永坂田津子訳、青土社、1998年

カーソン,レイチェル『沈黙の春』青樹簗一訳、新潮社、1974年

クリーマー,ロバート『英雄ベーブ・ルースの内幕』宮川毅訳、恒文社、1975年ほか

グールド,スティーヴン・ジェイ『パンダの親指』桜町翠軒訳、早川書房、1986年

サックス,オリヴァー『妻を帽子とまちがえた男』高見幸郎・金沢泰子訳、晶文社、1992年

サーバー,ジェイムズ「寝台さわぎ」『虹をつかむ男』所収、早川書房、1962年

スティール,ロナルド『現代史の目撃者』浅野輔訳、TBSブリタニカ、1982年

ストランク・ジュニア,ウィリアム&E・B・ホワイト『英語文章ルールブック』荒竹三郎訳、荒竹出版、1985年

スポック,ベンジャミン『スポック博士の育児書』暮しの手帖翻訳グループ訳、暮しの手帖社、1997年

ソロー,ヘンリー・D『ウォールデン　森の生活』今泉吉晴訳、小学館、2016年ほか

ダーウィン,チャールズ『新訳ビーグル号航海記』上下、荒俣宏訳、平凡社、2013年ほか

ターケル,スタッズ『大恐慌！』小林等ほか訳、作品社、2010年

デイヴィス,ポール『神と新しい物理学』戸田盛和訳、岩波書店、1994年

トマス,ルイス『歴史から学ぶ医学』大橋洋一訳、思索社、1986年

ナボコフ,ウラジーミル『ナボコフ自伝』大津栄一郎訳、晶文社、1979年

ハミル,ピート『ドリンキング・ライフ』高見浩訳、新潮社、1999年

フリーダン,ベティ『新しい女性の創造』三浦冨美子訳、大和書房、改訂版、2004年

フリードマン,トーマス・L『ベイルートからエルサレムへ』鈴木敏・鈴木百合子訳、朝日新聞社、1993年

ベイカー,ラッセル『グローイング・アップ』麻野二人訳、中央公論社、1986年

ホイットマン,ウォルト『ホイットマン自選日記』上下、杉木喬訳、岩波書店、1967年

――『草の葉』酒本雅之訳、岩波書店、1998年ほか

マカルー,デーヴィッド『海と海をつなぐ道』鈴木主税訳、フジ出版社、1986年

マクギニス,ジョー『最後のケネディ』土田宏訳、彩流社、1996年

マコート,フランク『アンジェラの灰』土屋政雄訳、新潮社、1998年

ミード,マーガレット『マヌス族の生態研究』金子重隆訳、岡倉書房、1943年

モーティマー,ジョン『ランポール弁護に立つ』千葉康樹訳、河出書房新社、2008年

ヤング, チック『陽気なブロンディ』深尾凱子・上野一磨訳、ツル・コミック社、1971年
ラードナー, リング『メジャー・リーグのうぬぼれルーキー』加島祥造訳、筑摩書房、2003年ほか
レーヴィ, プリーモ『周期律――元素追想』竹山博英訳、工作舎、1992年
レマン, ニコラス『約束の土地』松尾弌之訳、桐原書店、1993年
レムニック, デイヴィッド『レーニンの墓』三浦元彦訳、白水社、2011年
ローズ, リチャード『原子爆弾の誕生』神沼二真・渋谷泰一訳、紀伊國屋書店、1995年

# 誰よりも、うまく書く

## ――心をつかむプロの文章術

2021年12月20日　初版第1刷発行
2023年3月14日　初版第2刷発行

著　者――――ウィリアム・ジンサー
訳　者――――染田屋茂
発行者――――大野友寛
発行所――――慶應義塾大学出版会株式会社
〒108-8346　東京都港区三田2-19-30
TEL〔編集部〕03-3451-0931
〔営業部〕03-3451-3584〈ご注文〉
〔　〃　〕03-3451-6926
FAX〔営業部〕03-3451-3122
振替　00190-8-155497
https://www.keio-up.co.jp/
装丁・イラスト――中尾悠
印刷・製本――中央精版印刷株式会社
カバー印刷――株式会社太平印刷社


Printed in Japan ISBN978-4-7664-2774-5

慶應義塾大学出版会

# 迷わず書ける記者式文章術

## プロが実践する4つのパターン

松林薫 著

元新聞記者でジャーナリストの著者が、大手新聞に共通する執筆メソッドを整理・解説する。新社会人から広報担当、ブログの書き手まで広い範囲で応用可能な「速く、分かりやすく書く方法」を伝授する。4つの構成パターンのひな形付き。

四六判／並製／212頁
ISBN 978-4-7664-2496-6
定価 1,540円（本体 1,400円）
2018年2月刊行


◆主要目次◆